数智化转型

企业升级之路

张良友　王　鹏◎编著

人民邮电出版社

北京

图书在版编目（CIP）数据

数智化转型：企业升级之路 / 张良友，王鹏编著
. -- 北京：人民邮电出版社，2023.4（2023.12重印）
ISBN 978-7-115-60739-3

Ⅰ. ①数… Ⅱ. ①张… ②王… Ⅲ. ①数字技术—应
用—企业管理 Ⅳ. ①F272.7

中国国家版本馆CIP数据核字(2023)第020316号

内 容 提 要

本书介绍企业数智化转型的时代背景、数智化要义、数智化基石、企业数智化转型案例，以及数智化转型的风险和未来展望等内容。

本书既适合希望了解企业数智化转型的整体方法与路径的读者阅读，也可以作为企业数智化转型的实际参与者的参考用书。

◆ 编　著　张良友　王　鹏
　　责任编辑　张　涛
　　责任印制　王　郁　焦志炜
◆ 人民邮电出版社出版发行　　北京市丰台区成寿寺路 11 号
　　邮编　100164　电子邮件　315@ptpress.com.cn
　　网址　https://www.ptpress.com.cn
　　中煤（北京）印务有限公司印刷
◆ 开本：720×960　1/16
　　印张：13　　　　　　　　　　2023 年 4 月第 1 版
　　字数：236 千字　　　　　　　2023 年 12 月北京第 3 次印刷

定价：69.80 元

读者服务热线：**(010)81055410**　印装质量热线：**(010)81055316**
反盗版热线：**(010)81055315**
广告经营许可证：京东市监广登字 20170147 号

对本书的赞誉

企业"数智化转型"既不是喊一句口号、添加一些设备、购买一些软件就可实现的，也不是"数字化"的延伸，而是在不断加强"数字化"的基础上，通过增加人工智能算法，使管理者能够从管理的细节中"跳"出来，从而帮助管理者在更高的层面专注企业的发展。因为加入智能算法，所以，"数智化转型"很大程度上是一种颠覆性的"革命"。只有管理者对企业经营管理有深入了解，而且对智能化也有一定了解，企业才能实现"数智化"，"数智化"才能在企业经营管理中发挥作用。"数智化"是否真的能在转型后的企业中发挥作用，需要有一个可量化的衡量指标，本书创造性地提出了"企业数智化成熟度模型"，用于衡量企业"数智化"发挥的作用，更好地指导企业进行"数智化"转型。本书通过剖析若干实例，给予企业管理者启发与思考。

中国工程院院士　郑纬民

人工智能引起的科技革命正逐步或已经改变社会的各方面，人们的思想也随之发生变化。企业管理者把人工智能引入企业的经营管理中，就是"数智化"转型的一个表现。本书从企业经营管理和人工智能技术新形态两个方面对企业的"数智化"进行论述，并给出评价"数智化"程度的指标，使得读者能够全面了解企业的数智化转型升级之路。

恒生电子总裁　范径武

作为"两化融合"的下一个阶段，"数实融合"势必会使企业在数智化转型之路上加速前进。结合当前的石油化工行业信息化建设水平以及新信息技术发展和应用现状，相当一部分企业已完成数智化转型的基础建设，具备发展数字经济的条件，同时也为"灯塔工厂"的建设打下了坚实的基础，进而实现端到端全产业链降本增效的目标。本书阐述了数字经济与企业数智化转型之间的内在联系、落地建设方案和方法论以及风险分析等，给从事"数智化"转型的企业管理者提供帮助。

石化盈科信息技术有限责任公司副总裁　张刘军

当前，新一轮科技革命和产业变革深入发展，企业的"数智化"转型已经成为大势所趋。"数智化"转型不仅是把人工智能技术应用到数字经济上，而且需要管理者转换思路。本书率先提出企业"数智化"转型成熟度模型，为企业的转型提供了量化工具，全面分析了"数智化"的背景、政策、内涵、技术、风险、路径以及参考案例等。

北京大学计算机学院教授 陈向群

本书从技术、组织、社会、生态多方面阐述了数字化建设的思路和方法，对生态旅游、数字乡村、数字文旅建设具有很好的参考价值。

浙江大学教授 严力蛟

文旅行业每时每刻都会产生海量的信息，仅依靠人工是很难很快地从海量的信息中抽取出有效信息的，数字文旅需要一种新的经营管理方式——"数智化"管理，用智能算法从大量数据中获取有效信息，从而给企业经营管理提供帮助。本书对文旅方向的数字化改革有很好的参考价值。

力石科技创始人兼CEO 陈海江

这是一本从实践中来、经过系统反思和总结又到实践中去的著作。本书的作者从技术、管理、产品研发的经验和教训出发，把"数智化"管理升华为"企业数智化成熟度的能力构成"，并在多个行业和企业进行了实践验证。书中简洁的"七力"图示，具象化的案例情景再现，一定会助力到您进行"企业数智化转型"的实践工作。

中国社会科学院管理科学与创新发展中心主任 王钦

"数智化"是这个时代所有企业都要面对的大趋势，不论大型企业集团还是中小微企业，"数智化"转型是企业无法回避的必修课。在"数智化"转型大潮中，企业如逆水行舟，不进则退。如果不进行"数智化"转型，那么企业将会被竞争对手超越。本书深入浅出地分享了企业"数智化"建设过程的理论成果与实践经验，为企业的"数智化"转型提供了可参考的理论与经验。

小米集团战略投资管理合伙人 李建滨

企业管理者利用数据了解企业经营管理中的情况，并以此对企业的管理策略做出相应的调整，但是企业管理者往往面对的是大量复杂的数据，这导致管理者无法充分利用这些数据。因此，以人工智能为基础的"数智化"转型就成为企业发展的必经之路。本书作者在企业经营管理以及人工智能领域有着丰富的经验，对企业经营管理各方面进行了详细说明，并对人工智能技术进行了系统全面的阐述，使读者能够全面系统地了解"数智化"内容。除此之外，作者对企业"数智化"程度给出了量化的方法，使企业管理者能够更好地了解"数智化"进行的状况。

旷视科技联合创始人兼CTO 唐文斌

当今，科技与信息的红利正在快速释放。"数智化"是这个时代所有企业都要面对的大趋势，也是大机遇。"数智化"可以帮助企业更加贴近用户、了解用户，挖掘新的市场机遇，帮助企业经营者更加科学合理地决策。同时，"数智化"通过影响企业组织结构、运行模式和客户服务，帮助企业降低成本，提高生产和管理效率，是解决企业管理和业务问题的有力工具。不论是传统行业的经营管理者，还是新兴科技创业者，阅读本书都是大有裨益的。

中国科学院半导体研究所研究员、山西中科潞安紫外光电科技有限公司总经理
闫建昌

数字化、智能化已经成为当今企业转型的一道必选题。为了能够答好题，企业的管理者就需要了解"数智化"的发展历史、政策背景，以及各项基础能力要求，特别是书中谈到的"数智化"成熟度评价体系。它既是企业纵向的自我评价标尺，也是横向的同业评价标准，非常值得学习和借鉴。相信每位读者都能在本书中找寻到自己心中的"数智化"转型答案。

渤海银行信息科技部副总经理 王言

如何拥抱数字化浪潮，实现数字化生存，是企业必须直面的机遇和挑战。本书紧扣时代脉搏，对企业实现数字化生存必须进行"数智化"转型的理论、路径和方法进行了探讨，值得所有关注数字经济、欲实现"数智化"转型的企业家和管理者一读。

金石投资有限公司董事总经理、哈尔滨工业大学经济系兼职教授
李振明

从数字化转型到"数智化"转型，是当今的时代潮流和企业不可避免的挑战。本书系统性地梳理了数字经济的相关概念，包括数字化、人工智能、区块链、元宇宙等的来龙去脉。尤其珍贵的是，两位作者在业界有着相当丰富的实践经验，他们将这些概念在业界应用的场景、在管理上的挑战以案例的方式展开叙述与分析，给读者提供了很重要的范例。总的来说，本书是一本从技术、管理和应用角度全方位快速了解企业"数智化"转型的优秀作品。

北京大学光华管理学院应用经济系教授 孟涓涓

本书全面解读信息化和数字化发展背景，在数字化要素的基础上，直击数字化转型六大方面落地的关键问题，尤其是讲到了最容易被忽视的数字化转型的组织变革八步法。企业数字化转型的本质就是组织变革，如果企业只讲转型，没有关注变革最佳实践方法和风险，那么企业数字化转型可能就演变成一个灾难。本书是企业做数字化转型的指南。

紫羚云创始人兼CEO　梁育刚

数字化、"数智化"是现代企业转型发展的必由之路。本书作者总结自己多年数字化创新实践，总结企业"数智化"转型发展方法，分析企业"数智化"转型案例，为在数字化浪潮中激流勇进的企业提供了新思路、新视角。这是一本很好的参考书。

建信金融科技有限责任公司交付事业部副总裁　成银乾

在当今，科技与信息的红利正在快速释放。"数智化"不仅是这个时代所有企业都要面对的大趋势，也是大机遇。面对信息技术与人工智能带来的社会生活、个体习惯和思维方式的变化，"数智化"可以帮助企业更加贴近用户、了解用户，挖掘新的市场机遇，帮助企业经营者更加科学合理地决策。同时，"数智化"通过影响企业组织结构、运行模式和客户服务，有助于企业降低成本，提高生产和管理效率，是解决企业管理和业务问题的有力工具。可以说，以用户为中心，以数智化为手段，将是企业走向成功之路的必然选择。对于传统行业的经营管理者和创业者们，本书都是大有裨益的良师益友。

杭州雷数科技有限公司创始人兼CEO　闫安

本书对"数智化"的前世今生、整体思路、实际应用进行了详细论述，不仅针对性强，逻辑严谨，也有很好的借鉴作用。认真阅读本书后，我相信读者会有很大的收获。

PingCAP联合创始人兼CTO　黄东旭

"数智化"对各行各业的发展都有着积极的促进作用，企业循序渐进步入"数智化"转型进程已经成为不可逆转的趋势。而企业"数智化"转型能力建设是一个循序渐进、持续迭代的过程。本书能帮助企业更加系统地了解"数智化"转型的知识体系，帮助企业管理者找到驱动企业持续增长的新力量。

上海现代服务业联合会大数据中心副主任　徐云程

"数智化"是数字经济时代最重要的企业战略，而企业如何实施"数智化"需要方法论的指导，本书正是这样一本实践指南。本书作者既拥有扎实的理论知识，又有多家上市公司技术高管的从业经历，对"数智化"有深刻的理解。本书是作者多年经验的总结，值得每个企业管理者阅读。

北京中投企智投资管理有限公司董事长　朱敏红

本书立足于企业信息化的现状，从技术的视角剖析产业的变迁，能让读者深入理解企业信息化的现有格局以及未来发展。

杭州北冥星眸科技有限公司创始人兼CEO　钱小一

以云计算、大数据、物联网、人工智能、区块链等新技术为标志的"数智化时代"已经到来，影响着整个商业经济的方方面面。通过对新技术的应用，企业可以提升效率，创造新的商业机会。本书系统地介绍了"数智化"的发展历史与发展趋势，对整个"数智化"体系的构成和应用都有翔实的论述，值得大家阅读。

作业帮技术副总裁　罗亮

管理和战略一直都是企业管理者最需要关注的方面。企业（特别是小微企业）的管理者都面对着"数字化—信息化—数智化"的企业战略管理和组织转型。作者从宏观到微观等各个层面对"数智化"转型给出了细致分析，并且阐述了重点行业的案例。本书可作为管理者的重要参考书。

北京大禹智芯科技有限公司芯片研发VP　张晓昱

如何从现有的传统模式成功转型成"数智化"，这是每个企业的领导者都在思考的课题。本书系统地介绍了数字化的演进过程和发展方向，并用案例为企业的"数智化"转型提供了参考，是企业"数智化"转型不可或缺的参考手册。

日本NETSTARS CTO　陈斌

数字经济大潮来临，越来越多的企业在数字化、智能化升级之路上不停探索。如何能规避企业转型升级当中的风险，提高企业数智化升级成功率是每一个企业管理者非常关心的问题。从时代背景到数智化升级当中遇到的典型问题、转型理论以及案例，翔实地介绍了两位作者的各种经验。本书值得企业管理者阅读。

Apache Foundation Member　郭炜

随着信息技术的飞速发展，万物得以互联，以大数据和人工智能为基础，满足企业以客户运营为中心的"数智化"成为企业发展的必然趋势。本书作者深入研究信息技术对企业赋能的过程，明确了"数智化"转型的"道"与"术"，为企业的发展提供了新思路。

中国航天科工集团北京航星机器制造有限公司副总经理、研究员　李保磊

"数智化"是进入第四次工业革命的必由之路，本书能让企业管理者深入理解数字经济时代，从而找到发展机会和新的增长点。

fastal创始人兼CEO　李广

针对企业的"数智化"转型，本书从战略管理、组织设计、营销转型、产品研发、生态协作多个角度进行了分析，然后给出了具体的转型方法论。在此基础上，本书还提供了农业、工业、服务业三大行业九大转型案例，读者可以结合实际案例理解转型的理论内容。本书能够帮助大家在"数智化"转型的道路上少走弯路，利用科技助力企业发展。

彩食鲜CTO　乔新亮

作者对数字技术的发展历程、数字经济的组成与内涵进行了详尽的介绍。本书精选出"数智化"的一些成功案例，进行细致剖析，在数字经济发展和企业数字化转型升级的大背景下，这尤其具有重要意义。

清华大学经济学博士生导师、清华大学长三角研究院产城融合研究中心主任
谢丹夏

当前，石油化工行业中相当一部分企业已完成"数智化"转型的基础建设，具备发展数字经济的条件，同时也为"智慧化工厂"的建设打下了坚实的基础，进而实现端到端全产业链降本增效的目标。本书阐述了数字经济与企业"数智化"转型之间的内在联系和落地实施方案等，是一本值得学习的参考书。

浙江远算科技有限公司兼CEO　吴健明

致　谢

　　此书是本人对在企业信息化和数字化十多年建设工作的一些经验总结，希望能对读者有所帮助。在写作本书时，我得到了许多人的帮助，首先感谢我的父母和妻子武丛对我写作的理解和支持，尤其是对家庭和我的照顾；感谢我的三位老师，北京大学陈向群教授、清华大学郑纬民院士、中国社科院王钦研究员，在我写作过程中给予耐心的指导和真诚的教诲；感谢我的领导，恒生电子总裁范径武、恒生电子高级副总裁王峰、旷视科技 CTO 唐文斌，他们给我提供了许多有指导意义的思路及观点；感谢我的好友，北京中投企智投资管理有限公司董事长朱敏红、建信金融科技有限责任公司副总裁成银乾、杭州北冥星眸科技有限公司 CEO 钱小一、小米集团战略投资合伙人李建滨、北京大学教授孟涓涓、Apache Foundation Member 郭炜、PingCAP 联合创始人兼 CTO 黄东旭、日本 NETSTARS CTO 陈斌、杭州雷数科技有限公司创始人兼 CEO 闫安、山西中科潞安紫外光电科技有限公司闫建昌、金石投资有限公司董事总经理李振明、清华大学教授谢丹夏、浙江远算科技创始人兼 CEO 吴健明、上海现代服务业联合会大数据中心副主任徐云程等，他们在成书过程中给予我很多鼓励。

张良友

　　谨以此书献给我的家人以及工作单位，他们是我的生命和生活的意义之所在。感谢每一个指导过我、帮助过我的良师益友，特别是中国科学院院士、中国石油大学（北京）教授徐春明先生，石化盈科信息技术有限责任公司行政总裁周昌先生，海南数据交易服务有限公司董事长宋鹏程先生，以及本书第一作者张良友先生。

王　鹏

前　言

　　早在人类第一次构造可编程计算机时，就可能已经在思考它能否变得智能。如今，大数据、人工智能已经成为国内外非常活跃的研究课题，并在众多领域得到实际应用，取得前所未有的成就。

　　目前，越来越多的企业将人工智能引入自身工作流中，并利用它为企业赋能，企业数智化（我们可以将数智化简单地理解为"数字化＋智能化"）转型迫在眉睫。

　　20 世纪 90 年代初，随着新一代计算机技术的迅猛发展，信息产业高度发达，信息技术引发了一场社会变革，推动人类社会进入"信息化"时代。整个社会经历了从信息产业化、产业信息化到产品信息化、企业信息化，再到国民经济信息化，乃至社会信息化的历程，这在促进经济发展方面具有不可替代的作用。企业在业务流程重构、核心业务应用、信息系统建设、数据库建设、资源管理和资本投资等方面，进行了一系列信息化建设。其中，ERP（企业资源规划）、CRM（客户关系管理）、PDM（产品数据管理）、企业门户、EAI（企业应用集成）、SCM（供应链管理）和EC（电子商务）等领域业务新形态的发展为企业信息化转型提供了强有力的支撑。

　　随着信息化的不断深入，越来越多的专业人士、学者，甚至企业管理者，开始从技术和业务层面对信息化进行了新的定义，信息化不再是简单的信息系统的建设和应用、从线下到线上的单纯转变，而是更高层次的数字化。相应地，数字化对业务元素（流程、场景、关系和员工）亦有了新的定义，不再是单纯地解决企业降本增效的问题，而是利用大数据存储、大数据计算、云存储、区块链、人工智能等新技术赋能企业商业模式，成为企业创新和突破的核心力量。

　　1997 年，IBM 公司的超级计算机"深蓝"（Deep Blue）在正常时限的国际象棋比赛中战胜国际象棋世界冠军加里·卡斯帕罗夫，这场"人机大战"成为人工智能发展史上的标志性事件。随后，泛在感知数据和图形处理器等计算平台进一步推动了以深度神经网络为代表的人工智能技术飞速发展，跨越了科学与应用之间的"技术鸿沟"，图像分类、语音识别、知识问答、人机对弈和无人驾驶等人工智能技术实现了从"不能用、不好用"到"可以用"的突破，迎来爆发式增长。

　　在数字经济快速发展的大背景下，越来越多的机构、企业开始通过互联网、大数据、人工智能和区块链等技术，实现"数字化＋智能化"，对战略、架构、运营、管理、生产和营销等层面进行了系统与全面的变革，甚至实现了对整个组织的重塑。数智化转型可以连接数据"孤岛"，充分释放数据价值。以数据为主要生产要素，使传统部门之间的分工协作的生产关系转向网络系统的生产关系，决策者能实时洞察各类信息，合理配置资源，以适应瞬息万变的市场环境，并做出最优决策，获取最大效益。

当前，我国数字经济发展受国内外多重因素的影响，面临的形势正在发生深刻变化，随着新一轮科技革命和产业变革的深入开展，企业数智化转型已成为大势所趋。

本书共 6 章，各章主要内容如下。

第 1 章，从宏观、中观、微观角度，详细介绍企业数智化转型的时代背景，阐述数智化转型的必然性和必要性。

第 2 章，沿着信息化、数字化、数智化的发展进程，介绍科技形态的变革过程和内容，描述科技形态的发展现状和问题。

第 3 章，详细介绍企业数智化转型的技术手段。包括大数据、人工智能、区块链、元宇宙等。

第 4 章，介绍企业战略理论，企业的组织、营销、产品和生态的数智化转型，以及数智化转型的落地方法。

第 5 章，提供企业数智化转型案例。从农业、工业、服务业等产业展示数智化转型的进展和成果。

第 6 章，介绍企业数智化转型的风险及其处理措施，并对数智化转型的未来进行了展望。

读者通过对本书的阅读，将会了解企业数智化转型的时代背景、数智化要义、数智化基石、企业数智化转型及其案例，以及数智化转型的风险和未来展望等内容。

本书适合下列读者阅读：

- 希望了解数智化，以及企业数智化转型的整体方法与路径的读者；
- 企业数智化转型的实际参与者。

目　录

第 1 章

企业数智化转型的时代背景

纵观世界文明史，人类社会先后经历了农业革命、工业革命和信息革命。每一次的产业技术革命都给人类的生产和生活带来了巨大而深刻的影响，不断提高人类认识世界、改造世界的能力。如今，数字技术日新月异，应用潜能加快释放。数字经济正处于高速增长、快速创新时期，并广泛渗透到其他经济领域，深刻改变着世界经济和人类社会的发展动力、发展方式，并重塑社会治理和建设体系。

当前，我国处于大力发展新一代科技技术，推动新旧动能接续转换的关键期；处于通过数字化、网络化、智能化，深化供给侧结构性改革、建设现代化经济体系的攻坚期；更处于贯彻落实党中央、国务院决策部署，发展壮大数字经济的重要机遇期。发展数字经济对贯彻落实党中央、国务院决策部署，深化供给侧结构性改革，推动新旧动能接续转换，实现经济高质量发展有重大意义。

当今世界正处于百年未有的变革期，经济社会环境发生了深刻且复杂的变化，各行各业将面临新形势、新挑战和新机遇，其中一个重要的表现就是经济社会加速进入数智化时代。何为数智化？数智化是数字化、智能化相结合的简称，是在劳动、资本等传统要素为驱动的增长模型基础上，进一步引入信息技术、数据两大要素的新型增长模式。

数智化转型是这个时代的绝大多数企业都无法回避的"必修课程"。在数智化转型大潮中，企业如逆水行舟，不进则退。如果企业不及时进行数智化转型，那么可能存在被用户抛弃、被竞争对手超越，甚至"出局"的风险。

1.1 数字经济时代

数字经济是以数字化的知识和信息为关键生产要素，以数字技术创新为核心驱动力，以现代信息网络为重要载体，通过数字技术与实体经济深度融合，不断提高传统产业数字化、智能化水平，加速重构经济发展与政府治理模式的新型经济形态。

发展数字经济，是大势所趋，是顺应产业规律的客观路径，是着眼全球、提升综合国力的战略选择，是立足国情、推动经济高质量发展的内在要求。

1.1.1 数字经济的产生与发展

数字经济，也称新经济、互联网经济、网络经济和信息经济。数字经济的内涵要远远大于仅由互联网驱动的互联网经济。网络经济、信息经济仅仅是指数字经济发展的早期或前一阶段，而数字经济则是信息经济的高级阶段。

2016 年，G20 杭州峰会达成的《二十国集团数字经济发展与合作倡议》中对数字经济的定义为：以使用数字化的知识和信息作为关键生产要素、以现代信息网络作为重要载体、以信息通信技术（Information and Communication Technology，ICT）的有效使用作为效率提升和经济结构优化的重要推动力的一系列经济活动。

伴随着互联网、大数据、云计算和人工智能等数字技术的创新、扩散与成熟，以及大规模应用，迄今为止，数字经济的发展大致经历了 5 个典型阶段，分别是数字经济的发端、数字经济的显现、数字经济的兴起、数字经济 1.0 和数字经济 2.0 阶段[①]。前后阶段之间有时并没有明显的界限，主要体现的是自然递进、不断融合和相互促进的发展关系。

1. 数字经济的发端：1946 年—20 世纪 60 年代中期，以信息网络为主的数字化阶段

1946 年，世界上第一台通用电子计算机 ENIAC 在美国宾夕法尼亚大学诞生，标志着人类进入数字化的世界。这一时期的主要商业模式是芯片等硬件的生产和制造，以及操作系统和其他软件的开发，代表公司有 IBM 等。在数字经济起步阶段，语言、文字、音视频等诸多信息内容都被转化为电子计算机能够识别、存储、加工及传输的二进制代码。随后，从少量科研人员专用的电子技术进步衍生出全球 32 亿人使用的计算技术、通信技术、网络技术。从个人计算机发展到超级计算机、网络计算机、量子计算机，从科学计算应用逐步延伸至企业管理、生活娱乐，消费购物等方面。此时，人类生产、生活等经济行为的相关信息内容绝大部分都可被数字化记录，但仍然有部分信息内容不能以数字化的方式被收集、存储、加工与分析，游离在数字经济体系之外。

2. 数字经济的显现：20 世纪 60 年代末—20 世纪 90 年代前期，以 IT 与 ICT 为主的网络化阶段

20 世纪 60 年代末，信息技术的兴起与应用，以及阿帕网（ARPANET）的诞生，标志着数字经济进入网络化的萌芽阶段，即利用网络通信技术实现了人与人、人与物、物与物的实时连接。20 世纪 70 年代—90 年代前期，随着信息技术在传统行业的大量应用，以信息技术相关的软件开发和硬件制造为主体的 ICT 产业迅猛发展，互联网开始兴起并逐渐在很多行业得到初步应用，这大大降低了经济系统的运行成本，提升了原有经济系统的运行效率。

3. 数字经济的兴起：20 世纪 90 年代中期—20 世纪末，"数字经济"概念被正式提出

根据《牛津英语词典》的记载，数字经济（digital economy）一词最早出现在

---

① 引自赵立斌、张莉莉于 2020 年出版的《数字经济概论》。

1994 年 3 月 1 日美国《圣迭戈联合论坛报》发表的一篇报道中[①]。1995 年，"数字经济"概念在加拿大新经济学家唐·泰普斯科特出版的《数字经济：网络智能时代的希望和危险》一书中被正式提出，书中详细论述了数字经济的发展情况，以及互联网、通信技术等数字技术对经济社会的影响。此后，数字经济才成为专业术语。

1991 年 3 月—2001 年 3 月，美国经济实现了连续 120 个月的持续经济增长，在当时创下了经济连续增长时间最长的纪录。在经济持续增长的过程中，美国经济呈现了高经济增长率、低失业率、低通货膨胀率并存的"一高两低"的高质量增长特征。美国的这一轮经济增长应归功于计算机和互联网技术的大规模商业化应用，以计算机技术二进制形式构成的数字流不但改变了信息传输与人机交互方式，而且改变了商品的流通、交易与支付方式。

4．数字经济 1.0：2001—2015 年，数据驱动的数据化阶段

进入 21 世纪，随着大数据、云计算、物联网、人工智能、3D 打印、元宇宙等数字技术的不断迭代创新，那些富含知识与信息的数据资源成为经济社会发展的关键资源，既标志着整个经济社会进入数据驱动的数据化阶段，也标志着数字经济的发展进入 1.0 阶段。随着数字化概念的广泛传播与数字技术的广泛应用，主要国际组织与政府机构希望以数字经济为抓手，促进产业创新，拉动经济增长，也开始将政策重心转向数字经济，纷纷加大对数字经济研究的投入。

近些年来，我国注重信息技术、数字技术对传统经济的促进作用，只不过在名称上多采用信息化、两化融合等。2015 年，在国外数字经济和工业 4.0 等战略的影响下，我国提出了"互联网＋"行动计划，以通过发展互联网等数字技术和高技术战略新兴产业等推动我国经济结构的转型升级与高质量发展[②]。

5．数字经济 2.0：2015 年至今，以人工智能为核心的智能化阶段

2015 年以来，随着谷歌、百度、科大讯飞、阿里巴巴、苹果、NVIDIA 等为代表的公司在语音与图像识别、自动驾驶、数字医疗等人工智能诸多领域取得重大突破，我国的人工智能研究也在多个领域实现率先突破，我国数字经济也进入以智能化为核心的数字经济 2.0 阶段。但目前，我国数字经济商业模式还主要集中在单一的弱人工智能应用上，未来智能化技术还有较大的发展空间，这必将对我国数字经济发展、生产生活方式变革产生巨大的推动效应[③]。

2016 年，全球市值排名前 5 的公司：苹果、谷歌、Facebook、微软和亚马逊，首次全部为数字平台公司。它们的市值远超传统工业巨头。在数字技术快速发展，以及数据快速商业化的背景下，数字技术对农业、制造业、服务业等传统行业的数

---

① 引自李长江于 2017 发表的《关于数字经济内涵的初步探讨》。
② 引自闫德利于 2017 年发表的《数字经济的由来》。
③ 引自王振主编的《数字经济蓝皮书：全球数字经济竞争力发展报告（2017）》。

字化改造不断加速。随着智慧农业、智能制造、智慧物流、互联网金融等领域的快速发展，全球数字经济的发展进入 2.0 阶段，应用效果显著。

除互联网迅速发展以外，物联网及其设备也在快速增长，但与此同时，数字经济发展过程当中的问题也日渐突出，如数据纷争的解决、数据安全的治理、数字鸿沟的跨越、消费者和劳动者数字素养的提升等问题也日渐进入公众的视野。

1.1.2 数字经济的内涵与特征

从 20 世纪 90 年代开始，互联网在美国最先得到蓬勃发展，并不断向全球各个角落渗透，数字经济的全面发展开始。近年来，随着移动互联网、大数据、云计算、物联网、人工智能、自动驾驶、3D 打印等数字技术的创新驱动，并与经济社会各个领域的逐渐融合渗透，人们对数字经济的认识持续深入，这不仅使人们的生产方式、生活方式，甚至思维方式都发生巨大改变，还使数字经济的内涵得以不断拓展。作为一种新的经济增长模式，数字经济呈现出有别于传统农业经济与工业经济的独特性。

1. 数字经济的含义

数字经济是继农业经济、工业经济之后的更高级的经济形态。所以，数字经济既是一种经济社会形态，又是一种技术经济范式；既包括以非数字化的知识和信息驱动的信息经济初级阶段，又包括数字化的知识和信息驱动的信息经济高级阶段。从经济社会形态来看，在基本特征、运行规律和相关理论等维度，与传统的农业经济和工业经济相比，数字经济有了根本性变革。从技术经济范式的角度来看，技术经济范式是一定社会发展阶段内的主导技术结构，以及由此决定的经济生产的范围、规模和水平，是研究经济长波理论的基本框架，是技术范式、经济范式乃至社会文化范式的综合。

技术经济范式主要包括下列 3 部分内容：

① 以重大的、相互关联的技术构成的主导技术体系，构成新的关键投入，表现为新的基础设施、新的生产要素等；

② 新技术体系的导入和拓展会对生产制度、企业结构等产生影响，引发创新模式、生产模式、就业模式等的改变；

③ 新技术体系还会对社会制度结构产生影响，引发生活方式、生产方式、社会治理方式等的变革。

从技术经济范式的角度来看，从传统的技术经济范式向数字技术创新应用推动的数字技术经济范式转变成了当前经济社会面临的主要困难和挑战。数字经济是在数字技术驱动下，经济发展与政府治理模式加速重构的新型经济形态，体现了生产力和生产关系辩证统一的关系。数字经济的"三化"框架如图 1-1 所示。

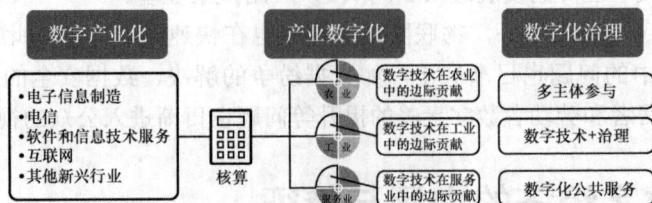

资料来源:中国信息通信研究院

图 1-1 数字经济的"三化"框架

(1)数字产业化:数字经济创新体系变革

数字产业化是数字经济发展的前提条件,涉及的行业包括电子信息制造、通信、软件和其他新兴行业。数字产业化的稳步发展集中表现为数字技术经济范式的创新体系变革。

① 基于互联网,全球创新网络深刻重构,数字经济创新生态系统构成国家创新体系的基石。

② 数据驱动型创新正在向农业、制造业、服务业等领域扩展,成为国家创新发展的关键形式和重要方向。

③ 网络化协同开放式创新渐成潮流。

(2)产业数字化:数字经济形态变革

产业数字化是数字经济发展的主引擎,通过数字技术使传统产业的生产质量和生产效率都有提升,其增产提效构成了数字经济的重要组成部分。产业数字化集中体现为数字技术体系对生产结构、生产制度的影响,即对传统产业组织、生产、交易等的影响。

① 数字经济"平台+生态"的组织结构呈现爆发式增长态势。

② 线上、线下融合发展成为引领数字经济发展的主导力量。

③ 所有型经济向分享型经济加速演进。

④ 交换式贸易转向统一聚合的数字经济市场。

(3)数字化治理:数字经济社会形态变革

数字化治理是数字经济发展的内在要求,包括利用数字技术完善治理体系、创新治理模式、提升综合治理能力等。数字化治理集中体现在数字技术对社会制度结构的影响,即在数字经济快速发展的背景下形成的与之相适应的政府治理体系、模式等的全面变革。

① 以集体协作、去中心化、自组织为特征的数字社会正在加速形成。

② 数字技术融合渗透促进治理体系变化。

③ 数字经济融合渗透促进就业结构变化。数字技术赋予各种职业更大的灵活性，新的职业边界逐渐形成。同时，数字技术降低了信息的不对称性，提升了供需匹配的精准性，促进了按需就业、按兴趣就业、及时就业。

与传统的农业经济、工业经济相比，数字经济主要呈现四大"新"特征。

① 新设施。信息网络加快向高速移动、安全泛在方向发展，与传统电网、公路网、铁路网等深度融合，正在形成万物互联、泛在感知、空天一体的智能化综合信息基础设施，成为支撑经济发展不可或缺的重要基础设施。

② 新动力。信息通信技术加快向跨界融合、创新变革方向演进，在各行业、各领域深度应用，新技术经济范式加快形成，有力推动了传统产业的技术进步，成为推动新一轮科技革命和产业变革的主导力量。

③ 新要素。传统经济依赖于劳动力、土地、资本和自然资源要素，数字经济中的信息和知识则普遍以数字化形式产生、保存、传播与利用，数据成为经济发展新的生产要素。

④ 新产业。网络应用加快从消费领域向生产领域、从虚拟经济向实体经济渗透，新模式、新业态、新应用不断涌现，融合型新兴产业迅速发展壮大，平台化、生态化新型产业组织形式加速形成。

2. 数字经济的特征

作为一种新的经济形态，无论是从基本特征、规律性特征方面，还是从发展特征方面，数字经济都呈现出有别于传统农业经济与工业经济的独特性[1]-[2]。在综合多方主流研究成果的基础上，我们分别从上述 3 个特征方面予以阐述。

（1）数字经济的基本特征

数字经济的基本特征包含以下 8 个方面。

① 数据资源成为数字经济时代的核心生产要素。

与传统农业经济、工业经济一样，数字经济也需要生产要素和相应的基础设施与之配套，但每一次经济形态的重塑与社会形态的变革都会产生与之相适应又赖以发展的生产要素。由于数字经济下的很多要素都需要数字化，因此数字经济又不同于前两种经济形态，数据成为与数字经济相适应的新的生产要素。如同土地和劳动力为农业时代的核心生产要素，资本、技术、矿产、物资为工业时代的核心生产要素一样，数字经济的核心生产要素为富含知识与信息的数据资源。随着，数据驱动创新向科技研发、经济社会的各个领域扩展与渗透的速度不断加快，渐渐成为国家

---

① 引自中国信息通信研究院于 2017 年发布的《中国数字经济发展白皮书》。
② 引自王振主编的《数字经济蓝皮书：全球数字经济竞争力发展报告（2017）》。

创新发展的关键形式和重要方向。

② 数字基础设施成为数字经济发展的关键基础设施。

数字经济活动与传统工业经济下的经济活动更多架构在以铁路、公路和机场为代表的物理基础设施之上一样，推进与实施也需要相应的基础设施与之配套。不同的是，数字经济下的基础设施既包括宽带设施、大数据中心、云计算中心等专用型数字基础设施，又包括增加了数字化组件的传统基础设施或利用数字技术对传统物理基础设施进行数字化改造后的基础设施，即混合型数字基础设施。例如，数字化停车系统、数字化交通系统、数字化监测系统等。这两类基础设施共同构成数字经济的关键基础设施，推动着数字经济迅猛发展。

③ 数字技术进步成为数字经济发展的不竭动力。

人类经济社会的发展从来不是循序渐进的平稳向前，技术的进步和变革是推动人类经济社会跃迁式发展的核心动力，如蒸汽机引发了工业革命，ICT引发了信息革命，数字技术的普及和应用，以及日新月异的创新进步，必将引发数字革命，为数字经济发展壮大提供不竭的动力。

近年来，移动互联网、云计算、物联网、区块链等前沿技术正加速进步和不断突破创新，在推动已有产业生态不断完善的基础上，孕育出更多新模式与新业态；人工智能、自动驾驶、3D打印等数字技术正在与智能制造、量子计算、新材料、再生能源等新技术以指数级速度融合创新、整体演进和实现群体突破，不断强化未来数字经济发展的动力，推动着数字经济持续创新发展，全面拓展人类认知和增长空间[1]。

④ 数字素养成为数字经济时代对劳动者和消费者的新要求。

就像农业经济和工业经济时代下某些职业与岗位对劳动者的文化素养有一定的要求一样，数字经济下的职业和岗位也要求劳动者具有一定的数字素养。随着数字技术突飞猛进的发展和向各行各业的不断渗透，不同于传统经济下的文化素养要求只限于某些职业或岗位，对多数消费者的文化素养则基本没有要求，数字经济下的数字素养甚至有可能会成为所有劳动者和消费者都应具备的重要能力。特别是在未来的劳动力市场上，谁具有较高的数字素养，谁就拥有突出的数字技能和专业技能，从而脱颖而出[2]。

根据欧盟委员会于2015年发布的《欧盟数字技能宣言》的相关内容，目前各国（地区）都不同程度地存在数字人才不足的问题，众多公司都纷纷表示很难找到同时拥有专业技能和数据分析才能的人才。此外，数字素养被联合国认为是与听、说、

---

① 引自马化腾等人编写的《数字经济：中国创新增长新动能》（2017年出版）。

② 引自欧阳日辉、孙宝文于2017年发表的《数字经济：中国经济提质增效新引擎》。

读、写同等重要的基本能力。如果劳动者不具备数字素养，那么将很难胜任未来的工作，更不可能在工作岗位上脱颖而出；如果消费者不具备基本的数字素养，那么将很难在市场上识别、购买到满意的产品，更别谈正确、方便地享用数字化产品与服务了，或许会成为数字经济时代的"文盲"。可见，数字素养将与文化素质、专业技能一样成为未来劳动者生产与消费者消费时必备的基本素养，成为数字经济发展的关键和重要基础[①]。

⑤ 数字经济平台生态成为数字经济下的主流商业模式。

根据阿里研究院联合德勤发布的《平台经济协同治理三大议题》报告，截至2017年7月，全球十大平台经济体（苹果、谷歌、微软、亚马逊、Facebook、阿里巴巴、腾讯、Priceline、百度、Netflix）的市值已经超过十大传统跨国公司（伯克希尔·哈撒韦、埃克森美孚、强生、摩根大通、通用电气、富国银行、美国电话电报公司、宝洁、雀巢、沃尔玛）。不仅如此，全球大部分大型互联网公司也都采取平台的模式。特别是近年来，在数字技术突飞猛进发展的动力支撑下，共享经济、众包、众筹、众创等一大批新模式、新业态纷纷涌现，与之相关的大型企业也都采取平台的模式。平台经济已经成为推动我国经济发展的重要组成部分，并不断为依托它生存的大量中小微企业提供更好的创新创业环境与土壤，推动着数字经济快速向前发展。

数字经济平台具有以下3个特点：

* 平台生态化成为数字经济下产业组织的显著特征；
* 数字平台组织有助于资源的优化配置，促进价值创造与汇聚；
* 数字平台推动价值创造主体实现多方互利共赢。

⑥ 数字产业的基础性、先导性特征突出。

在历史上的每一次科技变革和产业革命进程中，总有一些率先兴起、发展迅速、创新活跃、外溢作用显著的基础性、先导性产业引领带动其他产业的创新发展。与交通运输产业、电力电气产业和信息产业分别成为以蒸汽技术、电气技术与信息技术为代表的3次科技革命中推动产业变革的基础先导产业类似，集中大数据、云计算、物联网、人工智能、3D打印等数字技术的数字产业成为驱动数字经济革命的基础性、先导性产业。作为技术密集型产业，数字产业的基本特点就是持续动态创新，它不但引领带动作用强，而且其强大与活跃的创新能力更是获取竞争力的根本保证。受此驱动，数字产业也成为一些企业研发投入的重要领域。目前，全球数字产业在经历早期快速扩张后，已经驶入稳定发展的轨道，并成为支撑全球各地经济发展的战略性产业。

---

① 引自腾讯研究院、工业和信息化部电子科学技术情报研究所于2017年发布的《数字经济白皮书》。

⑦ 多方融合成为推动数字经济发展的主引擎。

数字产业与传统产业的融合，以及人类社会、网络世界和物理世界的日益融合等多方面融合，成为推动数字经济发展的主引擎。

- 数字产业与传统产业的融合。随着数字技术突飞猛进的发展，人类经济社会逐渐从传统农业经济、工业经济阶段过渡到数字经济阶段，人类经济活动空间不断从物理空间转移到虚拟网络上，而随着传统行业数字化进程的加快，人类经济活动又从线上、网络上不断向线下、实体空间扩展。随着数字产业与传统产业的日渐融合，整个经济发展空间也得以不断提升。纵观人类发展历史，伴随历次科技革命，先导性产业最先兴起，但其占经济总量的比重日趋减少，而新技术与传统产业的融合逐渐成为推动数字经济发展的主引擎，成为历次科技革命的"铁律"。如今，在数字技术革命与数字经济发展阶段，数字技术对传统产业的渗透、融合、改造、创新，带来的效率提升和产出增长已经成为推动国民经济增长的要素与全球经济发展的主引擎。

- 人类社会、网络世界和物理世界的日益融合。随着数字技术日新月异的发展，之前的网络世界不再只是人类生存的物理世界的虚拟映像，而成为人类面临的实实在在的新的生存空间与"主战场"。同时，数字技术与物理世界的融合也使得现实物理世界的发展速度逐渐向网络世界靠近，甚至逐渐呈现指数级增长趋势，这主要是因为在物联网技术与数字平台发展的基础上，随着多功能传感器、可穿戴智能装备、人工智能等的日益普及，人类经济社会进入人与人、人与物、物与物的万物互联时代。在此基础上，随着无人驾驶、虚拟现实、增强现实等数字技术的发展，又出现了强调人类、机器和物理世界有机协作的信息物理生物系统，这一系统不仅彻底改变了人类的经济活动空间，还实现了网络世界和物理世界的无缝衔接与交互，使人类逐渐走进一个网络世界、物理世界与人类社会三者互联互通的"新世界"[①]。

⑧ 多元协同数据治理成为数字经济中的核心治理方式。

数字经济 2.0 体现为一个由平台、企业、消费者等参与，主体更加多元的去中心化的复杂生态系统，线上与线下、物理世界与虚拟世界，以及跨行业与跨地域出现的新老问题不断汇聚，这就要求过去仅依靠传统的集中单向、侧重控制的封闭式监管的社会治理模式逐渐向多元参与、侧重协作、开放协同的数据治理方式转变。

（2）数字经济的规律性特征

虽然目前全球数字经济的发展正从成长期逐渐过渡到成熟期，许多规律性的特

---

① 引自曹寅于 2015 年发表的《CPS 时代的能源和工业大融合》。

征还没有充分体现出来，需要我们在未来数字经济发展过程中不断探索与挖掘，但许多学者已总结出关于网络经济和传统经济的种种不同的特点与特征[①-③]，因此，我们可以在此基础上对数字经济的规律性特征加以简单描述，这主要包含以下 8 个方面。

① 数字经济是昼夜不停运作的全球性经济。

由于信息与数字网络每天 24 小时都在运转中，因此，基于互联网、大数据、云计算等数字技术的经济活动很少受到时间因素的制约，可以全天候运行。而且，信息与数字网络、数据的全球流动把整个世界变成了"地球村"，全球各地的地理距离变得不再关键，基于数字技术的经济活动把空间因素的制约降到最小，使整个经济的全球化进程大大加快，世界各地经济的相互依存性空前加强。随着商品、服务与资本全球流动的放缓，数据全球流动速度不断加快，数字经济逐渐成为主导经济全球化的主要动力[④]。

② 数字经济是去中介化的虚拟经济。

随着移动互联网等数字技术的发展，经济组织结构日渐扁平，消费者和生产者可以便捷地进行直接联系与沟通，除某些交易因其复杂性而需要专业经纪人与信息服务中介以外，根本不需要过去的分销、批发与零售等中间环节。另外，数字经济是虚拟经济，是在数字技术下由数字网络构筑的虚拟空间中进行的经济活动。数字经济与网络下的物理空间中的现实经济对应、并存、相互促进。经济的虚拟性主要是指转移到线上网络空间的经济活动的虚拟性，而并不是指期货、期权等虚拟资本形成的真实的虚拟经济。

③ 数字经济是合作大于竞争的开放经济。

在工业经济时代，价值创造主体通过上游采购原材料，中游加工生产，下游出售最终产品和提供售后服务，形成了线性价值增值链，每个价值增值链上的竞争对手越少，利润越丰厚，企业的目标是打败竞争对手。在数字经济时代，无论是新兴平台企业，还是传统转型企业以及依托其生存的各类中小微企业都是相互依赖的产品和服务供给者。平台主要采取开放策略，构建互利共赢的生态系统，以增强平台的吸引力和竞争力；依托平台的企业之间虽存在适度竞争，但也主要是交易协作与共同创造价值的关系，合作远大于竞争。企业可持续的竞争优势，主要不再体现为自然资源的占有或可供利用的资金的多少，而是主要依赖于通过相互合作共享更多富含信息和知识的数据。只有相互协作，企业的活力与应变能力才能不断提高。

---

① 引自乌家培于 2000 年发表的《网络经济及其对经济理论的影响》。
② 引自王健伟、张乃侠编写的《网络经济学》（2004 年出版）。
③ 引自刘培刚编写的《网络经济学》（2011 年出版）。
④ 引自赵立斌、张莉莉于 2020 年出版的《数字经济概论》。

④ 数字经济是速度型经济。

数字经济成为速度型经济，主要是由数字经济的规模报酬递增导致的。企业如果能够以最快的速度获得规模经济，就会越来越强。随着数字经济发展节奏的加快，信息的传输速度、产品升级换代的速度也在加快，创新周期因此缩短，企业竞争逐渐成为一种时间上的竞争。无论是生产制造型企业，还是生产服务型企业，企业如果可以以最快的速度收集大量的数据，并在第一时间把纷繁复杂的数据变为可供企业决策、生产的知识与信息，就能不断满足消费者多样化的订制需求（如订制服装和快递商品）。因此，数字经济将是兼重速度和质量的经济。

⑤ 数字经济是持续创新型经济。

数字经济源于移动互联、大数据、云计算等数字技术，属于技术与研发密集型经济，需要注重教育培训、研究开发，否则它就不能称为新经济。但数字经济又超越了数字技术，技术创新的动力主要来自有利于创造性发挥的组织环境、制度环境、管理观念与激励机制，因此，企业在技术创新的同时，还需要有组织创新、制度创新、管理创新与观念创新等的配合[1]。

另外，数字经济是持续创新的经济，否则其新经济的"新"也就难以为继了。例如，某个国家的移动支付发展得不好，但如果它能开发一张集众多信息（如医保、个人基础信息等）于一身的卡，企业只要扫描一下这张卡，不但可以方便地进行身份识别，而且可以快捷地进行移动支付。更进一步，利用更先进的人脸识别技术，企业在不使用实体卡的情况下，就能识别消费者的个人信息，并进行移动支付。因此，数字经济不但需要创新，更需要及时抓住每一次创新"风口"持续创新，才不会被后来的创新"淹没"。只有持续创新，才能永葆活力。

⑥ 数字经济是注意力经济。

数字经济下每个人都置身于巨量信息的包围之中，企业只有独树一帜，才能获得消费者的注意力，博取更多关注，在激烈的竞争中胜出。故而涌现出许多新商业模式，如按付费的多少决定搜索到的商品、服务、企业和其他内容的排名的竞价排名模式，排名越靠前，受到消费者的关注度就越高，潜在的商业价值就越大[2]。这些新商业模式通过争夺注意力，实现变现。

此外，数字经济下的各智能互联及数字平台，如今日头条、58同城、大众点评等都通过数据挖掘技术，抓取、记录用户在互联网上的行为数据，进而分析出用户的行为特点与需求。只要用户曾经在网络上搜索或关注过某方面内容，相关平台就会记录并据此向用户智能"推送"类似的本地化的可方便获得的个性化服务，精确

---

① 引自乌家培于 2000 年发表的《网络经济及其对经济理论的影响》。

② 引自江小涓于 2017 年发表的《高度联通社会中的资源重组与服务业增长》。

地实现内容传输与受众注意力的匹配，以在碎片化信息过载的数字经济环境中，对大量信息进行过滤和选择，满足追求个性化的消费者的需求，进而赢得市场和创造更多的价值。

⑦ 数字经济是传统边界日益模糊的经济。

在传统农业经济与工业经济时代，生产者和消费者是泾渭分明的。企业只有通过层层组织沟通结构构建起明显的企业边界与社会区隔，才能比竞争者获取更多的消费者需求信息，进而有效降低企业的交易成本。不同行业之间，由于存在明显的行业边界，以及技术和市场壁垒，而变得难以跨越。与传统农业经济和工业经济下的供给与需求经济活动有明显的区分，以及生产者和消费者有非常明显的界限不同，数字经济下，随着数字技术日新月异的发展，个人、企业、社会，甚至国家层面的传统边界都日渐模糊，出现了更多的产销一体化与无边界组织。

⑧ 数字经济是普惠化的经济。

在数字经济 2.0 阶段，无论是在科技、金融领域，还是在贸易领域，每个人都可以平等地传播信息、交流沟通、发表评论、经商创业、共享数字经济带来的好处，这就是数字经济"人人参与、共建共享"的普惠化特点。

（3）数字经济的发展特征[①]

数字经济在其发展过程中表现出一些独特之处，本书主要从要素变革、结构变革、组织变革和治理变革 4 个方面进行介绍。

① 要素变革。

历史经验表明，每次经济形态的重大变革必然催生也必须依赖新的生产要素。如同农业经济时代以劳动力和土地、工业经济时代以资本和技术为新的生产要素一样，在数字经济时代，数据成为新的关键生产要素。数字经济与经济社会的交汇融合，特别是互联网和物联网的发展，引发数据爆发式增长。迅猛增长的数据已经成为社会基础性的战略资源，蕴藏着巨大的潜力和能量。数据存储和计算处理能力飞速进步，数据的价值创造潜能大幅提升。20 世纪 90 年代以来，数字化技术飞速发展，如今人类产生的绝大多数信息都以数字格式存储、传输和使用，数据计算处理能力也提升了上万倍。数据开始向人类社会生产生活的方方面面渗透，推动人类价值创造能力发生新的飞跃。由网络所承载的数据、数据所萃取的信息、信息所升华的知识，正在成为企业经营决策的新的驱动力、商品服务贸易的新内容、社会全面治理的新手段，带来了新的增值点。更重要的是，相比其他生产要素，数据资源具有的可复制、可共享、可无限增长和供给的"禀赋"，打破了传统要素有限供给对增长的制约，为持续增长和永续发展提供了基础与可能，成为数字经济发展新的关键生产要素。

---

① 引自中国信息通信研究院编写的《数字经济概论：理论、实践与战略》（2022 年出版）。

② 结构变革。

在每次科技变革和产业革命中，总有一些产业是基础性、先导性的产业，它们率先兴起、创新活跃、发展迅速、外溢作用显著，引领带动其他产业创新发展。与交通运输产业和电力电气产业成为前两次工业革命中推动产业变革的基础先导产业类似，信息产业是数字经济时代推动经济发展的基础性、先导性产业。信息产业早期快速发展，现今发展渐趋平稳，已经成为支撑国民经济发展的战略性产业。

纵观产业革命的历史，先导性产业占经济总量的比重日益减少，通用技术与产业融合逐渐成为推动经济发展的主引擎。近年来，数字经济正在加快向其他产业融合渗透，不断提升经济发展空间。一方面，数字经济加速向传统产业渗透，不断从消费向生产，从线上向线下拓展，催生了O2O、共享经济等新模式、新业态，提升了消费体验和资源利用效率。另一方面，传统产业数字化、网络化、智能化转型步伐加快，新技术带来的全要素效率提升，加快了传统动能改造的速度。传统产业利用数字经济带来的价值增长和效率提升，成为驱动数字经济发展的主要力量。

③ 组织变革。

平台成为数字经济时代协调和配置资源的基本经济组织，是价值交换和价值汇聚的重要市场。一方面，互联网平台新主体快速涌现。商贸、生活、交通、工业等垂直细分领域平台企业发展迅猛。另一方面，传统企业加快平台转型。传统IT企业向平台转型，如微软公司于2016年并购职场社交平台领英，将微软自身的IT技术优势与平台融合，打造更为互联、更加智能的生态系统。传统制造企业也开启平台化转型，如传统建筑机械企业三一重工大力开发"树根互联"工业互联网平台，为客户提供精准的大数据分析、预测、运营支持，以及商业模式创新服务。

平台推动产业组织关系从线性竞争向生态共赢转变。在工业经济时代，作为价值创造的主体，传统企业从上游购买原材料，加工后再向下游出售成品，这是线性价值创造模式。企业经营目标是打败竞争对手，并从上下游企业中获取更多的利润。在平台中，价值创造不再强调竞争，而是通过整合产品和服务供给者促成他们之间交易协作和适度竞争，共同创造价值，以应对外部环境的变化。这表明平台在本质上是共建共赢的生态系统。在发展中，无论是新兴平台企业，还是传统转型企业，都广泛采取开放平台策略，打造生态系统，以增强平台的吸引力和竞争力。

在数字经济时代，数字经济不断从网络空间向实体空间扩展边界，传统行业加快数字化、网络化转型。一方面，互联网企业积极开拓线下新"领地"。面对科技革命和产业变革的大趋势，全球信息网络代表企业正在加快战略布局，大规模向实体经济扩展。另一方面，传统行业加快从线下向线上延伸，获得发展新生机。

④ 治理变革。

在数字经济时代，社会治理模式发生深刻变革，从过去政府单纯监管的治理模式正在加速向多元主体协同共治方式转变。数字经济是一个复杂的生态系统，海量主体参与市场竞争，线上、线下融合成为发展常态，跨行业、跨地域竞争日趋激烈，导致新问题层出不穷，老问题在线上被放大，新老问题交织汇聚，仅依靠政府监管难以应对。因此，将平台、企业、用户、消费者等数字经济生态的重要参与主体纳入治理体系，发挥各方在治理方面的相对优势，构建多元主体协同共治方式，已成为政府治理创新的新方向。平台成为数字经济时代协调和配置资源的基本单元，对平台上的各类经济问题有治理责任和义务。所以将平台纳入治理体系，赋予其一定的治理职责，并明确其责任边界，已经成为社会各界的共识。在数字经济时代，激发用户和消费者参与治理的能动性，形成遍布全网的市场化内生治理方式，可以有效应对数字经济分散化、海量化的治理问题。

1.1.3 数字经济的组成与结构

在数字经济的体系架构中，数字经济因素构成和数字经济层级体系相互关联，数字经济的不同层级与数字经济的因素构成存在对应关系[①]。

1. 数字经济因素构成

根据中国信息通信研究院发布的《中国数字经济发展白皮书（2017）》的相关内容，要发展数字经济，首先要在发挥好数据等要素的作用的基础上，促进数字技术与数字产业的快速发展，随后促进数字技术与传统产业的融合渗透、改造创新，并建立起有效保证数字经济新模式、新业态、新产品发展的更有效的市场和更有为的政府的保障框架，进而不仅促进生产率的进一步提升，还使整个经济社会进一步转型升级。因此，数字经济的主要因素应该包括生产要素组合、数字技术与数字经济发展的相关制度环境。

① 生产要素组合的关键作用。无论是农业经济、工业经济，还是数字经济，都有推动其发展的某种或某几种重要的生产要素组合。例如，土地与劳动力为农业经济下的主要生产要素组合，资本、劳动力为工业经济下的主要生产要素组合，数字经济下的主要生产要素组合为富含知识和信息的数据、数字技术与数字基础设施等。随着数据重要性的不断提升、数字技术的不断迭代创新、数字基础设施的升级换代，数字经济也不断向更高的发展水平迈进。

② 数字产业及数字技术对传统产业的带动作用。科学技术是第一生产力，正如前3次产业革命中机械化、自动化、电气化、信息化等技术变革推动社会不断进步与繁荣一样，大数据、云计算、物联网、人工智能等数字技术及相关产业的发展正

---

① 引自赵立斌、张莉莉于 2020 年出版的《数字经济概论》。

推动着数字经济不断升级。在数字经济下，由于市场环境存在更多的外部性、正反馈作用，因此，只有那些能够解决消费者痛点、满足市场需求的更新的数字技术与数字技术产业，才能成为受众多企业和广大消费者青睐的对象。而且，随着民众收入水平的不断提高与消费需求的不断变化，数字技术及其相关产业也需要不断演进、升级与创新，以更好地适应与满足市场需求，否则就会被淘汰[①]。数字技术与数字产业构成数字经济的基本内容，但更重要的是数字技术对传统的工业、农业、服务业的改造与提升，以及数字产业对传统产业的带动作用。随着数字技术与传统产业的不断融合，以及对传统产业的改造与提升作用、带动作用的进一步增强，数字经济在不断向更高级形态演进。

③ 制度环境的保障作用。数字经济属于知识与技术密集型经济，更有效的市场管理制度能为数字经济的发展提供良好的制度保障。更加公平、有序、高效的市场制度在数字技术升级、换代与创新中的作用巨大，不仅可以激励企业充分竞争、打破垄断，还可以降低交易成本、促进共同协作，使数字经济的普惠与包容特征得以充分展现。此外，数字经济发展过程中也离不开相关的调节，既不能越位，又不能缺位。纵观全球数字经济发展进程，那些在数字经济发展进程中制定前瞻性政策与战略指导框架、为数字经济发展提供更多的财税优惠、资金扶持、产业发展指导等制度支持的部门可以充分激发企业投资数字技术研发的热情，能够更好地发挥数字产业及数字技术对传统产业的带动作用。

在数字经济的发展进程中，只有充分发挥富含知识与信息的数据、数字技术与数字基础设施要素组合的关键作用，并通过更高效的市场制度环境激励营造促进数字技术快速迭代与创新的良好环境，才能不断推动数字经济向更高层次迈进。

2. 数字经济层级体系

综合前面的分析，结合当前我国数字经济发展的具体实践，数字经济体系的具体层级大致可以分为：数字技术与数字基础设施的支撑层；促进数字经济发展发挥重要作用的数据层；建立在支撑层和数据层之上的商业层；以及为整个体系制定治理规则和进行制度安排的治理层[②-④]。

（1）支撑层：数字基础设施与数字技术

数字经济体系中的支撑层是以数据中心、云计算中心、移动智能终端等为代表的数字基础设施，与以大数据、云计算、物联网、人工智能、区块链、3D打印等为代表的数字技术通过融合应用，为上层数据获取、商业活动开展与数字经济治理提

---

① 引自邓龙安、徐玖平于2007年发表的《技术范式演进与企业边界变动的动态变化研究》。
② 引自阿里研究院于2017年发布的《数字经济2.0——告别公司，拥抱平台》。
③ 引自中国信息通信研究院于2017年发布的《中国数字经济发展白皮书》。
④ 引自王振主编的《数字经济蓝皮书：全球数字经济竞争力发展报告（2017）》。

供支撑的基础层级。

（2）数据层：作为关键生产要素的数据

作为数字经济的核心生产资料和生产要素，数据需要在支撑层中的数字基础设施的基础上，先借助数字技术，从各种各样的智能终端收集，并经过网络传输到云端的大数据平台，再进行存储、整理、筛选、加工、分析和共享，最后通过人工智能、数据挖掘、深度学习等相关算法才能上升为知识与智慧，指导行业生产实践，进而实现它在不同业务场景的应用价值。如同石油和煤等自然资源为工业经济时代的重要能源一样，物理世界在虚拟空间的客观映射的数据则是数字经济时代下人类自己创造的可再生、可反复多次被多人同时使用的"新能源"。未来，随着物联网等数字技术的不断发展，万物互联的海量数据都会被记录、存储、整理、加工、分析并产生更大的价值。

（3）商业层：商业活动

商业层是建立在支撑层和数据层之上的层级，包含不同产业的商业活动，既包括数字产业的发展，又包括数字技术向传统产业的渗透，与传统产业的融合，对传统产业的改造与提升，数字经济下催生出的新模式、新业态和新产品，以及这些活动对相关产业、组织结构与就业方式的影响等。

（4）治理层：数字经济治理

在数字经济的发展进程中，与之相关的新问题不断出现，传统的工业经济下的治理体系在数字经济下的新问题面前显得力不从心。数字经济下以巨型平台为依托，依靠其生存的海量中小微企业之间主要是协同合作、互利共赢的关系。即使是巨型平台，它们之间也需要一定的合作，这与传统工业经济下企业之间你输我赢的零和博弈存在本质的不同。因此，原来传统经济治理结构中的利益格局将面临深度调整，原来传统经济下的集中统一监管方式将被更新的协同监管替代，原来传统工业经济下的治理领域也将向更新、更重要的治理领域转变。关于数字经济的治理，无论是在治理原则、治理领域方面，还是在治理方式上都与传统工业经济有所不同，由此，必然产生适应数字经济的具有普惠、共享、协同等特征的普惠治理规则和促进共享的治理原则，以及基于数据的协同治理方式。

总之，数字经济体系中的不同层级与数字经济的因素构成存在对应关系，支撑层和数据层与数字经济因素构成中的生产要素组合对应；商业层与数字产业及数字技术对传统产业的带动对应；治理层与数字经济制度环境的保障对应。

1.1.4 数字经济发展新态势

在全球经济缓慢、曲折的复苏进程中，以云计算、大数据、物联网、人工智能为代表的新一代信息技术创新发展、广泛渗透，在持续催生新兴产业的同时，不断激发传统产业的发展活力，数字经济呈现出持续快速增长的态势，对经济增长的拉动作用愈加凸显。数字经济的发展主要表现出以下新态势[①]。

1. 数字经济规模不断扩张

数字经济规模不断扩张主要表现在以下方面。

（1）各国（地区）数字经济蓬勃发展

当前，在全球经济缓慢复苏，增长动能减弱，不确定和不稳定因素明显增多的背景下，各国（地区）数字经济的发展依然取得了明显的成效。根据中国信息通信研究院的研究数据，2018 年，美国数字经济规模蝉联全球第一，达到 12.34 万亿美元；中国依然保持全球第二大数字经济体地位，数字经济规模达到 4.73 万亿美元；德国、日本、英国、法国数字经济规模位列第三位至第六位，分别为 2.4 万亿美元、2.29 万亿美元、1.73 万亿美元、1.16 万亿美元；韩国、印度数字经济规模超过 5000 亿美元；加拿大、巴西、意大利、俄罗斯、新加坡等国家的数字经济规模超过了 1000 亿美元。

（2）各国数字经济成为国民经济的重要组成部分

根据中国信息通信研究院的研究数据，2018 年，英国、美国、德国数字经济在 GDP 中已占据主导地位，英国数字经济占 GDP 的比重达到 61.2%，美国数字经济占 GDP 的比重为 60.2%。德国数字经济占 GDP 的比重为 60.0%。韩国、日本、爱尔兰、法国数字经济占 GDP 的比重分别为 47.2%、46.1%、43.0% 和 41.6%，位列第四位至第七位。新加坡、中国、芬兰、墨西哥数字经济占 GDP 的比重都超过了 30%。

2. 数字经济增长动力强劲

在国际货币基金组织（International Monetary Fund, IMF）、世界银行、经济合作与发展组织（Organisation for Economic Co-operation and Development, OECD）纷纷下调全球经济增长预算的背景下，持续高速增长的数字经济为缓解经济下行压力、带动全球经济复苏贡献了巨大力量。

根据中国信息通信研究院的研究数据，2018 年，在所测算的 47 个国家（地区）中，各国（地区）数字经济保持快速增长，各国数字经济增速高于同期 GDP 名义增速[②]，各国数字经济增长对 GDP 增长贡献较大。

1.2　数字经济政策

近年来，数字经济在整个世界经济构成中的比重持续上升，已经成为世界生产

---

① 何伟、孙克、胡燕妮、张琳和续继编写的《中国数字经济政策全景图》（2022 年出版）。
② 名义增速：一种没有剔除物价影响的增速。

方式变革的重要驱动力量。区别于其他产业形态，数字经济以信息化技术的发展为基础，不但能与三大传统产业深度结合，而且在某种程度上超越了这三大传统产业，将对世界经济格局的变革产生重要且深远的影响。在世界范围内，数字经济政策的制定体现出较强的产业扶持和生产要素培育的发展趋势。

1.2.1　全球主要经济体的数字经济政策

多数发达国家较早地认识到了数字经济的重要性，因此数字经济发展的战略布局起步较早。相比之下，发展中国家对数字经济的战略布局相对滞后，多数发展中国家近几年才开始着手布局相关战略。尽管发展中国家发展数字经济起步较晚，但已经积极规划布局数字经济，并营造数字经济发展的宽松环境，力求抓住数字经济发展新机遇，实现与发达国家并驾齐驱。

本节介绍美国、欧盟、日本、俄罗斯、德国、英国、印度的数字经济政策[1]。

1. 美国数字经济政策

美国把发展数字经济作为保持经济繁荣和提升竞争力的关键，陆续出台了《数字经济议程》《美国创新新战略》《国家人工智能研究和发展战略计划》《智能制造振兴计划》《美国国家网络战略》《数字贸易与美国贸易政策》《数字政府战略》等政策。注重普及数字经济理念，全面提升国家的创新能力；推进人工智能的研发与应用，加快智能制造产业发展；强化网络空间安全战略；推进数字政府治理进程，提升政府部门的办事效率。

① 全面提升国家创新能力。2015 年，美国发布了《美国创新新战略》，对构建创新新战略进行了描述，强调政府在创新中的重要作用，并继续将高质量就业和可持续增长作为战略发展的重点。2016 年 6 月，美国商务部发布了《在数字经济中实现增长与创新》，将数字经济与创新相结合。

② 推进人工智能研发与应用。美国人工智能的发展是从机器人技术的研发入手的。2016 年，美国将人工智能上升到国家战略层面，先后发布了《国家人工智能研究和发展战略计划》《为人工智能的未来做好准备》。2018 年 3 月，美国发布了《美国机器智能国家战略报告》，提出六条关于国家机器智能的策略，旨在通过对产品研究与开发的长期资金支持，促进机器智能技术安全发展。

③ 加快智能制造产业发展。2016 年，美国发布了《智能制造振兴计划》，依托新一代信息技术、新材料、新能源等创新技术，加快发展技术密集型的先进制造业。

---

① 何伟、孙克、胡燕妮、张琳和续继编写的《中国数字经济政策全景图》（2022 年出版）。

2. 欧盟数字经济政策

欧盟相继出台了《数字化单一市场战略》《通用数据保护条例》《欧盟人工智能》《人工智能合作宣言》《人工智能协调计划》等政策，通过积极建立数字单一市场，促进数据保护与开放共享的协同发展，推进人工智能的发展与治理，重视智能制造产业的发展与应用，着力构建公平、开放的数字经济环境，保证数字经济的规范发展。

3. 日本数字经济政策

日本不断升级科技创新战略，大力推动人工智能等新一代信息通信技术的发展，强化数字技术在其他产业中的应用，陆续出台了《人工智能技术战略》《集成创新战略》《综合创新战略》等战略，促进实体经济的转型升级，助力打造"超智能社会"。

① 不断升级科技创新战略。从 2013 年开始，日本政府每年都会制定《科学技术创新综合战略》，提出从智能化、系统化、全球化的角度推动科技创新。《科学技术创新综合战略 2014》提出要聚焦信息通信（如信息安全、大数据分析、机器人和控制系统技术等）、纳米（用于开发元件、传感器和具备新功能的先进材料）和环保三大跨领域技术。

② 加强数字信息产业建设与应用。2012 年，日本政府提出了《日本复兴战略》，明确将通过数字信息产业振兴日本经济。

③ 以制造业为核心打造"超智能社会"。日本政府高度重视高端制造业的发展。2017 年 3 月，日本政府提出，要发展被称为"互连产业"（Connected Industries）的数字经济。

④ 重视人工智能技术创新。2017 年 3 月，日本政府发布了《人工智能技术战略》，既明确了人工智能发展的技术重点，又推动人工智能技术向强人工智能和超级人工智能方向发展，还进一步规划并部署了人工智能的技术研发，提出了具体的战略路线图。该路线图包括 3 个阶段：第一阶段是在各领域发展数据驱动人工智能技术应用（2020 年完成第一阶段和第二阶段的过渡）；第二阶段是在多领域开发人工智能技术的公共事业（2025—2030 年完成第二阶段和第三阶段的过渡）；第三阶段是连通各领域以建立人工智能生态系统。

4. 俄罗斯数字经济政策

俄罗斯期望通过实施数字经济改善人口危机，以及经济严重依赖石油和天然气出口的问题，出台了《俄罗斯联邦数字经济规划》《俄罗斯联邦国家科技发展计划》《2030 年前人工智能国家发展战略》等一系列政策法规，从顶层设计和完善相关法律法规等方面推动数字经济发展。

5. 德国数字经济政策

德国积极践行"工业 4.0"，不断升级高科技创新战略，积极推动中小企业数字化转型，促进人工智能的发展与应用，提升数字经济竞争力，相继推出了《数字议程（2014—2017）》《新高科技战略——为德国而创新》《智能服务世界》《联邦政府人工智能战略要点》《德国人工智能发展战略》《国家工业战略 2030》等战略。

① 深化数字化转型与智能制造。2013 年 4 月，德国联邦政府提出实施"工业 4.0"战略，通过大力发展智能制造，构建信息物理系统，进一步提高德国制造业的竞争力，在新一轮工业革命中抢占先机。

② 积极推动中小企业数字化转型。数字化对企业尤其是中小企业的发展尤为重要。德国联邦政府在 2016 年 3 月发布的《数字化战略 2025》中指出，促进中小企业数字化转型已是德国经济数字化转型的十大行动步骤之一，该行动重点在于支持中小企业使用信息通信技术，以及电子商务的推广与应用，促进中小企业商业流程数字化转型。

6. 英国数字经济政策

英国政府注重数字经济顶层设计与立法保障、增强网络安全与治理能力，不断升级人工智能战略，坚持以"数字政府即平台"理念推进政府数字化转型，提高政府数字服务效能，先后发布了《数字经济战略（2015—2018）》《国家网络安全战略》《政府转型战略（2017—2020）》《英国数字战略》《产业战略：人工智能领域行动》等。

7. 印度数字经济政策

印度在传统软件业的基础上，加快信息基础设施的覆盖与应用，加速发展物联网与人工智能等新兴技术，加强个人与公共数据保护，加快电子政务发展步伐，相继推出了"数字印度"计划、《人工智能国家战略》（讨论稿）等，推动本国的数字经济发展。

1.2.2 我国数字经济政策

我国政府高度重视发展数字经济，推动数字经济逐渐上升为国家战略。《国务院关于积极推进"互联网＋"行动的指导意见》《关于发展数字经济稳定并扩大就业的指导意见》等政策措施从国家战略层面对数字经济的发展进行了全局部署。工业和信息化部、农业农村部、科学技术部、交通运输部等部门也纷纷加快出台数字经济相关政策。

总体来看，我国数字经济政策具有以下几个特点。

（1）我国数字经济政策数量迅速增长，层级不断下沉

根据中国信息通信研究院的研究数据，2016 年，国务院、国家发展和改革委员会共出台 23 个数字经济相关政策，2017 年累计出台 30 个数字经济相关政策，2018

年和 2019 年分别出台 37 个与 48 个数字经济相关政策。其他部委出台的数字经济相关政策的数量也在稳步增加，2016 年累计出台 32 个相关政策，2019 年累计出台 102 个相关政策。另外，各地出台的数字经济相关政策的数量迅速增加：2016 年，各地累计出台 189 个相关政策；2017 年，增至 270 个相关政策；2018 年，大幅增加到 465 个相关政策；2019 年，累计出台 605 个相关政策。

（2）产业数字化政策是数字经济相关政策的主要组成部分，顶层设计、数字产业化和数字化治理政策稳步增加

产业数字化作为数字经济的突破口率先发力。根据中国信息通信研究院的研究数据，2016 年，产业数字化政策累计出台 190 个，顶层设计、数字产业化和数字化治理 3 类政策的数量均较少。2017 年，产业数字化政策增加至 251 个，顶层设计和数字化治理政策均为 35 个，数字产业化政策达到 95 个。2018 年，所有政策数量均有明显增加；产业数字化政策的增幅明显，增加至 368 个；顶层设计、数字产业化和数字化治理政策的数量分别达到 80 个、165 个和 77 个。2019 年，产业数字化政策的增幅略微放缓，增加至 430 个；顶层设计、数字产业化和数字化治理政策稳步增加，分别为 123 个、241 个和 117 个。

（3）从以数字化转型为主向均衡发展转变

根据中国信息通信研究院的研究数据，从政策数量占比来看，产业数字化政策是数字经济政策的焦点：2016 年，产业数字化政策占比为 73%，数字产业化政策占比为 17%，顶层设计、数字化治理两类政策的占比均在 10% 以下；2017 年，顶层设计、数字产业化、数字化治理政策占比均扩大；2018 年，产业数字化政策占比下降至 53%，其他 3 类政策占比进一步提高；2019 年，产业数字化政策占比为 47%，顶层设计、数字产业化和数字化治理政策的占比分别增至 14%、26% 与 13%，呈现出更加均衡的态势。

（4）数字化转型政策向多领域渗透

随着信息通信技术与各领域融合的不断深入，新业态、新模式快速涌现，多领域纷纷开启数字化转型。为了顺应数字经济的快速发展趋势，我国加速制定数字化转型政策。例如，国务院在工业领域出台了《关于深化"互联网＋先进制造业"发展工业互联网的指导意见》，推动互联网、大数据、人工智能和实体经济深度融合，对先进制造业进行规范和指导；在交通领域出台了《数字交通发展规划纲要》，以"数据链"为主线，构建数字化的采集体系、网络化的传输体系和智能化的应用体系，加快交通运输信息化向数字化、网络化和智能化方向发展；在金融领域出台了《互联网金融风险专项整治工作实施方案》等，加大互联网金融风险的整治力度，防控金融风险；在商务领域先后发布了《网络交易价格举报管辖规定（试行）》《网络商品和服务集中促销活动管理暂行规定》《工商总局关于加强网络市场监管的意见》等

规章和行政性文件，规范网络价格和交易服务行为。

1. 数字产业化政策

（1）数据政策不断深化

近年来，我国逐渐认识到发展大数据的重要性，加快推进大数据与实体经济融合发展。2016年年底，工业和信息化部发布了《大数据产业发展规划（2016—2020年）》。《大数据产业发展规划（2016—2020年）》以大数据产业发展的关键问题作为出发点和落脚点，明确了"十三五"时期大数据产业发展的指导思想、发展目标、重点任务、重点工程和保障措施等，成为大数据产业发展的行动纲领。农林业、环境保护、国土资源、水利、交通运输、医疗健康、能源等主管部门纷纷出台了各自行业的大数据相关发展规划，逐渐完善大数据政策的布局。

（2）技术与政策加速聚焦

随着物联网、云计算等技术的快速发展，我国出台了多项数字经济相关政策，深化数字技术研发应用，促进新兴产业加快发展。2017年3月，工业和信息化部印发了《云计算发展三年行动计划（2017—2019年）》，该行动计划明确指出云计算是信息技术发展和服务模式创新的集中体现，是信息化发展的重大变革和必然趋势，并指出从提升技术水平、增强产业能力、推动行业应用、保证网络安全、营造产业环境等多个方面，推动云计算健康、快速发展。2019年1月，国家互联网信息办公室发布了《区块链信息服务管理规定》，旨在明确区块链信息服务提供者的信息安全管理责任，规范和促进区块链技术及相关服务健康发展，规避区块链信息服务安全风险，为区块链信息服务的提供、使用、管理等提供有效的法律依据。

（3）产业政策稳步升级

我国重视创新驱动和科研投入，积极发展人工智能、虚拟现实等数字产业，提升高端有效供给和产业核心竞争力。

2019年8月，科学技术部印发了《国家新一代人工智能开放创新平台建设工作指引》，提出"通过建设开放创新平台，着力提升技术创新研发实力和基础软硬件开放共享服务能力，鼓励各类通用软件和技术的开源开放，支持全社会创新创业人员、团队和中小微企业投身人工智能技术研发，促进人工智能技术成果的扩散与转化应用，使人工智能成为驱动实体经济建设和社会事业发展的新引擎"。

（4）新型基础设施政策持续演进

新型基础设施不仅包括信息基础设施，还包括数字化转型后的电网、水网、物流等传统基础设施。在数字经济时代，传统基础设施的数字化、网络化、智能化程度不断提高，需要提供与数字经济相适应的基本功能，支撑新模式、新业态孵化与商业模式的创新。

2. 产业数字化政策

（1）第一产业数字化转型策略

① 智慧农业方面。2019年5月，《数字乡村发展战略纲要》明确提出实施数字乡村战略的10项重点任务，其中，提到大力发展农村数字经济，夯实数字农业基础，推进农业数字化转型，创新农村流通服务体系，积极发展乡村新业态。

② 农业电子商务方面。2018年9月，《乡村振兴战略规划（2018—2022年）》出台。该文件提出，要深入实施电子商务进农村综合示范工程，建设具有广泛性的促进农村电子商务发展的基础设施，加快建立健全适应农产品电商发展的标准体系。

（2）第二产业数字化转型策略

近年来，我国全力推进工业与数字经济融合发展，先后出台了《国务院关于积极推进"互联网＋"行动的指导意见》《加强工业互联网安全工作的指导意见》等一系列政策文件，为我国工业数字化转型指明了方向，提出了要求，增添了动力。

① 智能制造方面。2016年12月，《智能制造发展规划（2016—2020年）》发布。该文件强调，要加强关键共性技术创新，构建满足产业发展需求、先进适用的智能制造标准体系，培育智能制造生态体系。

② 工业互联网方面。2020年3月，《工业和信息化部办公厅关于推动工业互联网加快发展的通知》发布。该文件提出，要加快工业互联网等新型基础设施建设，推动工业互联网在更广范围、更深程度、更高水平上融合创新，培植壮大经济发展新动能，支撑实现高质量发展。

（3）第三产业数字化转型策略

数字化转型有力推动了服务业高质量发展。近年来，我国陆续出台了《国务院关于促进信息消费扩大内需的若干意见》《交通强国建设纲要》等政策。

① 电子商务方面。2018年8月，《中华人民共和国电子商务法》出台，鼓励发展电子商务新业态，创新商业模式，促进电子商务技术研发和推广应用，推进电子商务诚信体系建设，营造有利于电子商务创新发展的市场环境。

② 互联网金融方面。互联网金融是传统金融机构与互联网企业利用互联网技术和信息通信技术实现资金融通、支付、投资和信息中介服务的新型金融业务模式。2017年7月，国务院发布了《新一代人工智能发展规划》。该文件提出，发展智能金融，建立金融大数据系统，创新智能金融产品和服务，鼓励金融行业应用智能客服、智能监控等技术和装备，建立金融风险智能预警与防控系统。

3. 数字化治理政策

随着移动互联网的发展，社会治理模式正在从单向管理转向双向互动，从线下治理转向线上线下融合，从单一的政府监管向更加注重社会协同治理转变。目前，数字经济蓬勃发展，数字技术在提升经济运行效率、重塑社会形态的同时，也给传统治理理念、治理模式、治理手段等带来巨大挑战。我国政府高度重视数字化治理，主要从多元共治、技管结合和数字化公共服务三大方面推动数字经济治理能力提升。

（1）多元共治政策加速落地

在数字经济时代，平台成为经济社会协调和配置资源的基本单元。在平台上，用户、消费者、第三方、政府等广泛参与，形成一种生态，多方参与治理的能动性被极大激发，平台治理责任与义务更加突出。

多元共治政策主要包括两大部分：一是落实平台责任，将平台纳入治理体系，充分履行平台在数字治理中的作用和义务；二是充分调动数字化治理中的各方力量参与治理。

（2）技管结合政策逐步强化

随着大数据、人工智能等应用的不断深入，顺应信息技术快速发展趋势，强化技管结合，应用数字化手段提升政府的治理能力与管理水平，成为近年来各级政府高度关注的政策重点。

（3）数字化公共服务政策加快拓展

数字技术加速向经济生活各领域拓展，渗透到人类生活的各个方面，带动数字化社会逐步形成，为数字化公共服务提供广阔空间。各级政府纷纷加快数字化公共服务政策实施，具体包括以下 3 个方面。

① 智慧城市管理方面。应用互联网、物联网、云计算和大数据等技术，汇聚城市人口、建筑、街道、环境、交通等数据信息，加强智慧城市统筹，提升电力、燃气、交通、水利、物流等公共基础设施精细化管理等，这些都是各地政府积极推动的政策方向。

② 医疗健康方面。2018 年 7 月，《关于深入开展"互联网＋医疗健康"便民惠民活动的通知》发布，要求加快推进智慧医院建设，运用互联网信息技术改进优化诊疗流程，贯通诊前、诊中、诊后各环节，改善患者的就医体验；并逐步推动实现居民电子健康卡、社保卡、医保卡等多卡通用，以及脱卡就医，扩大联网定点医疗卫生机构范围，推进医保异地就医直接结算。

③ 交通方面。在移动互联网、物联网、车联网等技术的驱动下，近年来，交通领域发生了很大变革，大力发展数字交通，形成以数据为关键要素和核心驱动，促进物理和虚拟空间的交通运输活动不断融合、交互作用的现代交通运输体系势在必行。

1.3　企业数智化转型的必然性

随着我国经济迈入高质量发展阶段，经济发展不仅需要在宏观上推动，更需要企业等各类微观主体的落实。作为基本、重要、广泛的市场主体，企业是推动经济高质量发展的根基，决定着经济高质量发展能否真正实现。

数智化是这个时代的绝大多数企业都要面对的大趋势。在数智化转型大潮中，如果企业不进行数智化转型，那么企业可能会被用户抛弃、被竞争对手超越，甚至抱憾出局。数智化转型是企业的必然选择，我们从企业自身层面进行说明。

（1）"大企业病"阻碍企业发展

随着企业的盲目、快速扩张，"大企业病"问题凸显，主要体现为业务庞杂、信息不畅、机构臃肿、效率低下、数据孤立、重复建设、缺乏创新等。这些问题已经成为制约企业进一步发展的瓶颈，亟待解决。数智化在降低企业经营成本，以及提高生产和管理效率方面能够发挥巨大价值，这是已经被众多先进企业证实过的。数智化是解决企业管理问题和业务问题的"钥匙"。

（2）精细化运营已成为企业"必修课"

今天，世界已进入 VUCA 时代——我们正面对着一个具有易变性（Volatility）、不确定性（Uncertainty）、复杂性（Complexity）和模糊性（Ambiguity）特点的世界。"易变性"是变化的本质和动力，也是由变化驱使和催化产生的；"不确定性"是指缺少预见性，缺乏对意外的预期，以及对事情的理解和意识；"复杂性"是指企业为各种力量、各种因素、各种事情所困扰；"模糊性"是指对现实的模糊，是误解的根源，以及各种条件和因果关系的混杂。在 VUCA 时代，企业的经营必须以用户为中心，时刻关注用户的体验感受。这就要求企业走精细化运营之路，精细化运营已成为企业制胜的法宝。利用数据洞察用户需求，分析用户心理变化，帮助企业做出科学、合理的决策，是企业适应新时代要求的普遍做法。当前，数据作为生产要素的重要性日益被企业所重视，大数据、云计算等技术已成为精细化运营的技术底座，应用数据分析技术挖掘用户需求，并进一步迭代优化产品、优化流程，使得个性化针对性运营成为可能。

除企业内部因素以外，外部因素也会对企业数智化转型产生深远的影响。

1.3.1 全球数智化趋势

纵观人类文明发展史，新技术的突破性发展往往会引发社会变革或工业革命。21 世纪以来，数智化技术引领了第四次工业革命的发展。经过多年的孕育发展，第四次工业革命正处在重大突破的关口，时代巨轮不可逆转地挺进了数智化时代。

同时，全球企业上云和数智化转型的进程，以及全球数字化、网络化、智能化的进程正在加速。

在 2021 年世界移动通信大会上，众多企业高管表示，数智化时代的大幕已拉开。

数智化已经成为新一代信息技术应用趋势，政企的数智化转型已经成为必然。

从宏观上来看，环境在变化。

（1）在 VUCA 时代，企业发展面临更多的不确定性

随着 VUCA 时代的来临，商业环境变得与过去不同，市场节奏变得更快，信息流转更加透明。在面对不断出现的跨界者、变化的市场需求和快速的技术迭代时，企业无法避免地面临的重大课题是如何适应和转型。越来越多的企业通过数字化战略扩大规模、提升效率和发掘新机遇。

（2）实体经济增长趋缓，数字经济方兴未艾

近年来，受全球经济增速减缓、生产成本上升及利润下降、虚拟经济泡沫等多重因素叠加影响，我国实体经济经营环境趋紧、下行压力加大，出现了增长放缓、结构性矛盾突出、效益下滑等问题。而我国的数字经济增长迅猛。2019 年，腾讯研究院发布的《数字中国指数报告》指出：2018 年，全国数字经济体量为 29.91 万亿元，较去年同期上升 12.02%，占国内生产总值的比重由 32.28% 上升至 33.22%。另据麦肯锡全球研究院的研究报告，随着中国迈向数字化新时代，预计从 2013 年至 2025 年，互联网将占中国经济年增长率中的 0.3% ～ 1.0%。我国数字化发展进入了动能转换的新阶段，数字产业成为数字化发展的主引擎。

（3）数据红利时代来临

数据红利正在快速释放。移动互联网、物联网的发展，使人们获取信息的终端得以更进一步从固定场景转变为移动场景，带来的数据的采集、数据的存储、数据的运算的量级都比以前有指数级增长。随着信息技术迅猛发展、互联网应用迅速普及，大数据逐渐发展成为一个独立的产业形态，对经济发展的驱动作用越来越大，正在成为经济高质量发展的重要引擎。种种迹象表明，数据红利的时代已经来临。

1.3.2 政府政策导向

随着互联网技术的发展，我国正在迈入数智化时代。为了鼓励企业数智化转型，加快企业数智化转型的步伐，2020 年 4 月 7 日，国家发展和改革委员会、中央网信办联合印发了《关于推进"上云用数赋智"行动培育新经济发展实施方案》，旨在鼓励企业推进数智化转型，为企业注入创新发展新动力。

到 2025 年，规模以上制造业企业大部分实现数字化网络化，重点行业骨干企业初步应用智能化；到 2035 年，规模以上制造业企业全面普及数字化、网络化，重点行业骨干企业基本实现智能化……

《中华人民共和国国民经济和社会发展第十四个五年规划和 2035 年远景目标纲要》第五篇中明确指出："迎接数字时代，激活数据要素潜能，推进网络强国建设，

加快建设数字经济、数字社会、数字政府，以数字化转型整体驱动生产方式、生活方式和治理方式变革。"产业、社会和政府的数字化转型互相促进，社会与政府的数字化转型为产业数字化转型营造了发展生态，产业数字化转型则为社会与政府数字化转型奠定了经济基础。企业数字化转型是产业数字化转型的主体，不仅关乎企业本身的未来，也与企业所在的产业链上下游密切相关。

随着政策红利的不断释放，我国企业数智化转型迎来新机，整个社会已经形成了数智化建设的共识。

1.3.3 行业竞争态势

随着经济全球化和社会分工精细化，行业竞争不断加剧。就国内市场而言，企业大多通过"价格战"形式进行竞争，但这一竞争形式将影响所有行业，导致市场竞争异常激烈。除此之外，来自非本行业的竞争也屡见不鲜。这些因素对企业数智化转型起到了推动作用。

（1）同行业竞争激烈

目前，市场竞争的"主战场"已经从增量市场转向存量市场，存量竞争时代的强者已经抢占了存量市场大部分份额，市场必然出现"粥少僧多"的局面，行业竞争加剧难以避免。随着同质化竞争加剧，行业内企业进入战略调整的关键阶段。如果按照传统的经营模式，那么企业很可能会进入衰退期。只有进行全面变革，才有可能实现行业的重振。

（2）来自非本行业的竞争加剧

在同行业竞争日趋激烈的同时，来自非本行业的竞争也在加剧。传统行业的竞争不仅来自同行业，也来自具有互联网基因的企业。近几年，这类案例不胜枚举，如微信等社交软件直接冲击了移动运营商成熟且营收颇丰的短信业务，"K歌"娱乐软件等让KTV等行业遭受严重冲击……在数字经济时代，企业面临的竞争对手已经在改变，颠覆一个行业认知的可能是与该行业风马牛不相及的新事物。

1.3.4 市场需求倒逼企业进行数智化转型

在VUCA时代，企业必须以客户为中心，围绕用户需求，时刻关注用户的体验感受。市场需求的新变化倒逼企业进行数智化转型。下面我们从用户层面对此进行解读。

（1）用户的数字化程度越来越高

随着移动互联网的快速渗透，普通消费者的衣食住行等各方面都已经在快速"数字化"。各类智能设备、传感器加速了用户的数字化进程,企业必须认真思考如何才能更好地服务数字化的用户。

（2）用户需求越来越个性化

随着人类社会数字化进程的加快,人们的精神需求变得更加多元。在用户需求个性化愈发明显的情况下,需求变得层次化。这是一个个性张扬的时代,很多消费者追求独一无二、高品位、时尚、归属感等,过去千篇一律的商品及销售模式已经无法迎合追求个性化的消费者。

（3）场景发生迁移,沟通方式需要改变

移动互联网的发展催生了更多的服务场景。电商平台将人们的线下购物场景搬到了线上,在线教育把学生在固定教室内的集中式学习模式变成了居家的"网上云"学习模式,直播平台将商场中的销售模式变成了线上"带货"模式。另外,原来很多受限于地理空间的固定式服务场景已经被移动式服务场景所取代。场景发生了改变,与用户进行沟通的方式也要随之变化。用户在哪里,企业与其沟通的触点就应该在哪里,否则用户就会抛弃这个企业。

1.3.5 总结

从宏观上来说,在 VUCA 时代,企业的发展面临更多的不确定性问题,企业需要利用数字化手段,才能紧跟市场节奏,把握商机,并实现创新突破。

从中观上来说,行业内的竞争与来自不同行业的竞争加剧,迫使企业思考如何从数据红利中发现新的市场空间,找到新的变革之路。

从微观上来说,用户的变化倒逼企业加快数字化进程,用数据运营的方式解决企业面临的问题,实现降本增效,提升企业管理的精细化与智慧化程度。

在 VUCA 时代,如果企业不及时进行数智化转型,就有被淘汰的风险。众多企业失败的案例告诉我们:数智化转型必须以用户为中心,以数字化为手段才能在新环境下立于不败之地。

第 **2** 章

数智化要义

　　科技的迅猛发展，引发了新一轮科技革命，给人们的社会生活、个体习惯和思维方式带来了巨大的转变，例如人们开始不断追求产品服务的个性化。企业面对人们变化频繁的需求。企业面对数字时代积累的海量用户数据，亟待解决的问题是如何有效利用这些数据为企业的管理、决策、生产、产品销售等提供服务，并快速响应用户变化的需求。因此，数智化应运而生，成为解决企业上述问题，以及保持企业活力与创新能力的法宝。

2.1 科技形态的变革

　　从技术发展角度来看，任何一场科技革命都会深刻影响企业的组织结构、运行模式、公共服务形式，甚至形成新的经济社会格局。当前，社会正从以工农业为代表的传统形态向创新应用推动的数智化形态转变。"数智化"这一概念也随着信息技术从"信息化"到"数字化"，再到"数智化"的不断发展而逐步完善、清晰。

2.1.1 信息化

　　20世纪90年代初，随着新一代计算机技术的迅猛发展，信息产业高度发达，信息技术引发了一场全面的社会变革，推动人类社会进入"信息化"时代。整个社会经历了从信息产业化、产业信息化到产品信息化、企业信息化，再到国民经济信息化，乃至社会信息化的过程，这个过程促进了经济的发展。

　　本节主要从信息化的概念和信息化建设的内容这两方面进行介绍。

1. 信息化的概念

　　20世纪末，随着产业结构的调整，日本政府成立的一个科学、技术、经济研究小组在研究经济发展问题时，依照"工业化"概念，正式提出了"信息化"（Informatization）概念，并从经济学角度对它下了一个定义：信息化是向信息产业高度发达且在产业结构中占优势地位的社会——信息社会前进的动态过程，它反映了由可触摸的物质产品起主导作用向难以触摸的信息产品起主导作用的根本性转变。

　　简而言之，信息化是以IT为主、CT（通信技术）为辅，多以计算机为承载体的辅助物理世界的资源与技能，主要用来改善流程管理。

2. 信息化建设的内容

　　信息系统是企业信息化的基础性工程。从狭义上来说，信息化就是信息系统的建设和运行，信息化建设即信息系统建设。信息系统建设主要涉及体系、技术、管理方面的内容。

　　企业信息化是指企业以业务流程的优化和重构为基础，在一定的深度和广度上利用计算机技术、网络技术和数据库技术，控制和集成化管理企业生产经营活动中的各种信息，实现企业内外部信息的共享和有效利用，以提高企业的经济效益和市场竞争力。从动态的角度来看，企业信息化就是企业应用信息技术及产品的过程。更确切地说，企业信息化是信息技术由局部到全局，由战术层次到战略层次向企业全面渗透，运用于流程管理、支持企业经营管理的过程。一直以来，科学技术是第一生产力。在全球经济一体化的形势下，一手的信息资料、第一时间的信息传递、一流的信息管理是企业制胜的法宝。信息化建设主要包含4个方面：硬件、软件、信息管理和业务流程的变革。硬件和软件是信息化建设的开端和必备条件。加强硬件和软件的合理利用，并将先进的管理理念和具体业务与之良好结合，是信息化建设成功的关键。

　　企业的信息化建设主要是建立在企业战略规划基础上的，以企业战略规划为基础建立的企业管理模式是建立企业战略数据模型的依据，企业在此基础上，完成技术和业务的融合。在实际操作过程中，主要包括4方面内容：产品设计信息化、生产过程信息化、企业管理信息化、业务运作信息化。

　　① 产品设计信息化是指产品设计、工艺方面的信息化。在信息化建设中，通过引进硬件设备，搭载诸如计算机辅助设计系统（CAD）、计算机辅助工艺规程设计系统、计算机辅助装配工艺设计系统等高效软件，提高新产品设计能力，缩短新产品的开发和生产周期，实现产品设计信息化。

　　② 生产过程信息化是指通过应用现代电子信息技术解决加工过程中的复杂问题，提高生产质量、精度和规模制造的水平。通过对生产数据的集成和分析，企业可以及时发现生产过程中的问题并进行生产改善。

　　③ 企业管理信息化是指通过信息管理系统集成企业的设计、采购、生产、制造、财务、营销、经营、管理等环节，方便企业内部共享信息和资源。同时，企业可以利用网络技术、Internet/Intranet 技术、条码技术、电子商务技术、数据仓库技术、远程通信技术等寻找自己的潜在客户，从而有效地支撑企业的决策系统，达到降低库存、提高生产效能和质量、快速应变的目的。常见的应用包括企业的资源规划系统、供应链系统、客户关系系统、产品数据管理系统等。

　　④ 业务运作信息化是指针对企业所确定的业务战略，通过分析获得实现战略目标的关键业务驱动力和关键流程。借助先进的信息技术手段，企业可以提高产品的市场竞争力和经济效益。

　　通常，针对核心业务的信息化产品或项目都具有高价值。也可以说，"行业信息化"的关键就是该行业中这些核心业务的信息化改造，这就是广义的信息化建设。下面我们举例说明。

① 对于生产制造业中的企业，生产计划、库存控制、实现面向订单的生产就是核心业务。无论企业实施的是 ERP 还是小规模的 MIS，针对这些部分的软件功能总是被企业认为非常有价值。

② 对于保险公司，因为其基本职责是分摊风险和补偿损失，所以一般要求它具有足够的分散风险的能力。因此，管理保单数据的业务系统、评估风险的风控系统等就是保险公司认为非常有价值的信息系统。

③ 对于教育领域的学校，由于其核心职能是教书育人，因此与科研、教学、考试、评价等业务相关的软件系统，以及支持上述业务开展的教育资源库软件、电子图书馆软件等就是高价值的信息系统。

2.1.2 数字化

20 世纪兴起的数字技术可以把模拟信息转变为二进制语言，这种语言把分类的信息"比特"（bit）变成 1 和 0 的形式。1 和 0 的不同组合决定了信息的解码和重组结果，以呈现信息不同的"面貌"。

本节主要从数字化的概念和数字化建设的内容这两方面进行介绍。

1. 数字化的概念

1995 年，美国麻省理工学院教授兼媒体实验室主任尼古拉斯·尼葛洛庞帝（Nicholas Negroponte）出版了《数字化生存》一书，宣布以"比特"为存在物的数字化时代到来。数字化是指一种使用 0 和 1 两个数字编码来表达与传输一切信息的综合性技术，即将电话、电报、数据、图像等信息都变成数字信号，在同一种综合业务中进行传输，再通过解码器解码信号，使数字信号复原，而质量不会受到任何损失。数字化可以使信息从地球的一端"即时"或"瞬间"到达另一端，使人们体验到一种全球空间的亲近感，把人们日常生活的关系从地域情境移入全球情境。简而言之，数字化是信息处理的一场革命，主要是以数据为基础，拥抱 CT、IT，把物理世界的信息在计算机系统中仿真虚拟出来。

2. 数字化建设的内容

我国在经济新常态下，数字化优势逐渐显现，成为稳定经济增长的关键动力。2021 年 4 月 25 日，中国信息通信研究院发布的《中国数字经济发展白皮书》显示，2020 年，我国数字经济规模达到 39.2 万亿元，占 GDP 的比重为 38.6%。

在数字时代，数字技术正在重塑商业环境，越来越多的企业意识到，只有实现数字化转型，才能抓住发展新机遇。

数字化转型是指利用现代技术和通信手段，改变企业为客户创造价值的方式。它是建立在数字化转换、数字化升级基础上，又进一步触及公司核心业务，以新建一种商业模式为目标的高层次转型。Gartner 的 IT Glossary（IT 词汇表）对 digitization 和 digitalization 进行了解释：digitization 反映的是"信息的数字化"，指的是从模拟形态到数字形态的转换过程；digitalization 强调的是"流程的数字化"，指的是运用数字技术改造商业模式，产生新的收益和价值创造机会。因此，数字化转型超越了信息的数字化或工作流程的数字化，着力于实现"业务的数字化"，使公司在一个数字化商业环境中产生新的核心竞争力。如今，数字技术正被融入产品、服务与运营流程当中，用以转变客户的业务成果，以及商业与公共服务的交付方式等。

《数字化转型 参考架构》（团体标准号为 T/AIITRE 10001—2020）中指出，数字化转型的核心要义是要将基于工业技术专业分工取得规模化效率的发展模式逐步转变为基于信息技术赋能作用获取多样化效率的发展模式。开展数字化转型，应当系统把握如下 4 个方面：一是数字化转型是信息技术引发的系统性变革；二是数字化转型的根本任务是价值体系优化、创新和重构；三是数字化转型的核心路径是新型能力建设；四是数字化转型的关键驱动要素是数据。随着数字经济时代发展的不确定性，以及信息技术进一步引领组织模式创新和生产方式变革，企业数字化转型的过程就是构建始终以价值为导向的体系架构和方法机制，通过周期性明确价值新主张，提升价值创造、价值传递的能力，转变价值获取方式，创新价值支持、价值保障支撑体系，稳定获取转型成效，最终达到技术创新与管理创新协调互动，生产力变革与生产关系变革相辅相成，实现螺旋式上升、可持续迭代优化的体系性创新和全面变革过程，并推动数据的信息透明和对称，推动数据科学对生产机理的重新定义，以及推动基于数据的价值在线交换。

数字化转型的 3 个核心理念：创新生态化、生态协同化、协同创新化。其中，创新生态化意味着要构建开放式创新生态系统。传统的大型企业只有统筹建立开放式创新生态系统，才能借助数字化技术转型成为本行业内全球技术创新的引领者。生态协同化意味着要借助大数据智能技术对生态系统进行主动的干涉和管理，实现生态系统的量化运营。协同创新化则要求各个创新主体要素内实现创新互惠、知识共享、资源优化配置、行动最优同步。

2.1.3　数智化

当前，新一代信息技术飞速发展，社会进入万物智联时代。在数字化的基础上，"数字化＋智能化"形成了更高的转型发展诉求。

本节主要从数智化的概念和数智化转型的内容这两方面进行介绍。

1. 数智化的概念

对于数智化，我们可以将它简单地理解成数字化与智能化的结合，即"数据＋

智能"。数智化是企业运用新一代数字和智能技术，在数据连接的基础上，通过大数据、人工智能等信息技术推进企业的转型升级，满足企业以客户运营为中心的个性化需求，实现企业流程效率提升和决策优化，赋能企业可持续发展。其本质是万物互联，第一层次是连接；第二层次是数据价值提炼；第三层次是效率应用赋能，数据的价值落地到应用场景。数字化关注的是企业业务流程的数据化，而数智化关注的是数据的智能化应用。

2. 数智化转型的内容

中国软件行业协会等联合发布的《2021年中国企业数智生态发展状况研究报告》指出，中国经济发展处于增速换挡期，中国市场的企业数字化建设需求旺盛，超过九成企业有数智化转型需求，而且数据资源产生部门已经不再是 IT 部门，而是运营部门。另外，市场、管理、销售等部门也是高需求部门，并且企业平均累积的数据已达 3.2PB，整个社会已经形成了数智化建设的共识，数智化需求将会得到持续释放。

数智化转型是顺应新一轮科技革命和产业变革趋势，不断深化应用云计算、大数据、物联网、人工智能、区块链等新一代信息技术，激发数据要素创新驱动潜能，打造提升信息时代生存和发展能力，加速业务优化升级和创新转型，改造提升传统动能，培育发展新动能，创造、传递并获取新价值，实现转型升级和创新发展的过程。新一代信息技术推动企业的数字化建设向数智融合方向转型，既带来了更多降本增效的解决方案，也涌现出一批致力于助力数智化转型的企业。数智化转型需求可以从产品到整个社会进行分层，如图 2-1 所示。

① 产品数智化是数智化的基础，包含两层意思：一是产品所含各类信息属性增大，而物质属性日益降低，产品逐渐由物质产品的特性向信息产品的特性迈进；二是越来越多的产品中潜入了智能化元件，使产品具有越来越强的信息智能化处理功能。

② 企业数智化则涉及企业的方方面面，是企业利用信息技术、大数据技术、网络技术、人工智能等一系列现代化技术，通过对企业资源的深度开发和广泛利用，不断提高生产、经营、管理、决策的效率和水平，从而提高企业经济效益和竞争力的过程。

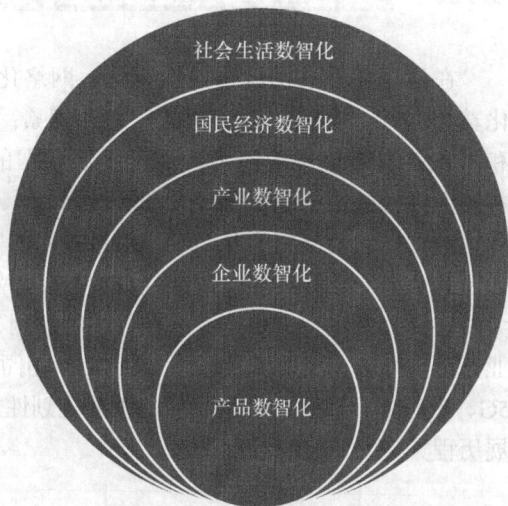

图 2-1　数智化转型需求的层次

社会生活数智化
国民经济数智化
产业数智化
企业数智化
产品数智化

从内容上来看，企业数智化主要包括企业产品设计、生产过程、销售过程、运营过程、决策过程和人才队伍的培养等方面的数智化。由于数智化转型是一个复杂的系统工程，行业的不同、企业规模的不同、建设阶段的不同都会产生不同的数智化建设需求。

③ 产业智能化是指农业、工业、金融业、服务业等行业中，广泛引入 5G、大数据、人工智能、云计算等技术，并大力开发和利用这些技术，实现产业内各种资源、要素的优化和重组，从而实现产业的升级。产业智能化是数智化发展的主引擎，围绕这个目标，坚持标准先行，突破核心技术，适度超前统筹建设通信基础设施，聚焦产业数字化和数字产业化，让数据的生成、采集、存储、加工、分析、服务、安全、应用等环节协同发力，扩大数智化技术体系对传统产业组织、生产、交易等制度结构的影响。

④ 国民经济数智化则是在经济大系统内实现统一的数智化升级，使金融、贸易、投资、计划、营销等组成一张"大网"，使经济的 4 个环节——生产、流通、分配、消费通过大数据和人工智能形成一个整体。

⑤ 社会生活数智化是指包括经济、科技、教育、政务、日常生活等在内的整个社会体系采用先进的大数据和人工智能技术，统筹数据安全，建立各种智能化网络，大力开发有关人们日常生活的内容，丰富人们的精神生活，拓展人们活动的空间。

2.2 数智化发展概况

在信息化发展历程中，数字化、网络化和智能化是 3 条并行不悖的主线。数字化奠定基础，实现数据资源的获取和积累；网络化构建平台，促进数据资源的流通和汇聚；智能化展现能力，通过多源数据的融合分析，呈现信息应用的类人智能，帮助人类更好地认知复杂事物和解决问题。

数智化的发展离不开新一代信息技术的发展。为了加快数智化的发展，打造具有国际竞争力的数智产业群，加强数智社会、数智政府的建设，国家和地方政府出台了大量相关政策支持大数据、云计算、物联网、人工智能等技术的发展和演进，鼓励企业乃至全社会完成数智化转型。图 2-2 列出了物联网、工业互联网、大数据、区块链、5G、数智化、数智化应用领域的重要规划性文件，这在一定程度上体现了数智化的发展历程。

物联网	• 2020年5月7日，工信部印发的《关于深入推进移动物联网全面发展的通知》提出，围绕产业数字化、治理数智化、生活数智化三大方向推动移动物联网创新发展。 • 2021年12月12日，国务院印发的《"十四五"数字经济发展规划》提出，提高物联网在工业制造、农业生产、公共服务、应急管理等领域的覆盖水平，增强固移融合、宽窄结合的物联接入能力。
工业互联网	• 2020年12月22日，工信部印发的《工业互联网创新发展行动计划(2021-2023年)》提出，广泛普及智慧化制造、网络化协同、个性化定制、服务化延伸、数字化管理等新模式新业态。 • 2021年12月27日，中央网络安全和信息化委员会印发的《"十四五"国家信息化规划》提出，深化工业互联网创新发展，加大工业互联网内外网改造，打造跨行业跨领域综合型、重点行业和区域特色型、特定技术领域专业型的工业互联网平台。
大数据	• 2021年5月24日，国家发改委等部门印发的《全国一体化大数据中心协同创新体系算力枢纽实施方案》提出，加强对大数据关键软硬件产品研发支持和大规模应用推广。 • 2021年11月30日，工信部发布的《"十四五"大数据产业发展规划》提出，推动实施国家大数据战略，聚力打造大数据产品和服务体系，积极推进各领域大数据融合应用，培育发展大数据产业集聚高地。
区块链	• 2021年6月7日，工信部、中央网信办联合发布的《关于加快推动区块链技术应用和产业发展的指导意见》指出，促进区块链和经济社会深度融合，加快推动区块链技术应用和产业发展。 • 2021年12月12日，国务院印发的《"十四五"数字经济发展规划》提出，构建基于区块链的可信服务网络和应用支撑平台，为广泛开展数字经济合作提供基础保障。
5G	• 2021年7月5日，工信部等十个部门联合印发的《5G应用"扬帆"行动计划（2021-2023年）》提出，推进5G与工业互联网、车联网、智慧物流、智慧港口、智慧采矿、智慧电力、智慧油气、智慧农业、智慧水利、智慧教育、智慧医疗、文化旅游、智慧城市深度融合。 • 2021年12月12日，国务院印发的《"十四五"数字经济发展规划》明确提出，协同推进千兆光纤网络和5G网络基础设施建设，推动5G商用部署和规模应用。
数智化	• 2021年12月12日，国务院印发的《"十四五"数字经济发展规划》明确提出，大力推进产业数字化转型，加快推动数字产业化，到2025年，数字化创新引领发展能力大幅提升，智能化水平明显增强，数字技术与实体经济融合取得显著成效。 • 2021年12月27日，中央网信办印发的《"十四五"国家信息化规划》部署了建设泛在联接的数字基础设施体系、构建释放数字生产力的创新发展体系、构建产业数字化转型发展体系等重大任务。
数智化应用	• 2020年4月7日，国家发改委、中央网信办印发的《关于推进"上云用数赋智"行动 培育新经济发展实施方案》提出，打造数智化企业，构建数智化产业链，培育数智化生态。 • 2021年12月27日，国务院办公厅印发的《关于加快发展外贸新业态新模式的意见》提出，推广数字智能技术应用，运用数字技术和数字工具，推动外贸全流程各环节优化提升，加强资源对接和信息共享。

图 2-2 物联网、工业互联网、大数据、区块链、5G、数智化、数智化应用领域的重要规划性文件

2.2.1 大数据的发展现状与问题

"大数据"这一概念最早公开出现于 1998 年。美国高性能计算公司 SGI 的首席科学家约翰·马西（John Mashey）在一场国际会议的报告中指出：随着数据量的快速增长，必将出现数据难理解、难获取、难处理和难组织 4 个难题。他用"Big Data"（大数据）来描述这一挑战，在计算领域引发人们思考。2012—2013 年，大数据的讨

论达到高潮；2014 年，大数据的概念与技术体系逐渐成形。大数据相关技术、产品、应用和标准不断发展，逐渐形成了由数据资源与 API、开源平台与工具、数据基础设施、数据分析、数据应用等构成的大数据生态系统，并不断完善。其发展呈现出从技术应用向数据治理迁移的态势。由于大数据本身具有海量性、多样性、时效性和可变性等特性，因此迫切需要可伸缩的计算体系结构来支持它的存储、处理和分析。

随着全球大数据的快速发展，众多大数据应用如雨后春笋般涌现。就大数据应用的效果和深度而言，当前大数据应用尚处于初级阶段，而且显现出了诸多不足。首先，根据大数据分析预测未来、指导实践的深层次应用缺乏，无法满足政府机构、社会组织和广大民众更高层次的需求。其次，大数据治理体系远未形成，特别是隐私保护、数据安全和数据共享利用效率之间存在明显矛盾，成为制约大数据发展的重要短板，仍然缺乏可用、可信、可管的大数据产品和服务，各界已经意识到构建大数据治理体系的重要意义，相关的研究和实践将持续加强。最后，数据高速增长，现有技术体系难以满足大数据应用的需求，大数据理论与技术远未成熟，未来信息技术体系仍需要颠覆式创新和变革。

2.2.2 人工智能的发展现状与问题

2017 年 7 月 8 日，国务院印发的《新一代人工智能发展规划》指出，新一代人工智能相关学科发展、理论建模、技术创新、软硬件升级等整体推进，正在引发链式突破，推动经济社会各领域从数字化、网络化向智能化加速跃升。人工智能作为新一轮产业变革的核心驱动力，将进一步释放历次科技革命和产业变革积蓄的巨大能量，并创造新的强大引擎，重构生产、分配、交换、消费等经济活动的环节，形成从宏观到微观各领域的智能化新需求，催生新技术、新产品、新产业、新业态、新模式，引发经济结构重大变革，深刻改变人类生产生活方式和思维模式，实现社会生产力的整体跃升，是引领未来的战略性技术。

《新一代人工智能发展规划》还指出，我国发展人工智能具有良好基础。国家部署了智能制造等国家重点研发计划重点专项，印发实施了"互联网＋"人工智能三年行动实施方案，从科技研发、应用推广和产业发展等方面提出了一系列措施。经过多年的持续积累，我国在人工智能领域取得重要进展，国际科技论文发表量和发明专利授权量已居世界第二；部分领域核心关键技术实现重要突破；语音识别、视觉识别技术世界领先；自适应自主学习、直觉感知、综合推理、混合智能和群体智能等初步具备跨越发展的能力；中文信息处理、智能监控、生物特征识别、工业机器人、服务机器人、无人驾驶逐步进入实际应用；人工智能创新创业日益活跃，一批龙头骨干企业加速成长，在国际上获得广泛关注和认可。加速积累的技术能力与海量的数据资源、巨大的应用需求、开放的市场环境有机结合，形成了我国人工智能发展的独特优势。

面对新形势、新需求，我国的人工智能战略目标如图 2-3 所示。

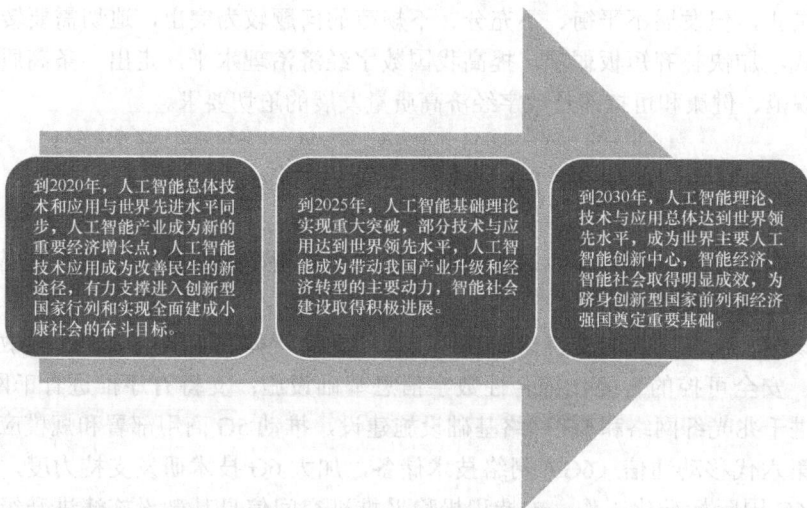

到2020年，人工智能总体技术和应用与世界先进水平同步，人工智能产业成为新的重要经济增长点，人工智能技术应用成为改善民生的新途径，有力支撑进入创新型国家行列和实现全面建成小康社会的奋斗目标。

到2025年，人工智能基础理论实现重大突破，部分技术与应用达到世界领先水平，人工智能成为带动我国产业升级和经济转型的主要动力，智能社会建设取得积极进展。

到2030年，人工智能理论、技术与应用总体达到世界领先水平，成为世界主要人工智能创新中心，智能经济、智能社会取得明显成效，为跻身创新型国家前列和经济强国奠定重要基础。

图 2-3 我国的人工智能战略目标

人工智能发展的不确定性带来新挑战。人工智能是影响面极广的颠覆性技术，可能带来改变就业结构、冲击法律与社会伦理、侵犯个人隐私、挑战国际关系准则等问题，将对政府管理、经济安全和社会稳定乃至全球治理产生深远影响。因此，我们在大力发展人工智能的同时，必须高度重视可能带来的安全风险，加强前瞻预防与约束引导，最大限度降低风险，确保人工智能安全、可靠、可控发展。

2.2.3 数字化的发展现状与问题

当前，新一轮科技革命和产业变革深入发展，数字化转型已经成为大势所趋，受内外部多重因素影响，我国数字经济发展面临的形势正在发生深刻变化。

数字经济是数字时代国家综合实力的重要体现，是构建现代化经济体系的重要引擎。世界主要国家均高度重视发展数字经济，纷纷出台战略规划，采取各种举措打造竞争新优势，重塑数字时代的国际新格局，发展数字经济是把握新一轮科技革命和产业变革新机遇的战略选择。数据对提高生产效率的乘数作用不断凸显，成为最具时代特征的生产要素。数据的爆发增长、海量集聚蕴藏了巨大的价值，为智能化发展带来了新的机遇。协同推进技术、模式、业态和制度创新，切实用好数据要素，将为经济社会数字化发展带来强劲动力，数据要素是数字经济深化发展的核心引擎。数字化方式正有效打破时空阻隔，提高有限资源的普惠化水平，极大地方便群众生活，满足多样化、个性化需要。数字经济发展正在让广大群众享受到看得见、摸得着的实惠。数字化服务是满足人民美好生活需要的重要途径。我国数字经济规模快速扩张，但发展不平衡、不充分、不规范的问题较为突出，迫切需要转变传统发展方式，加快补齐短板弱项，提高我国数字经济治理水平，走出一条高质量发展道路。规范、健康和可持续是数字经济高质量发展的迫切要求。

2.2.4　数智化的发展现状与问题

从个人到组织，再到社会都在快速向数智化转型，这给整个产业的发展带来了非常大的战略机遇。

在政策上，我国大力支持建设高速泛在、天地一体、云网融合、智能敏捷、绿色低碳、安全可控的智能化综合性数字信息基础设施；支持有序推进骨干网扩容，协同推进千兆光纤网络和 5G 网络基础设施建设，推动 5G 商用部署和规模应用，前瞻布局第六代移动通信（6G）网络技术储备，加大 6G 技术研发支持力度，积极参与推动 6G 国际标准化工作；支持积极稳妥推进空间信息基础设施演进升级，加快布局卫星通信网络等，推动卫星互联网建设；支持加快构建算力、算法、数据、应用资源协同的全国一体化大数据中心体系，推进云网协同和算网融合发展；支持稳步构建智能高效的融合基础设施，提升基础设施网络化、智能化、服务化、协同化水平；支持高效布局人工智能基础设施，提升支撑"智能＋"发展的行业赋能能力，有序推进基础设施智能升级。

当前，企业数智化需求旺盛，企业数智化需求显著提高，整个社会已形成数智化转型共识，需求将持续释放；云计算、人工智能都日渐成熟，逐步降低了数智化门槛，为云端化与普及化提供了技术基础。随着 BIP（Business Innovation Platform，商业创新平台）、人工智能、物联网、区块链、数据中台技术的完善，生态级数智化需求将更加旺盛。

数智化转型不是简单的新一代信息技术应用，而是一个复杂的系统工程。我国数智化发展还存在一些突出短板，主要包括：信息化发展不平衡、不充分的问题较为明显，城乡信息化发展水平差距依然较大；制约数字化生产力进一步释放的体制机制障碍依然存在；关键核心技术短板突出，产业生态国际竞争能力不足；数字经济与实体经济深度融合不够，引领高质量发展的作用有待进一步发挥；社会治理信息化建设存在薄弱环节，基层治理能力有待提升；国家数据资源体系建设滞后，数据要素价值潜力尚未有效激活；政务服务创新和社会公共服务数字化供给能力不足，尚不能满足群众的个性化和普惠化需求；数字领域国际合作"中国方案"尚待完善；数智化发展治理体系亟待健全。

2.3　企业数智化成熟度模型

数智化转型是一个循序渐进、持续迭代的过程，企业数智化的本质是数智力驱动下的商业创新，即管理创新与业务创新。成功实现企业数智化转型的企业主要聚焦3项工作：第一是构建企业数智力，即企业数智化的能力，主要是指企业数智化基础设施建设（如大数据架构支持），以及数智技术的创新应用与研发能力的打造；第二是以推动降本增效为目标的数智化管理，聚焦运用新技术驱动的管理变革；第三是以驱动增长为目标的数智化经营，聚焦运用新技术赋能业务创新，创新产品、服务、营销、渠道和供应链，打造卓越的客户体验。企业的数智化成熟度可以通过以下7种能力（见图2-4）来体现。

图2-4　企业数智化成熟度的能力构成

① 管控力：由于数智化时代的外部环境瞬息万变，因此企业需要与时俱进并掌握应对万变的管控能力，管控自我、管控组织、管控业务、管控风险乃至整个生态。

② 决策力：企业领导者或管理者对经营、业务、人事、战术与战略等决策的能力。

③ 组织力：组织是衔接战略和个人的"桥梁"，数智化时代的组织力就是要让组织能顺应外部环境的变化，支持战略的敏捷迭代，激活个体的潜能和创造力。

④ 营销力：从纸媒广告的广泛宣传，逐渐升级为通过分析用户行为习惯，对用户进行标签分类，实时精准营销。

⑤ 产品力：广义的产品除包含物品以外，还包含服务，在企业数智化转型过程中，企业需要考虑产品和服务的数智化，要以人为本。

⑥ 供应力：将产品或服务提供给最终用户活动的上游和下游企业进行流通的能力。

⑦ 生态力：以产品、企业、产业中科学技术发展的先进成果为依托，凸显人的

活动对人与自然之间物质交换过程的"控制"和"调整"功能，以人（社会）与自然的和谐发展为价值目标，最终实现人与自然的和谐发展。

在企业数智化转型过程中，我们要充分考虑企业所处行业、产业链等外部条件，根据体现企业数智化成熟度的 7 种能力（可统称为认知力）指标的得分情况，综合判断企业的数智化转型成熟度。

体现企业数智化成熟度的 7 种能力可以被细化为 29 种核心要素（见表 2-1），这些核心要素是企业数智化过程中的重要组成部分，可以传达企业数智化成熟度模型的目标、要求、量化结果和产出成果。

对于管控力，我们引入了 5 种相对抽象的核心要素，其中企业文化是企业经营遵循的基本思想，在持续经营和长期发展过程中，是企业打造优秀团队的向心力。流程管理是所有企业运作的基础。良好的制度管理会给企业带来许多好处与便利，激励企业员工努力工作，使员工的生活和工作更加规范化，更具有程序性。明确权力与责任一直是管理中需要平衡的两个重要方面，让这两个方面处于平衡状态是组织管理要解决的问题。计划管理要解决的是目标和资源之间是否匹配的问题。

表 2-1 企业数智化成熟度模型核心要素分值表

体现企业数智化成熟度的 7 种能力	核心要素	分值（1~5）
管控力	企业文化	A1
	流程管理	A2
	制度管理	A3
	组织管理	A4
	计划管理	A5
决策力	诊断问题的能力	B1
	收集资料的能力	B2
	对发展趋势、市场变化做出预测的能力	B3
	提供可行性方案的能力	B4
	评析问题的能力	B5
组织力	组织形态、结构和运作机制的合力	C1
	组织的内外部沟通和宣传能力	C2

续表

体现企业数智化成熟度的 7 种能力	核心要素	分值（1~5）
营销力	以消费者为本的销售策略	D1
	持续合作的能力	D2
	营销策略的执行能力	D3
	营销渠道的多元化程度	D4
	市场占有能力	D5
产品力	提供使用价值的能力	E1
	提供品牌价值的能力	E2
	用户对产品的接受能力	E3
	知识产权和技术标准	E4
	产品迭代能力	E5
供应力	提供服务的总成本	F1
	资产管理效率	F2
	产品或者服务的响应办法	F3
	库存策略	F4
生态力	对企业生态活动实施反馈调节的能力	G1
	对企业生态圈整体的影响能力	G2
	处理企业协同竞争的能力	G3

这里，我们参考团体标准《数字化转型新型能力体系建设指南》（标准编号 T/AIITRE 20001—2020），结合企业各种认知力的核心要素，计算企业各认知力的得分，并根据得分情况，由低到高划分出组件级、流程级、信息化级、数字化级、智能化级，如图 2-5 所示。

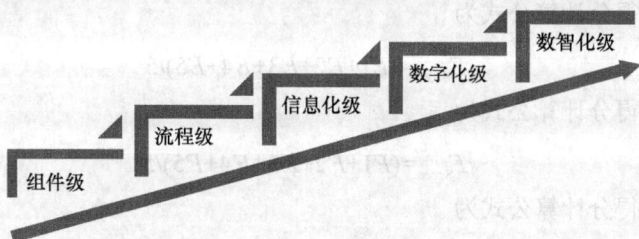

图 2-5　企业各认知力对应的能力等级

① 组件级表示在数据、流程、系统或平台等特定领域或者业务层面具备数字化和智能化。在整个数智化体系中，它相当于原子级别。

② 流程级表示在单个部门、组织、业务，或者跨部门、跨组织、跨业务环节，依靠跨流程上的负责人沟通，实现主营业务集成协同的流程级能力。

③ 信息化级表示引入计算机技术、网络技术和数据库技术，实现企业内外部信息共享，支持管理过程的动态优化，实现降本增效、业务质量提升等预期价值效益目标。例如，企业在供应链层面引入 ERP 系统，在客户关系方面采用 CRM 系统等。

④ 数字化级聚焦组织全员、全要素和全过程，建成支持组织（企业）全局优化的网络级能力；能够按需开展数据驱动型的能力打造过程管理；实现与产品或服务的创新，并有效开展业态转变，培育发展数字业务。

⑤ 数智化级则是在数字化基础上，通过算力、算法驱动大数据，引入人工智能来推进企业的现代化建设，做到以人为本，实现以客户为中心的个性化需求，进而提高企业生产效率，降低成本，提升决策能力，实现企业的可持续发展。

我们以企业各种认知力的核心要素为基础，计算各认知力的得分，最终判断企业的数智化成熟度。企业各认知力的分数计算过程如下。

① 通过企业文化、流程管理、制度管理、组织管理、计划管理的打分情况，我们可以利用下面的公式计算出管控力的得分。

$$A_{\text{Score}}=(A1+A2+A3+A4+A5)/5$$

② 同样，决策力得分计算公式为

$$B_{\text{Score}}=(B1+B2+B3+B4+B5)/5$$

③ 组织力得分计算公式为

$$C_{\text{Score}}=(C1+C2)/2$$

④ 营销力得分计算公式为

$$D_{\text{Score}}=(D1+D2+D3+D4+D5)/5$$

⑤ 产品力得分计算公式为

$$E_{\text{Score}}=(E1+E2+E3+E4+E5)/5$$

⑥ 供应力得分计算公式为

$$F_{\text{Score}}=(F1+F2+F3+F4+F5)/5$$

⑦ 生态力得分计算公式为

$$G_{\text{Score}}=(G1+G2+G3)/3$$

通过企业各种认知力的得分，我们可以直观地判断企业的数智化成熟度，以便后期有针对地进行提升。图 2-6 展示了某企业现阶段的数智化成熟度,可以看出,该企业的产品力相对成熟,而管控力相对欠缺。

某企业现阶段的数智化成熟度

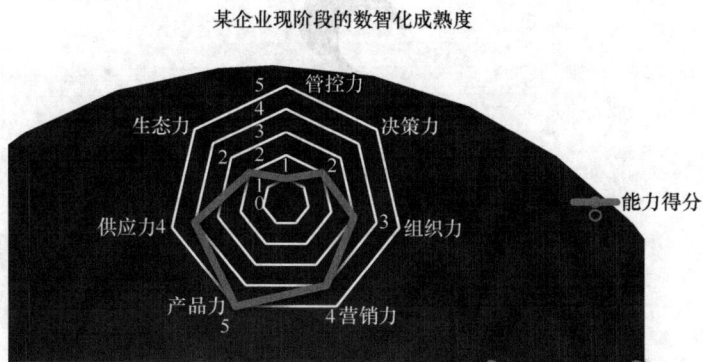

图 2-6 某企业数智化成熟度雷达图

第 **3** 章

数智化基石

数智化是一个综合概念，是多种技术的有机组合。本章从基础设施、核心技术和新的形态来描述数智化的技术内容。

3.1 数智化基础设施

数智化系统的运行需要相关的基础设施，如数据获取设施、智能运行设施等。本节从互联网、物联网和云计算 3 个方面来介绍数智化的基础设施。

3.1.1 互联网

将计算机网络互相连接的方法可称作"网络互联"，在这个基础上发展出来的覆盖全世界的全球性互联网络称为互联网。

互联网，又称互联网络，是指互相连接的一组网络。这些网络以通用的网络协议相连。互联网由全球范围内的无数个私人、企业和政府的网络构成，通过电子、无线和光纤等技术联系在一起。互联网承载范围广泛的信息资源和服务，如相互关系的超文本文件、万维网的应用、电子邮件、通话和文件共享服务。

3.1.2 物联网

物联网是新一代信息技术的重要组成部分。IT 行业又将它称为"泛互联"，意指物物相连、万物互联。由此，我们可以将物联网理解为物物相连的互联网。物联网的核心和基础仍然是互联网，是在互联网基础上延伸和扩展的网络。例如智慧工厂、车联网将计算设备和物品进行连接和扩展，进行信息交换和通信。

本节主要从物联网的概念、发展历史、技术、运行方式、应用，以及企业物联网方面进行介绍。

1. 物联网的概念

物联网（Internet of Things，IoT）是一种将计算设备、机械设备、数字机器相互关联的系统，具备通用唯一识别码（UUID），并具有通过网络传输数据的能力，无须人与人，或者人与设备的交互——从灯泡等常见家用物品到医疗设备等医疗资产，再到可穿戴设备、智能设备，甚至智能城市，都可以与互联网连接。

物联网将现实世界数字化，应用范围广泛。物联网可拉近分散的资料，统整物与物的数字信息。物联网的应用领域主要包括：运输、物流、工业制造、健康医疗、智能环境（家庭、办公、工厂）、零售和驾驶等。

目前，物联网虽然是受各界瞩目的新兴领域，但其安全性受到了人们的质疑，而且质疑不仅体现在安全性方面，还体现在法规变更等方面。

2. 物联网的发展历史

物联网的出现可以追溯到 20 世纪 80 年代初期，全球第一台隐含物联网概念的设备为位于卡内基·梅隆大学的可乐贩卖机，它连接到互联网，可以在网络上检查库存，以确认还可供应的饮料的数量。马克·维瑟（Mark Weiser）于 1991 年发表了论文《21 世纪的计算机》（*The Computer for the 21st Century*），其中提出了普适计算（ubiquitous computing）的概念，为物联网的发展拓宽了道路。

雷扎·拉吉（Reza S. Raji）于 1994 年在《IEEE Spectrum》杂志上发表了论文《可控制的智能网络》（*Smart networks for control*），其中提到："可将小量的数据包汇集至一个大的节点，这样就可以集成与自动化各种设施——包括家用电器乃至整座工厂。"

1993—1997 年，微软、Novell 等几家公司提出了多种物联网解决方案，如 Microsoft at Work、Novell NEST。1999 年，比尔·乔伊（Bill Joy）在世界经济论坛上提出六网（Six Webs）架构，其中第 6 项 D2D（Device to Device）更具体地描绘了物联网的发展构想。

人们普遍认为麻省理工学院教授凯文·阿什顿（Kevin Ashton）首先提出了"物联网"概念。他认为，射频识别（RFID）对于物联网至关重要，这将使计算机可以管理所有个别物体。

思科公司认为物联网仅为一个"时间点"的概念，这个时间点出现在"连上互联网的事物或对象大于连上网络的人数"。换句话说，这是物联网的诞生时间。思科公司估计这个"时间点"在 2008—2009 年。"上网对象 / 上网人数"的比例在 2003 年为 0.08，2010 年为 1.84。

部分人士认为金属 - 氧化物 - 半导体场效应晶体管（MOSFET）技术的进步是促成物联网快速发展的推手。他们的主要论据是，21 世纪，MOSFET 制程已可微缩至纳米等级，大幅降低了功耗。低功耗设计正是物联网中的传感器可被广泛运用的关键因素。除 MOSFET 以外，绝缘层上覆硅（silicon-on-insulator）与多核心处理器技术的发展，也是促进物联网快速发展的原因。

3. 技术

技术路线（technology roadmap）是指对于技术未来发展方向的预测。在物联网领域，广泛被政府与机构引用的技术路线为顾问公司 SRI Consulting 描绘的物联网技术路线，其依据时间轴，可分为 4 个阶段：供应链辅助、垂直市场应用、无所不在的寻址和让物联网上的每一个智能设备都以 URL 来标示。

物联网的架构一般分为三层或四层。三层架构从底层至顶层依次为感测层、网络层与应用层；四层架构从底层至顶层依次为感知设备层（或称感测层）、网络连接层（或称网络层）、平台工具层与应用服务层。二者的差异在于，四层架构将三层架构的应用层拆分成平台工具层与应用服务层，即对软件应用做了更细致的区分。

（1）感测层

寻址资源：物联网的实现，需要给每一个连上物联网的对象分配唯一的标识或地址。寻址资源最早的概念是由射频识别标签和电子产品代码发展而来的。现在，物联网与互联网连接后，预估需要大量的 IP 地址，然而 IPv4 地址空间有限，因此，物联网中的对象倾向使用下一代互联网协议——IPv6，以提供足够的地址空间。IPv6 在物联网发展的过程中扮演着重要角色。

（2）网络层

物联网中有多种联网技术可供选择，依照有效传输距离和是否有线，可分为短距离无线技术、中距离无线技术、长距离无线技术，以及有线技术。

① 短距离无线技术介绍如下。

- 蓝牙网状网络（Bluetooth mesh networking）：采用蓝牙技术的网状网络，可增加节点数，并提供标准化的应用层。
- 可见光无线通信（Li-Fi）：与 Wi-Fi 标准相似的无线通信技术，但它使用可见光通信以增加带宽。
- 近场通信（Near Field Communication，NFC）：一种短距离的高频无线通信技术。它使得距离大约 10 厘米的两个设备之间的数据交换成为可能，兼容智能卡接口和阅读器标准。
- 射频识别（Radio Frequency IDentification，RFID）：一种无线通信技术。它可通过无线电信号识别特定目标并读写相关数据。
- Wi-Fi：基于 IEEE 802.11b 标准的无线局域网技术。
- ZigBee：一组面向低功耗数字无线电的高级通信协议规范。基于 IEEE 为低速率无线个人区域网络制定的 802.15.4 标准，主要用于比蓝牙网络更简单、更廉价、长电池寿命、安全的无线电通信。
- Z-Wave：无线组网规格，主要应用于智能家居领域的无线通信协议。

② 中距离无线技术介绍如下。

- LTE-Advanced：高速蜂窝网络的通信规范。通过扩展的覆盖范围，它可以提供更高的数据传输量和更低的延迟。
- 5G：第五代移动通信技术。它具有大带宽、广连接、低时延和绿色环保的特性。

③ 长距离无线技术介绍如下。

- 低功率广域网（Low-Power Wide-Area Network，LPWAN）：用低比特率进

行长距离通信的无线网络，可以降低功耗和传输成本。可用的 LPWAN 技术和协议分为使用授权频段的 NB-IoT（Narrow Band Internet of Things，窄带物联网），以及使用非授权频段的 LoRa、Sigfox、Weightless、Random Phase Multiple Access（RPMA）、IEEE 802.11ah 等。

- 甚小口径天线终端（Very Small Aperture Terminal，VSAT）：一种天线口径很小的卫星通信地球站。它使用小型碟形天线，通过人造卫星进行通信。

④ 有线技术介绍如下。

- 以太网（Ethernet）：基于 IEEE 802.3 标准的技术，可使用双绞线、光纤连接至集线器或网络交换器。
- 电力线通信（Power Line Communication，PLC）：通过低压电力线向住宅用户和企业用户提供数据与话音的业务，有 HomePlug 或 G.hn 等标准。

（3）应用层

应用层在物联网四层架构中可再细分为平台工具层与应用服务层。平台工具层为底层的软件平台，作为应用服务层与网络层的接口，以支持各类的软件应用。可归类于平台工具层的包括大数据、区块链、软件定义网络、软件定义存储、软件定义数据中心、安全通信、杀毒软件、人工智能相关技术（如自然语言处理、深度学习、语音识别、模式识别、计算机视觉等）等。应用服务层针对不同的应用需求，直接呈现原始数据，或者经过加值处理，借由人机界面提供用户，或是对应的硬件/软件目标得到想要的信息。可归类于应用服务层的包括虚拟现实/增强现实、人机交互、服务导向架构、永续发展相关内容（生命周期评估、节能、碳足迹等）等。在应用层中，我们通常使用多种编程语言编写应用程序，并使用 HTTPS 与 OAuth 协议。平台后端使用各种形式的数据库系统，如时间序列数据库或后端数据存储系统（如 Cassandra、PostgreSQL 等）。

大多数物联网系统均建构在云上，具备事件队列（event queue）与消息传递功能，可以处理各层级中所需的通信。一些专业人士将工业物联网（Industrial Internet of Things, IIoT）分为边缘、平台和企业 3 层，它们分别通过邻近网络、接入网络和服务网络来连接。

美国国家标准与技术研究院（NIST）在云计算的定义中，将服务模式分为软件即服务（SaaS）、平台即服务（PaaS）、基础设施即服务（IaaS）。

人工智能物联网（AIoT）为物联网与人工智能的结合，以实现更高效率的物联网运作，改善人机交流方式，增强数据的管理和分析能力。人工智能可将物联网数据转化为有用的信息，以改善决策流程，从而为"物联网数据即服务"（IoT Data as a Service，IoT DaaS）模式奠定基础。

智能物联网的出现，对物联网与人工智能均会产生变革，同时增加彼此之间的价值。人工智能通过机器学习，使物联网变得更有价值；而物联网通过连接、信号和数据交换，使人工智能可以获得更丰富的数据源。随着物联网在更多行业的应用，越来越多的人为的和机器生成的非结构化数据将会产生，智能物联网可在数据分析中提供强有力的支持，从而为行业创造新的价值。

4. 物联网的运行方式

物联网是指只需要有限的人工干预即可通过无线网络接收和传输数据的任何物理设备系统。这一切之所以成为可能，正得益于计算设备在各种对象中的集成。

例如，智能恒温器（此处的"智能"表示接入了"物联网"）可以从智能汽车中接收用户的位置数据，然后在用户到家之前调整好室内温度。与手动调节室内温度相比，智能恒温器无须用户进行任何干预，并且能够取得很好的效果。

就像上面的智能恒温器一样，一个典型的物联网系统的运作方式是在反馈回路中不断发送、接收和分析数据。根据物联网技术的类型，数据分析既可以由人进行，又可以由人工智能和机器学习代劳，时长从近实时到较长时间不等。

我们继续以智能恒温器为例。为了预测用户到家前智能恒温器调控室内温度的最佳时间，物联网系统可能会连接到 Google Maps API 以获取有关用户所在区域的实时交通数据，还可能利用从联网的用户车辆中收集的长期数据来得出用户的通勤习惯。此外，为了进行大规模优化，公共事业单位也会对从智能恒温器收集的物联网数据进行分析。

5. 应用

（1）消费者应用

市面上有越来越多的物联网设备可供消费者选用，包括联网的车辆、联网的可穿戴设备、联网的健康监控设备，以及远程监控设备。

苹果公司的 HomeKit 为该公司的智能家居平台，消费者可通过 iPhone、iPad、Apple Watch 等设备的 APP 接口或语音助手，连接 HomeKit 上的家用设备，如电视、电灯、空调、水龙头等。目前，HomeKit 支持 28 类设备。其他类似但功能与使用范围不尽相同的产品包括 Google 的 Google Nest 与 Google 个人助理、Amazon 的 Amazon Echo 与 Amazon Alexa、三星的 SmartThings、小米的小爱同学，以及联想的 Lenovo Smart Assistant 等。另外，还有一些类似的开放平台，如 openHAB、Domoticz 等。

消费者应用的作用还体现在辅助老年人与残障人士上，如语音控制可以提升老人行动的灵活性。警报系统可以连接至听障人士的人工耳蜗，提升听障人士的听力。

（2）工业应用

物联网在工业上的应用称为工业物联网（IIoT）。工业物联网专注于机器对机器的通信，利用大数据、人工智能、云计算等技术，让工业运作有更高的效率和安全性。工业物联网涵盖了整个工业应用，包括机器人、医疗设备、软件定义和生产流程等，是帮助产业转型至工业4.0不可或缺的一部分。

大数据分析在生产设备的预防性维护中扮演着关键角色，其核心为网宇实体系统。企业可通过5C——连接（Connection）、转换（Conversion）、联网（Cyber）、认知（Cognition）、配置（Configuration）架构网宇实体系统，将收集的数据转化为有用的数据，并借以优化生产设备的预防性维护方式。

（3）农业应用

物联网在农业中的应用包括收集温度、降水、湿度、风速、病虫害和土壤成分等数据，并加以分析与利用。这样的方式称为精准农业，科研人员借助系统对数据的精准分析，可以提高粮食产出的质量和数量，并减少浪费。

2018年8月，丰田通商与微软、近畿大学水产研究所合作，利用Microsoft Azure的物联网应用包，开发出了水产养殖辅助系统。水产养殖为劳动力密集型工作，鱼苗必须由人工进行分类，以确保每条鱼的大小适当且无畸形。水产养殖辅助系统的导入，不仅可以大幅减轻人力负担，还能将有经验的人移至更高附加价值的工作中。

（4）医疗应用

医疗物联网（Internet of Medical Things，IoMT）是指物联网应用于医疗保健，包括数据收集、分析、研究与监控方面的应用，用以创建数字化的医疗保健系统。物联网设备可用于激活远程健康监控和紧急情况通知系统，包括简易的设施（如血压计、便携式生理监控器）和植入人体或可佩戴的设备（如心律调节器、人工耳蜗等）。世界卫生组织规划利用移动设备收集医疗保健数据，并进行统计、分析，从而创建"mHealth"体系，即通过移动设备提供与医疗相关的服务。

据相关部门统计，医疗物联网在监测慢性病，以及疾病的预防和控制中起到了很大的作用，医院与其他卫生机构通过远程监控，可以获得患者的数据，并为患者制定更适合的治疗方案。

（5）交通运输应用

物联网可用于集成通信、控制与信息处理。因此可扩展至运输系统的各个层面，包括运输工具、基础设施，以及驾驶员。物联网组件之间的信息传递，使不同运输工具，不同驾驶人之间可以互相通信，从而实现智能交通信号灯、智能停车、电子道路收费系统、物流和车队管理、主动巡航控制系统，以及安全和道路辅助等应用。

例如，在物流和车队管理中，物联网平台可以利用GPS，以及湿度、温度等传感器获得所需数据，随后对数据进行分析，并将结果发送给用户。如此，用户可以观察运输工具的即时状态，并做出适当处置。如果物联网与机器学习相结合，那么还可以进行驾驶员睡意检测，以及提供自动驾驶功能等，从而减少交通事故。

（6）基础设施应用

物联网在基础设施的应用主要是监控与控制各类基础设施，如铁轨、桥梁、风力发电厂、废弃物处理中心等。企业通过监控事件或结构状况的变化，可以高效地安排维修和保养活动。

目前，全球有数个大规模的物联网正应用在基础设施的建设中，如韩国松岛国际都市和西班牙桑坦德。韩国松岛是一座智能设备齐全的智慧城市，对能源使用、交通流量和废弃物处理进行了精密控制，如垃圾通过管道集中至废弃物处理中心，然后在那里进行自动分类与再回收利用。西班牙桑坦德是一座拥有约 18 万人口的城市，安装了超过两万个传感器，主要应用于 3 个方面：交通——通过手机 APP，用户可即时获得停车位信息，并被引导至有停车位处停车；H_2O 2.0——可即时获得用水信息；公园智能空间——可随温度、湿度调整洒水系统，并检查公园内垃圾桶内的垃圾量。

6．企业物联网

在消费者使用可穿戴式智能手表等时，他们或许会担心持续联网时的隐私泄露和安全问题。这种疑虑在各类企业物联网项目中普遍存在，尤其当终端用户为普通用户时。

企业物联网提供的解决方案可以让企业改进现有业务模式，并与客户和合作伙伴建立新的联系，但这个过程可能并不容易。智能设备系统产生的数据量可能极为庞大（通常被称为大数据）。将大数据整合到现有系统中并进行数据分析以采取行动也是非常复杂的。

因此，企业在构建物联网系统时，物联网安全性是一个必须考虑的重要因素。尽管如此，对于许多企业，物联网仍然值得一试，因为几乎各行各业都有企业物联网应用的成功案例。

3.1.3 云计算

云计算（cloud computing）是一种基于互联网的计算方式，通过这种方式，共享的软硬件资源和信息可以按需提供给计算机等终端和其他设备，并使用服务商提供的计算机资源进行计算。

本节主要从云计算的沿革、基本特征、参考形态、发展历史、服务模式、部署模型、概念对比、体系架构方面进行介绍。

1．沿革

云计算是继 20 世纪 80 年代大型计算机到客户端 - 服务器的大转变之后的又一种

巨变。对于云计算，用户既不需要了解"云"中基础设施的细节，也不必具有太多的专业知识，还无须对计算设备直接进行控制。云计算描述了一种基于互联网的新的 IT 服务增加、使用和交付模式，通常涉及通过互联网来提供动态易扩展且经常是虚拟化的资源。

在"软件即服务"（SaaS）的服务模式中，用户能够访问服务软件和数据。服务提供者维护基础设施和平台以维持服务正常运行。SaaS 常被称为"随选软件"，通常基于使用时数来收费，有时也会采用订阅制。

SaaS 的推广者认为，SaaS 使企业能够借由外包硬件、软件维护和支持服务为服务提供者降低 IT 营运费用。另外，由于应用程序是集中供应的，更新可以即时发布，因此无须用户手动更新或安装新的软件。SaaS 的缺陷在于，用户的数据存放在服务提供者的服务器上，这使得服务提供者有能力对这些数据进行未经授权的访问。

用户通过浏览器、桌面应用程序或移动应用程序来访问云上的服务。云计算的推广者认为，云计算使得企业能够更加迅速地部署应用程序，并降低管理的复杂度和计算设备的维护成本，同时允许 IT 资源迅速重新分配以适应企业需求的快速改变。

云计算依赖资源的共享以达成规模经济，类似基础设施（如电力网）。服务提供者集成大量的资源供多个用户使用，用户可以轻易地请求（租借）更多资源，并随时调整使用量，将不需要的资源释放回整个架构，因此，用户不需要因为短暂的尖峰需求就购买大量的资源，仅需提升租借量，并在需求降低时退租。服务提供者得以将目前无人租用的资源重新租给其他用户，甚至依照整体的需求量调整租金。

2. 基本特征

互联网上汇聚的计算资源、存储资源、数据资源和应用资源正随着互联网规模的逐渐扩大而不断增加，互联网正在从传统意义的通信平台转变为泛在、智能的计算平台。与计算机系统这样的传统计算平台相比，互联网上还没有形成类似计算机操作系统的服务环境，以支持互联网资源的有效管理和综合利用。在传统计算机中已发展成熟的操作系统技术，不适用于互联网环境，其根本原因在于：互联网资源的自主控制、自治对等、异构多尺度等基本特性，与传统计算机系统的资源特性存在本质上的不同。为了适应互联网资源的基本特性，形成承接互联网资源和互联网应用的一体化服务环境，开展面向互联网计算的 iVCE（虚拟计算环境）的研究工作，使用户能够方便、有效地共享和利用开放网络上的资源。

互联网上的云计算服务和自然界的云、水循环具有一定的相似性，因此，云是一个贴切的比喻。根据美国国家标准与技术研究院的描述，云计算服务应该具备以下特征。

- 随需应变自助服务。
- 随时随地用任何网络设备访问。

- 多人共享资源池。
- 快速重新部署的灵活度。
- 可被监控与测量的服务。
- 基于虚拟化技术快速部署资源或获得服务。
- 减少用户终端的处理负担。
- 降低了用户对于 IT 专业知识的依赖。

3. 参考形态

iVCE 是一个学术上的概念，不同的研究组织对它有不同的实现方式。下面是虚拟计算环境的一种参考形态。

从应用角度来看，iVCE 以新型资源管理模型为终端用户提供了组织、共享和管理资源的方式与机制，以支持互联网资源的有效共享和综合利用。从开发角度来看，iVCE 是互联网新型应用的软件开发平台，提供了与资源管理模型一致的程序设计模式与运行支撑环境，能够方便、快捷地帮助开发人员构造面向互联网的应用系统。从系统角度来看，iVCE 包括支持 iVCE 资源管理模型的程序设计语言、网络延迟探测、支持网络资源按需聚合和协同的虚拟节点、资源聚合管理、资源协同管理、虚拟网络内存、虚拟网络外存和虚拟执行网络等基础服务，以及 iVCE 应用管理与运行支撑环境。

4. 发展历史

1983 年，Sun 公司提出"网络就是计算机"（The network is the computer）理念。

1996 年，Compaq（康柏）公司在内部文件中，首次提及"云计算"。

2006 年 3 月，亚马逊推出弹性计算云（Amazon Elastic Compute Cloud，Amazon EC2）服务。

2007 年 10 月，Google 与 IBM 开始在美国大学校园，包括卡内基·梅隆大学、麻省理工学院、斯坦福大学、加州大学伯克利分校和马里兰大学等，实施"云计算推广计划"，这项计划希望能降低分布式计算技术在学术研究方面的成本，并为这些大学提供相关的软硬件设备及技术支持（包括数百台个人计算机，以及 Blade Center 与 System x 服务器，这些计算平台将提供 1600 个处理器，支持包括 Linux、Xen、Hadoop 等开放源代码平台）。因此，学生可以通过网络实施各项以大规模计算为基础的研究计划。

2008 年 1 月 30 日，Google 宣布启动"云计算学术计划"，希望通过与大学再度合作，进一步将这种先进的计算技术推广到校园。

2010 年 7 月，AMD、英特尔、戴尔等厂商共同宣布发起开源的云计算管理平台项目 OpenStack。2010 年 10 月，微软表示支持 OpenStack 与 Windows Server 2008 R2 的集成。2011 年 2 月，思科公司正式加入 OpenStack 项目，重点开发 OpenStack 的网络服务项目。

5. 服务模式

美国国家标准和技术研究院在云计算的定义中明确了 3 种服务模式。

① 软件即服务（SaaS）：消费者使用应用程序，但并不掌控操作系统、硬件或运行的网络基础架构。这是一种服务观念的基础，软件服务供应商（如 Adobe Creative Cloud、Microsoft CRM 与 Salesforce）以租赁的方式向客户提供服务，比较常见的模式是提供一组账号和密码。

② 平台即服务（PaaS）：消费者使用主机操作应用程序。消费者掌控运行应用程序的环境（也拥有主机部分掌控权），但并不掌控操作系统、硬件或运行的网络基础架构。平台通常是应用程序基础架构，如 Google App Engine。

③ 基础设施即服务（IaaS）：消费者使用"基础计算资源"，如处理能力、存储空间、网络组件或中间件。消费者能掌控操作系统、存储空间、已部署的应用程序和网络组件（如防火墙、负载平衡器等），但并不掌控云基础架构。"基础设施即服务"提供商包括 Amazon AWS、Rackspace 等。

6. 部署模型

美国国家标准和技术研究院在云计算的定义中也涉及了关于云计算的部署模型。

① 公用云（public cloud）。公用云服务可通过网络和第三方服务提供商，提供给客户使用。"公用"一词并不一定表示"免费"，但也可能表示免费或相当廉价。公用云并不表示用户数据可供任何人查看。公用云服务提供商通常会对用户实施访问控制机制。公用云作为解决方案，既有弹性，又具有成本效益。

② 私有云（private cloud）。私有云具备公用云的许多优点，如弹性、适合提供服务。二者的差别在于，在私有云服务中，数据与程序皆在组织内管理；与公用云服务不同，私有云服务不会受到网络带宽等的影响，私有云服务是相对安全的；私有云服务能够让服务提供商和用户掌控云基础架构，具有更好的安全性与更高的弹性，因为用户与网络都受到特殊限制。

③ 社群云（community cloud）。社群云由众多利益相关的组织掌控和使用，如这些组织有特定的安全要求和共同宗旨等。社群成员共同使用云数据和应用程序。

④ 混合云（hybrid cloud）。混合云是公用云和私有云的结合。在混合云服务中，用户通常将企业非关键信息外包，并在公用云上处理，但同时掌控企业关键服务和数据。

7. 概念对比

人们经常将云计算与网格计算（面向社会或一定的用户群，把由网络连接的若干分散的硬件、软件和信息资源汇聚成单一映像的易用系统，向群体用户提供复杂信息处理功能的方法和过程）、效用计算（将计算资源和能力，如计算和存储等，打包成一个可用仪表测量的服务。类似于电力等传统的公共事业）、自主计算（按照当前的需求自行管理与调节的一种计算系统）混淆。

事实上，许多云计算部署依赖于计算机集群（但与网格计算的组成、体系机构、目的、工作方式大相径庭），也吸收了自主计算和效用计算的特点。

从硬件结构上来说，云计算是多对一的结构。从服务或功能的角度来说，它是一对多的结构。

8. 体系架构

传统的 IT 部署架构是"烟囱式"的，或者称为"专机专用"系统。云基础架构在传统基础架构计算、存储、网络硬件层的基础上，增加了虚拟化层、云层。云基础架构资源池使得计算、存储、网络，以及对应虚拟化单个产品和技术不再是核心，重要的是这些资源的整合，形成一个有机、可灵活调度和扩展的资源池，面向云应用实现自动化的部署、监控、管理和运维。"云"通常表现为对所有用户的计算需求的单一访问点。人们通常希望商业化的产品能够满足服务质量（QoS）的要求，并且一般情况下要提供服务水平协议。开放标准对云计算的发展是至关重要的，开源软件已经为众多的云计算实例提供了基础。

云计算通过网络将庞大的计算进程自动拆分成多个较小的子进程，再经过多个服务器组成的庞大系统搜索、计算分析之后，将处理结果回传给用户。通过这项技术，远程的服务供应商可以在数秒之内，处理海量信息，实现和"超级计算机"同样性能的网络服务。它可进行基因图谱测序、解析癌症细胞等高端计算，如 Skype 以点对点（P2P）方式来共同组成单一系统；Google 通过 MapReduce 架构将数据拆成小块并计算后再重组，而且 Bigtable 技术完全跳脱一般数据库数据运行方式，以 row 设计存储，又完全地配合 Google 自己的文件系统（Google File System），以帮助数据快速穿过"云"。

3.2 数智化核心技术

数智化的目标是实现智能化。智能化需要大量数据、对数据分析的智能体，以及保证数据有效性的技术。本节介绍数智化的核心技术——大数据、人工智能和区块链。

3.2.1 大数据

1. 概述

大数据是指传统数据处理应用软件不足以处理的大或复杂的数据集。

大数据也可以定义为各种来源的大量非结构化数据或结构化数据。从学术角度来说，大数据的出现促成广泛主题的新颖研究。这也导致各种大数据统计方法的发展。大数据并没有统计学的抽样方法，它只是观察和追踪发生的事情。大数据通常包含的数据超出传统软件在可接受的时间内处理的范围。由于近期的技术进步，以及发布新数据的便捷性，因此大数据分析在现代研究中越来越突出。

大数据时代的来临带来无数的机遇，但是，与此同时，个人或机构的隐私权（大数据包含各种个人信息数据）极有可能受到侵害。有人提出这样一个问题：大数据时代，个人是否应该拥有"被遗忘权"？被遗忘权即个人是否有权利要求数据商不保留自己的某些信息。2014 年 5 月 13 日，欧盟法院就"被遗忘权"（Case of Right to be Forgotten）一案作出裁定，判决 Google 应根据用户请求删除不完整的、无关紧要的、不相关的数据，以保证数据不出现在搜索结果中。这说明在大数据时代，加强对用户个人权利的保护才是大势所趋。

2. 特征

大数据主要具有以下 4 个方面的典型特征，即大量（Volume）、多样（Variety）、高速（Velocity）和价值（Value）。

① 大量（Volume）。大数据的首要特征是数据规模大。随着互联网、物联网、移动互联网技术的快速发展，人和事物的所有轨迹都可以被记录下来，数据爆发式增长。

② 多样（Variety）。数据来源的广泛性，决定了数据形式的多样性。大数据可以分为 3 类，第一类是结构化数据，如财务系统数据、信息管理系统数据、医疗系统数据等，其特点是数据间因果关系强；第二类是非结构化数据，如视频、音频、图像等，其特点是数据间没有因果关系；第三类是半结构化数据，如 HTML 文档、邮件、网页等，其特点是数据间的因果关系弱。

③ 高速（Velocity）。数据的增长速度和处理速度是大数据高速性的重要体现。与以往的报纸、书信等传统数据载体生产、传播方式不同，在大数据时代，大数据的交换和传播主要是通过互联网和云计算等方式实现的，其生产和传播数据的速度是迅速的。另外，大数据要求数据处理的响应速度要快，如上亿条数据的分析必须在几秒内完成。数据的输入、处理与丢弃必须立刻见效，几乎无延迟。

④ 价值（Value）。大数据的核心特征是价值。其实，价值密度的高低和数据总量的大小是成反比的，即数据价值密度越高，数据总量越小；数据价值密度越低，数据总量越大。任何有价值的信息的提取依托的是海量的基础数据。当然，在目前的大数据背景下，还有一个未解决的问题，即如何通过强大的机器算法更迅速地在海量数据中完成数据的价值提纯。

3. 数据来源

大数据获取的来源影响其应用的效益与质量。按照获取的直接程度，大数据的来源一般可分为 3 种。

① 第一方数据（first party data）为己方和消费者、用户或目标客户群交互产生的数据，具有高质量、高价值的特性，但易局限于既有顾客数据。例如，企业收集的顾客交易数据等，拥有者可弹性地将这些数据用于分析研究、营销推广等。

② 第二方数据（second party data）是指与第一方具有合作、联盟或契约关系的组织共享或采购第一方的数据。例如，航空公司与酒店共享数据，当客人购买这家航空公司的机票后，这家酒店就可以利用它从航空公司获取的第二方数据向客户推荐自己的住宿信息；或者，某家企业知道另外一家企业具有自己想要的数据，于是，这家企业通过采购方式，直接从第一方获取数据。

③ 第三方数据（third party data）：如果提供数据的来源单位并非产出该数据的原始者，那么该类数据即为第三方数据。通常，提供第三方数据的单位为数据供应商，它广泛收集各种数据，并售卖给数据需求者。其数据可来自第一方、第二方与其他第三方，如爬取网络公开数据、市场调研公司发布的研究报告、经去识别化处理的交易信息等。

4．大数据处理技术

大数据处理需要特殊技术，以有效地应对海量数据。大数据处理技术包括大规模并行处理（MPP）数据库、数据挖掘、分布式文件系统、分布式数据库、云计算平台和可扩展的存储系统等。其中，数据挖掘（data mining）是指从巨量数据中获取正确的、新颖的、潜在有用的、最终可解释的信息的复杂处理过程。

5．应用领域

大数据的主要应用领域包括互联网、电信、金融、交通、公用事业、医疗等。

3.2.2　人工智能

1．概述

人工智能（Artificial Intelligence，AI）是研究用计算机模拟人类智力活动的理论和技术，如归纳与演绎推理过程、学习过程、探索过程、理解过程，形成并使用概念模型的能力、对模型分类的能力，模式识别及环境适应、医疗诊断等。人工智能的研究领域包括机器人、语言识别、图像识别、自然语言处理和专家系统等。算法和大数据等计算机技术是人工智能发展的基础。

人工智能可以定义为，模仿人类与人类思维相关的认知功能的机器或计算机，如学习和解决问题。此外，人工智能能够从过去的经验中学习，做出合理的决策，并快速回应。因此，人工智能研究人员的科学目标是通过构建具有象征意义的推理或推理的计算机程序来理解智能。

人工智能有下列 4 个主要组成部分。

- 专家系统：一类具有专门知识和经验的计算机系统。采用知识表示和知识推理技术来模拟通常由领域专家才能解决的复杂问题，在领域常规问题上，可达到具有与领域专家同等解决问题能力的水平，因此它能够辅助人工智能专家工作。它通常由知识库、推理机、工作存储器、用户接口、推理解释等模块构成。
- 启发式问题解决：包括评估小范围的解决方案，并可能涉及一些猜测，以找到接近最佳的解决方案。
- 自然语言处理：在自然语言中实现人机之间的"交流"。
- 计算机视觉：使用计算机及相关设备对生物视觉进行模拟。

人工智能的定义可以分为两部分，即"人工"和"智能"。"人工"即由人设计、创造或制造。什么是"智能"？这存在较大争议，因为"智能"涉及诸如意识、自我、心灵和无意识等精神层面。人唯一了解的智能是人本身的智能，这是普遍认同的观点。但是，我们对自身智能的理解有限，对构成人的智能必要元素的了解也有限，因此，我们就很难定义什么是"人工"制造的"智能"。因此，人工智能的研究往往涉及对人自身智能的研究，其他关于动物或人造系统的智能也普遍被认为是与人工智能相关的研究课题。目前，在计算机领域，人工智能发挥的作用很大，在机器人、决策、控制系统、仿真系统中得到广泛应用。

2. 人工智能研究的关键问题

人工智能的研究具有很强的技术性和专业性，各分支领域的研究又具备很强的独立性，因而研究涉及的范围极广，带来的一大问题是如何使用各种不同的工具完成特定的应用程序。市场研究机构 J. Gold Associates 首席分析师杰克·戈尔德（Jack Gold）认为："人工智能未来几年的发展方式和方向取决于 3 个关键的研究领域。第一，开发适合构建人工智能系统的平台或框架；第二，优化硬件系统以降低成本；第三，如今大多数人工智能系统的构建都需要相当大的数据科学投资，以及一些重量级的数据科学家和工程师，人工智能系统还需要部署到企业中。"

人工智能研究的关键问题之一是如何建构能够与人类类似，甚至超越人类的推理、规划、学习、交流、感知、运动、使用工具和操控机械等的能力。

知识表示也是人工智能研究的关键问题之一。它的目标是让机器存储相应的知识，并且能够按照某种规则推理、演绎得到新的知识。有许多问题需要大量的知识才能解决，这些知识包括事先存储的先验知识（人类通过某种方式告诉给机器的知识）和通过智能推理得到的知识（结合先验知识和逻辑推理得到的知识）。

3. 人工智能的关键技术

计算机视觉、机器学习、自然语言处理、机器人和语音识别是人工智能的五大关键技术。

（1）计算机视觉

计算机视觉是一种使用计算机及相关设备对生物视觉进行模拟的技术。通过对采集的图片或视频进行处理，以实现对相应场景的多维理解。

（2）机器学习

机器学习是计算机通过对数据、事实或自身经验的自动分析和综合获取知识的过程。机器学习的主要目的是让机器通过数据、事实等获得知识，从而自动判断取舍和输出相应的结果。

机器学习的学习方式主要分为有监督学习、无监督学习、半监督学习和强化学习。有监督学习是指事先向机器给定一些训练样本并且"告知"样本的类别，然后根据这些样本的类别进行训练，提取出这些样本的共同属性或者训练一个分类器，等新来一个样本，则通过训练得到的共同属性或者分类器判断该样本的类别。根据输出结果的离散性和连续性，有监督学习分为分类和回归两类。无监督学习是指不给定训练样本，直接给定一些样本和一些规则，让机器自动根据一些规则进行分类。半监督学习则是介于有监督学习和无监督学习的学习技术，它同时利用有标记样本与无标记样本进行学习。强化学习是一种从环境状态到动作映射的学习，目标是使动作从环境中获得的累积奖赏值最大。

（3）自然语言处理

自然语言处理（Natural Language Processing, NLP）是一种自然语言理解和生成及其衍生技术。自然语言认知是指让计算机"理解"人类的语言。自然语言生成系统把计算机数据转换为自然语言。自然语言理解系统把自然语言转化为计算机程序更易于处理的形式。

（4）机器人

机器人是一种自动执行工作的机器装置。它既可以接受人类指挥，又可以运行预先编排的程序，还可以根据以人工智能技术制定的原则纲领行动。机器人的主要任务是协助或取代人类的工作，如生产业、建筑业中的工作或危险的工作。

（5）语音识别

语音识别是让机器通过识别和理解，将人的语音信号转换为相应的文本或命令的过程。

4. 人工智能应该具备的能力

人工智能应该具备下列 4 种能力。

（1）感知（perception）能力

感知能力是人类感官受到环境的刺激后，察觉环境信息的能力。简单来说，感知能力就是人类的看、听、说、读、写能力。学习人类的感知能力是 AI 的发展方向之一。

- "看": 计算机视觉（Computer Vision）、图像识别（Image Recognition）、人脸识别（Face Recognition）和对象侦测（Object Detection）。
- "听": 语音识别（Sound Recognition）。
- "说": 语音生成（Sound Generation）、文本转换语音（Text-to-Speech）。
- "读": 自然语言处理、语音转换文本（Speech-to-Text）。
- "写": 机器翻译（Machine Translation）。

（2）认知（cognition）能力

认知能力是人类通过学习、判断、分析等心理活动来了解消息、获取知识的能力。对人类认知能力的学习也是 AI 的发展方向之一。认知能力还可以细分为下列 4种能力。

- 分析识别能力，如医学图像分析、产品推荐、垃圾邮件识别、法律案件分析、信用风险分析、消费行为分析等。
- 预测能力，如 AI 执行的预防性维修（Predictive Maintenance）、智能天然灾害预测与防治。
- 判断能力，如 AI 下围棋、自动驾驶汽车、欺诈判断、癌症判断等。
- 学习能力，如机器学习、深度学习等学习方法。

（3）创造力（creativity）

创造力是人类产生新思想、新发现、新方法、新理论、新设计，创造新事物的能力。它是结合知识、智力、能力、个性和潜意识等因素优化而成的。在创造力方面，人类目前仍遥遥领先于人工智能，但 AI 正"奋起直追"。人工智能在创造力方面的应用包括 AI 作曲、AI 写作、AI 绘画、AI 设计等。

（4）智慧（wisdom）

智慧是人类不仅能深刻了解人、事、物的真相，而且能探求真理、明辨是非，指导人类过有意义生活的一种能力。"智慧"涉及人的自我意识、自我认知与价值观，是目前人工智能尚不能达到的能力。

3.2.3　区块链

1. 概述

区块链（Blockchain）是由密码学串接并保护内容的串连文字记录（又称区块）。每一个区块包含前一个区块的加密散列值、相应时间戳，以及交易数据（通常用默克尔树（Merkle tree）算法计算的散列值表示），这样的设计使区块内容具有难以篡改的特性。使用区块链技术串接的分布式账本能够让双方有效记录交易，且可永久查验此交易。

2. 公有链、联盟链和私有链的区别

公有链、联盟链和私有链的区别见表 3-1。

表 3-1 公有链、联盟链和私有链的区别

	公有链	联盟链	私有链
参与者	任何人自由进出	联盟成员	链的所有者
共识机制	PoW、PoS	分布式一致性算法	PBFT 等
记账人	所有参与者	联盟成员协商确定	链的所有者
激励机制	需要	可选	无
特点	信用的自创建	效率的成本优化	安全性高、效率高
承载能力	<100 笔/秒	<10 万笔/秒	视配置而定
典型场景	加密货币	供应链金融、物流、电商	大型组织、机构
代表项目	以太坊	R3 Corda、Hyperledger Fabric	

① 公有链（public blockchain）。可称为公共区块链，是指所有人都可以参与的区块链。换言之，它公平公开，所有人可自由访问，并可发送、接收、认证交易。

② 联盟链（alliance chain）。只针对特定某个群体的成员和有限的第三方，内部指定多个预选的节点为记账人，每个区块的生成由所有的预选节点共同决定，其他接入节点可以参与交易，但不过问记账过程，其他第三方可以通过该区块链开放的 API 进行限定查询。

③ 私有链（private blockchain）。对单独个人或组织开放的区块链系统，仅在私有组织内部使用，信息不公开。

3. 侧链

区块链中的侧链（side chain）实质上不是特指某个区块链，而是指遵守侧链协议的所有区块链。

3.3 技术新形态——元宇宙

元宇宙（Metaverse）是一个聚焦社交链接的三维（3D）虚拟世界网络，人们可以通过虚拟现实眼镜、增强现实眼镜、手机、个人计算机和电子游戏机进入。元宇宙的概念已应用于 *VRChat* 和 *Second Life* 等游戏中，而且在商业、教育、零售和房地产领域都有相当大的应用潜力。目前，元宇宙的应用限制主要来自于实时虚拟

环境交互所需的硬件设备和传感器的技术。Meta、Valve、Epic Games、字节跳动、NVIDIA、Together Labs 和微软等公司正在进行元宇宙技术的研究，以使它更符合成本效益，以及拓展其应用层面。2021 年，NVIDIA 公司实施了一个名为 Omniverse 的元宇宙基础设施项目，该项目允许世界各地的开发者实时合作，创建元宇宙内容创作软件。Together Labs 公司在研究创造逼真"化身"的技术，它将可以利用人工智能使历史人物变成虚拟数字人。

我们可以将元宇宙视为一种包含多种现成技术的巨大应用程序，即一个虚拟空间。此虚拟空间需要多种技术，如区块链、人工智能、增强现实、计算机视觉等。关注元宇宙的人也可能会关注用户隐私与用户成瘾问题，其实，这也是目前社交媒体和游戏行业面临的挑战。

元宇宙包括物质世界和虚拟世界，以及能独立运行的社会经济生态系统。许多公司和个人可以在元宇宙内经营自己的空间。元宇宙的特点包括数字持久化和同步，这意味着元宇宙中的所有事件都是实时发生的，并具有永久的影响力。元宇宙社会经济生态系统包含了以用户为中心的要素，如头像（Avatar，网络中有时用它来表示"头像"）身份、内容创作、虚拟经济、社会可接受性、安全和隐私，以及信任和责任。

元宇宙有许多应用的可能。理想的元宇宙将允许用户进行任何合法的体验或活动，或者解决他们几乎所有的合理需求。因此，在理想状态下，元宇宙可以应用于任何事物。在商业领域，元宇宙可以用于虚拟办公平台，用户可以在模拟办公环境的 3D 环境中进行虚拟协作。这方面的例子包括 Meta 的 Horizon Workrooms 和微软的 Mesh。这可以让员工在任何地方进行虚拟工作。

在房地产领域，元宇宙可用于虚拟房屋参观，购房者可以在自己家里通过元宇宙参观世界任何地方正在出售或出租的房屋。

在电商领域，电商可以使用元宇宙构建虚拟商城，顾客可以参观虚拟商城，并可"试戴""试穿"或"试玩"虚拟三维商品（现实商品的虚拟化），这可以降低顾客在网络购物时对商品产生的不确定感。

目前，元宇宙现有的应用技术中包含了虚拟现实（Virtual Reality，VR），将来"脑机"接口（Brain Computer Interface，BCI）技术有望应用于虚拟现实。

3.3.1 虚拟办公

2021 年 10 月 28 日，Facebook 召开了一场有关"元宇宙"的 Connect 2021 大会，一种更"科幻"的远程办公场景出现在马克·扎克伯格（Mark Zuckerberg）的演讲中，这就是"全息虚拟会议"。用户戴上特制的眼镜，全息投影的会议室、产品模型、屏幕统统出现在眼前，参会的同事也以三维虚拟形式出现在用户身边，这就是虚拟办公场景。

本节主要从什么是虚拟办公室，虚拟办公的工作原理、关键点、优缺点方面进行介绍。

虚拟办公室为企业提供物理地址和与实体办公室相关的服务，而企业无须承担长期租赁实体办公室和管理人员的开销。此外，借助虚拟办公室，员工不仅可以在任何地方工作，还仍然拥有邮寄地址、电话接听、会议室和视频会议等服务。

虚拟办公室作为一个单元为客户提供服务，但不存在于固定位置。这种类型的设置特别受希望最小化开销的初创公司和小型企业的欢迎。基于网络办公的生产力软件和服务（如视频会议）的创新有助于推动虚拟办公的增长。

虚拟办公是指一家公司作为一个单位运营并具有实际邮寄地址，但不存在于一个特定位置的办公形式。

在线视频会议和消息服务等工具的发展导致虚拟办公的使用增加。

运营虚拟办公的成本远低于传统办公，这就是虚拟办公在小型企业和初创公司中流行的原因。

虚拟办公扩大了员工的工作选择和企业的招聘选择。

虽然虚拟办公通常是一种较便宜的商业选择，但某些服务（如电话接听和视频会议）的可访问性可能有限。

虚拟办公室还可以提高工作效率，因为它的服务使员工免于管理任务和通勤。每个员工都可以在最方便的地点工作，而且业务不仅限于雇用居住在当地的员工。随着越来越多的人找到远程工作的方法，虚拟办公的好处立即显现出来。

可见，虚拟办公对用户的吸引力是双重的。相信在不久的将来，虚拟办公在职场会得到广泛的应用。

3.3.2 虚拟企业

当今的企业管理者面对的是一个激烈且不断变化的竞争环境。这种竞争环境形成的原因包括数字技术的飞速发展、市场的全球化等。传统的泰勒制、福特制企业模式有时很难适应新的市场环境；企业同时还要保持较低成本和较短的交付周期，这对旧的组织形式提出了挑战。在这种情况下，一种新的企业运作模式——虚拟企业（virtual enterprise）应时而出。

本节主要从虚拟企业的概述、定义、产生背景、运作模式、战略联盟、虚拟沟通、本质、运作平台、建立、特点、基本作用、虚拟生产、虚拟开发、虚拟销售和虚拟管理、优势、使用的技术方法、组织特征和组织结构的设计原则、构建虚拟企业管理模式的基础等方面进行介绍。

1. 概述

虚拟企业是一种有代表性的合作经营策略，它实际上是几个企业或企业部门围绕一个或几个周期内的项目进行的网络结合。具体地说，虚拟企业就是通过互联网使企业的合作空间加大，企业的透明度提高，监督成本降低，核心企业能够以信用为纽带实现资源的最佳配置。相互平等独立的企业关系既保证了各合作方将自己的最优技术（包括专有技术）和技术诀窍投入合作项目的子项目，又不必担心这些技术泄露，从而保证了子项目的质量。加之，在网络上运营，而且采用并行工程方式和计算机仿真技术，因此各子项目之间的拟合度得到了保证，从而提高了整个项目的质量。

但是，由于合作企业之间存在相互独立的关系，无法保证形成长期的供应链，并且在技术创新项目中，企业各自负责项目的不确定性风险较大，加之各自负责的项目开发成功后，又可能为了形成技术垄断而打破供应链的平衡，因此，企业合作中的机会主义问题突出，昔日的合作伙伴很可能变成今日的竞争对手。为此，企业可以借助虚拟企业灵活的运营机制降低市场风险，从而充分利用资源。

2. 定义

（1）从产品角度对虚拟企业进行定义

1992 年，威廉·戴维陶（William H. Davidow）与麦克·马隆（Michael S. Malone）在合著的《虚拟企业》（*The Virtual Corporation*）一书中提出，虚拟企业是指具备生产虚拟产品能力的经过彻底改造的企业。显然，这种定义主要是从虚拟企业的产品角度给出的。虚拟产品（它的生产及运输等合成为效益原则，费时短，且可以同时在许多地点为顾客提供多样化的选择；它给人的印象是速度快，以至于人们很容易忽略它的另一个特点——提供给顾客满足感）是相对传统产品而言的。

（2）从技术角度对虚拟企业进行定义

信息网络是虚拟企业运行的技术基础。计算机、网络技术专家从技术角度对虚拟企业进行了定义：组织结构无形化、通过信息网络加以联结的企业组织。网上商店、银行等是虚拟企业的典型形态。

（3）从组织运行方式角度对虚拟企业进行定义

虚拟企业是组织类型之一，因此它可以从组织运行方式角度进行定义。肯尼思·普瑞斯、史蒂文·L.戈德曼、罗杰·N.内格尔在《以合作求竞争》一书中指出："虚拟组织是由各种企业单位形成的一种集团，其中人员工作过程都来自于这些企业单位，他们彼此紧紧联系，相互影响和作用，为了共同利益而奋斗，虚拟组织中的工作仍然保持相互独立，互不影响。现代虚拟组织关系是一种相对较新的组织形式，利用信息技术把人力、资产和思想动态地连接起来，是一种有机的企业网络组织。

虚拟组织是为了迎合明确的时间机遇或预期的时间机遇而产生的。"从组织运行方式的角度定义,虚拟企业就是功能特点专长化、存在形式离散化、运作方式合作化的企业。另外,虚拟企业的指代对象至今仍然是含混的。虚拟企业指的是通过虚拟关系运作在一起的企业集团,还是该企业集团中的某个企业?在实际运作中,它的指代对象具有二元性。在将单个企业称为虚拟企业时,单个企业实为整体的代称;在将企业集团称为虚拟企业时,总是以单个观察对象的企业名称代称整体。我们在将某个企业称为虚拟企业时,不排斥把参与运作的"企业集团"也称为虚拟企业,只是作此称呼时,仍以某个企业为观察对象。因此,我们所称的虚拟企业有时是参与运作的个体,有时是参与运作的整体。

3. 虚拟企业产生背景

企业作为一种特殊的社会经济组织,是一个历史的产物,是商品生产和商品交换的产物。伴随着农业社会向工业社会的转型,企业也逐步形成、发展,于 19 世纪末 20 世纪初形成了以泰勒制、福特制为标志的传统企业模式。它所带来的规模经济效应大大促进了当时社会生产力发展。然而,20 世纪 60 年代以来,企业所处的环境发生了根本性变化,市场需求多变,技术突飞猛进。20 世纪 90 年代以来,随着科技进步和社会发展,世界经济发生了重大变化。人们根据自己生产、工作和生活的需要,对产品的品种、规格、样式等提出了多样化和个性化的要求,企业面对不断变化的市场,为求得生存与发展,必须具有高度的柔性和快速反应能力。为此,现代企业向组织结构简单化、扁平化方向发展,于是产生了能将知识、技术、资金、原材料、市场和管理等资源联合起来的虚拟企业。

4. 虚拟企业运作模式

企业运作模式是指组成企业的各个方面的表现形式、运作方法,包括设施规划方案、组织机构形式、产品结构、生产方式、物流形式、销售方式等。企业运作模式可以是多种多样的,如企业的组织机构可以是直线制、部门制、项目管理制等。企业运作模式与企业的产品类型、生产方式、周围环境都有很大的关系。企业运作模式对企业的运作具有决定性作用,因此企业要选择适合自己的运作模式。为了适应快速产生、多变的市场需求,在虚拟企业运作模式中,制造商联合供应商、经销商、顾客,共同、及时地开发、生产、销售多样化、用户化的产品。从资源配置的角度来看,虚拟企业运作模式是一个资源整合体,这些资源来自不同的企业并被整合,具有"1+1>2"之功效。

虚拟企业的产品即虚拟产品(包括有形商品和服务)。对于顾客,理想的虚拟产品能够根据顾客的需要被及时生产出来,并送到顾客手中;对于厂商,大多数产品已先于其生产而存在,有关产品的设计、生产方式已存在于工作团队的意识里,存在于计算机中,存在于灵活的生产线上,厂商能以较高的投入产出比提高顾客的满意度。

5. 战略联盟

苹果公司前首席执行官约翰·斯卡利（John Sculley）就虚拟企业发表过一个个人观点："如今在谈论虚拟企业的时候，我们只是谈论合作和外包协议。在今后的10年或20年，我们将看到一些行业和公司分崩离析，并最终组成真正的虚拟企业。成千上万的虚拟企业将由此而产生。"

美国著名商业作家约翰·伯恩（John A. Byrne）认为，对于大多数虚拟企业的倡导者，虚拟企业的关键特征就是形成战略联盟或建立战略伙伴关系，许多公司采用这种战略使自己以很快的速度和很强的灵活性进入新的市场，接触新的技术；从其他组织、个人，甚至竞争对手那里得到所需的技术和专业人员，并把他们联合在一起以打破新产品市场的壁垒。

6. 虚拟沟通

虚拟沟通是虚拟企业的一个重要组成部分。虚拟沟通是指为了支持工作、学习而进行的信息和知识的创造、交换、存取、应用、分配、保存、更改与共享。由于沟通在虚拟环境中处于举足轻重的地位，因此沟通被当作一项正式工作而不是辅助性的工作。而且，由于沟通在虚拟企业中扮演着复杂且重要的角色，因此沟通变得相当关键，企业必须对它进行周密规划，以保证充分利用信息基础设施。

7. 虚拟企业的本质

在一次关于虚拟企业的调查中，专家就虚拟企业的本质问题，根据调查结果总结了3个重要的观点。

① 虚拟企业本质上是一种电子在线组织。该观点的支持者以亚马逊和eBay作为论据。他们认为，这些网站的生存和发展完全来自于互联网给它们提供的机会。虚拟企业是相对于传统实体企业环境下的销售方式而言的。

② 虚拟企业是一种基于相互合作的实体的组织结构。在虚拟企业运作模式下，企业进行联合，共享专长、技术、知识和其他资源，从而生产或提供独特的商品、服务，或者充分利用那些不寻常的机会。

③ 虚拟企业既可以是一种电子在线组织，又可以是一种为了一个特殊目的而暂时聚到一起的，包含人力、构想、才能和资源等的组织。

8. 虚拟企业运作平台

（1）信息网络

虚拟企业是信息时代的产物，只有充分利用先进的信息技术与设施，虚拟企业才能对顾客需求及时作出反应。

虚拟企业是准市场企业，兼具中等程度的企业与市场特性，通过大量的双边规则与其他企业发展联系，企业活动在很大范围，甚至全球范围内开展，信息需要高效快速传递,否则分散化的工作关系无法有效协调。

（2）知识网络

知识是信息的内容,信息是知识的显化。知识是指人类对自身、社会和自然产生的经验、认识、记忆、思维方式与技能等。信息是知识的载体,知识通过信息化,才能被传输、商品化、社会化、人类共享。知识网络是指通过信息网络将各具核心能力的企业连接起来,构成的"核心能力"网络。虚拟企业不但要利用企业内部的知识网络,而且要将内部知识网络与其他虚拟企业的知识网络连接,形成一个全球范围的知识网络。知识网络的出现,使传统的线性创新模式被新的创新模式所取代,如交互式创新（通过科学、工程、产品开发、生产、营销之间的反馈环路和边界的交互作用来创新）。创建知识网络的步骤:①建立知识资料库,收集能与企业形成能力互补的其他优秀企业的详细信息;②与上述企业建立长期伙伴关系,互相向对方让渡各自核心能力使用的"期权",形成"契约网络";③通过信息网络将契约网络内的企业联结,形成知识网络。

（3）物流网络

在工业时代,物流的承担者包括商品市场与要素市场,其交易成本很高,运作速度很慢。在商品市场中,一般由商品流通系统承担商品流通的责任,通过各级批发商和零售商将商品传递到顾客手中。生产企业根据市场需求信息来组织生产活动,而这些信息首先由零售商从顾客那里得到,然后进行反向传递,一直传递到生产企业。生产企业即使采取直销模式,也无法从根本上摆脱原来商品流通体系的影响。信息的每次传递都难免失真、失效,使得物流系统长期低效运转。虚拟企业的有效运作是建立在物流网络基础上的。物流网络的建立主要包括:①根据经济项目选择合作对象,形成暂时起作用的知识网络;②根据该经济项目的客户对象的主要特征,选择物流的核心企业,将它们纳入准备运转的知识网络;③在知识网络内,建立契约网络,从而形成物流网络。

（4）契约网络

知识网络、物流网络的形成都离不开契约网络。虚拟企业既不是单纯企业,又不是单纯市场,具有"半企业、半市场"的特征。从契约角度来说,虚拟企业之间大量间续式双边规则的实际形态就是虚拟企业形成的"契约网络"。契约网络的建立是在对合作对象的核心能力是否具有互补关系的确认的基础上,首先形成骨干契约网络,即一级网络,然后,在此架构下,再由任何一个企业向下继续发展次级契约网络来完成的。契约网络的维护主要不是依靠制度规范、再谈判等手段对契约进行适当调整,而是依靠彼此之间的信任来维持长期合作关系,否则难以保证虚拟企业低成本运作。

信息网络、知识网络、物流网络、契约网络构成了虚拟企业的运作平台。知识网络、物流网络的建立以信息网络、契约网络为基础；物流网络、知识网络使信息网络、契约网络具有实际应用价值；契约网络的形成也需要借助信息网络。这4个网络具有一定的重叠，知识网络与信息网络有重叠，契约网络内含在物流网络与知识网络之中。

9. 虚拟企业的建立

虚拟企业的建立大致可以分为下列4个阶段。

（1）目标确定

目标确定包括下列两个步骤。

① 机遇寻求与评估分析：对机遇的风险性和获利性进行评估，以便决定是否响应机遇，以及确定该机遇所需的核心资源。

② 差距分析：寻找企业现有核心资源和能力之间的差距，决定响应机遇的方式，并最终确定企业的战略方向和目标。

（2）虚拟企业建模

虚拟企业建模包括虚拟企业过程设计、虚拟企业模型设计、伙伴企业的选择与评估、伙伴企业过程重组等。虚拟企业过程设计主要是面向机遇产品的理想设计，有待进一步优化。虚拟企业模型设计是在虚拟企业过程设计后进行的。经过优化，虚拟企业过程与机遇所需的核心资源将作为选择和评估合作伙伴的主要标准。所有具备机遇所需的核心资源的企业都应被视为潜在的合作伙伴。同时，根据合作伙伴提供的过程，企业对虚拟企业模型进行伙伴企业过程重组，并进行仿真优化与评估，以此确定一个最优的合作伙伴和虚拟企业构成方案。其中，敏捷性是检验虚拟企业的创建过程、模型，以及伙伴企业优劣的关键指标。

（3）组织设计，以及利益和风险分配

在虚拟企业模型的指导下，虚拟企业可根据产品生产所需过程定义虚拟企业项目，并确定合作伙伴的参与形式，建立虚拟企业组织架构。根据虚拟企业创建过程和虚拟企业模型，基于活动分析的方法确定伙伴企业对虚拟企业的贡献大小，创建虚拟企业伙伴间利益、风险分配方案。

（4）实施

在完成上述工作后，企业就可以按照虚拟企业创建过程、虚拟企业模型和虚拟企业架构设计方案进行虚拟企业的实际组建工作。

10. 虚拟企业的特点

虚拟企业的特点介绍如下。

① 虚拟企业使得传统的企业界限模糊化。虚拟企业不是法律意义上的完整的经济实体，不具备独立的法人资格。一些具有不同资源及优势的企业为了共同的利益或目标走到一起，组成虚拟企业。这些企业既可能是供应商，也可能是顾客，还可

能是同业中的竞争对手。这种新型的企业组织模式打破了传统的企业组织界限，使企业界限变得模糊。

② 虚拟企业具有流动性、灵活性特点。一些企业出于共同的需要、目标走到一起，一旦合作目的达到，这种联盟关系便可能宣告结束，虚拟企业便可能消失。因此，虚拟企业可能是临时的，也可能是长期的，虚拟企业的参与者具有流动性特点。虚拟企业以动态的组织结构和灵活的组织方式来适应市场的快速变化。

③ 虚拟企业是建立在当今发达的信息网络基础之上的企业合作组织。虚拟企业运行中的信息共享是关键，而使用现代信息技术和通信手段使得沟通更为便利。采用通用数据进行信息交换，使所有参与联盟的企业都能共享设计、生产和营销的有关信息，从而能够真正协调步调，保证合作各方能够较好地进行合作，从而使虚拟企业体现出较强的竞争优势。

④ 虚拟企业在运行过程中运用并行工程而不是串行工程来分解和安排各个参与企业要做的工作。虚拟企业在接到某一项目或任务时，项目或任务按照并行工程的思想被分解为相对独立的工作模块，促使承担分解任务的各方能够充分调动和使用他们的资源而不必担心核心技术或核心知识被泄露。并且，各个合作模块可以并行作业，项目或任务的主持者可以利用先进的信息通信手段在其间不断地进行沟通与协调，从而保证各个工作模块最终的互相衔接。这样既缩短了时间，又节约了成本，同时还促进了各参与企业有效地配置自己的资源，以及虚拟企业整体资源实现充分的利用。

⑤ 虚拟企业通常在技术上占有优势。由于虚拟企业是集合了各参与方的优势，尤其是技术上的优势而形成的，因此，在产品或服务的技术开发上，更容易形成强大的竞争优势，使其开发的产品或服务在市场上处于领先水平，这一点是任何单个实体企业很难相比的。

⑥ 虚拟企业可以被看作一个企业网络。该企业网络中的每个成员都要贡献一定的资源，供大家共享，而且这个企业网络运行时的集合竞争优势和竞争力水平高于各个参与者的竞争优势和竞争力水平。

虚拟企业的上述特点决定了虚拟企业具有较强的适应市场能力的柔性与灵活性，各方优势资源集中更是催生出极强的竞争优势与竞争力。

11. 虚拟企业的基本作用

虚拟企业被认为是一种低成本、高反应和强适应能力的组织与竞争形式。其基本作用包括：

- 可以灵活适应不断变化的需求及现实情况；
- 可以有效利用资源；
- 可以将不同经营专长的企业构成商业联盟；

- 可以扩大虚拟企业成员的地域范围；
- 企业权力下放；
- 减少企业官僚作风；
- 善于抓住机会，可以接受环境的改变和不确定因素。

12. 虚拟生产、虚拟开发、虚拟销售和虚拟管理

（1）虚拟生产

虚拟生产是虚拟经营的最初形式，它以外包加工为特点，是指企业将其产品的直接生产功能弱化，把生产功能用外包的办法转移到别的企业去完成，而自己只留下最具优势并且附加值最高的开发和营销功能，并强化这些部门的组织管理。

例如，耐克公司本身没有一条生产线，而是集中企业的所有资源，专攻设计和营销两个环节，运动鞋的生产则放到人工成本较低的发展中国家进行。耐克公司因此成为世界上最大的运动鞋制造商之一。日本的索尼、松下等电器公司将一些销售的产品放在劳动力成本较低的国家生产，而公司总部则集中进行新产品的开发和营销战略的实施。

（2）虚拟开发

虚拟开发是指一些企业通过联合开发高技术产品，取得共同的市场优势，谋求更大的发展。例如，一些拥有不同关键技术并在市场上拥有不同优势的企业为了彼此的利益进行策略联盟，开发更先进的技术。

IBM 和 AMD 在 2003 年年初共同表示，为了跟上英特尔的研发速度，双方将联合开发下一代微处理器技术。当时，AMD 既缺乏英特尔具有的研发资金，也没有合作伙伴，很难迅速推出新产品；IBM 自身掌握的微处理器技术有限，很难保证在与英特尔的竞争中取胜。它们共同开发的特别微小的晶体管能够提高芯片的效率，降低芯片的生产成本。这次合作对双方都很重要，因为这能改变它们与英特尔竞争的形势。

（3）虚拟销售

虚拟销售是指企业总部与下属销售网络之间的"产权"关系相互分离，销售虚拟化，促使企业的销售网络成为拥有独立法人资格的销售公司。此类虚拟化的销售方式不仅可以节省企业总部的管理成本与市场推广费用，充分利用独立的销售公司的分销渠道以广泛推广企业的产品，促使企业总部致力于产品与技术的创新，不断提升企业品牌产品的竞争优势，而且可以推动销售公司的快速成长，网罗大批优秀的营销人才，不断扩展企业产品的营销网络。

美特斯邦威公司是实行虚拟销售的典型企业。该公司采取特许连锁经营的方式，通过契约将特许权转让给加盟店。加盟店在使用美特斯邦威公司统一的商标、商号、服务方式的同时，根据区域的不同情况分别向该公司缴纳 5 万~35 万元的特许费。

由此，美特斯邦威公司不但节省了大笔投资，而且通过特许费方式筹集了一大笔无息发展资金。美特斯邦威公司总部把精力主要用在产品设计、市场管理和品牌经营方面，并与香港、上海等地的著名设计师合作，每年推出约1000个新款式，取得了良好的经济效益。

（4）虚拟管理

虚拟管理是指在虚拟企业中，把某些管理部门虚拟化，虽然保留了这些管理部门的功能，但其行政组织并不真正存在于企业内部，而是委托其他专业化公司承担这些管理部门的责任。例如，企业可以不设人力资源部门，对员工的培训可以委托专门的培训机构完成。又如，许多外资企业将人力资源交给专业的人才管理中心管理，由人才管理中心负责工作调动、职称评定等工作。虚拟管理可为新组建、缺乏管理经验和管理人才的企业提供较大的帮助。

13. 虚拟企业的优势

与传统的企业组织形式相比，虚拟企业具有下列优势。

① 人才优势。现代通信与信息技术的使用大大"缩短"了世界各地的距离，区位不再是直接影响人们工作与生活地点的因素，这就大大拓宽了组织的人才来源渠道。虚拟企业可以动态地集聚和利用世界各地的人才资源，这为获得通常很难招聘到的具有专门技能的人才创造了条件，同时减少了关键人才的流失。

② 信息优势。虚拟企业成员来源区域广泛，因此虚拟企业能够充分获取世界各地的技术、知识、产品信息资源，这为保持产品的先进性奠定了基础。同时，虚拟企业成员可以采集各地顾客的相应信息，反馈顾客的需求，并能及时解决客户的相关问题，从而能够全面地了解顾客，有利于虚拟企业尽快设计和开发出能满足顾客需求的产品和服务，和顾客建立良好的关系。

③ 竞争优势。虚拟企业集聚世界各地的优秀人才，他们在各自的领域都具有知识结构优势，众多单项优势的联合，必然形成强大的企业竞争优势。同时，通过知识共享、信息共享、技术手段共享等，优秀虚拟企业成员好的经验、灵感能够很快在数字化管理网络内得以推广，实现优势互补和有效合作。数字化管理网络内良好的知识采集、筛选、整理、分析工具和机制，使众多不同渠道的零散知识可以迅速整合为系统的集体智慧，从而转化为竞争优势。

④ 效率优势。信息技术是高效组织企业应付环境变化的有效手段。虚拟企业利用网络、邮件、移动电话、可视电话会议等技术实现基本的沟通。据一些调查显示，虚拟企业成员之间可以及时地进行信息交流，从而缩短了信息沟通和交流所用的时间，确保企业管理者及时做出相对正确的决策。

⑤ 成本优势。虚拟企业打破了组织的界限，使得组织可以大量利用外部人力资源，从而减轻了组织内部的人工成本压力。在此基础上，组织可以大力精简机构，

重新设计组织构架，使人员朝有利于组织发展的方向流动，促使组织结构扁平化。此外，柔性的工作模式既减少了企业办公、聚集开会的费用，也减少了重新安置员工的费用，从而降低了管理成本。

14．虚拟企业使用的技术方法

虚拟企业使用的技术方法包括确定体系结构与组建虚拟企业的方法，技术集成和数据集成方法，生产计划与控制方法，面向订单的单元生产系统的构建、管理与控制方法，经营运作方法，合作伙伴的优化选择方法，以及信息网络环境的研究方法。

（1）确定体系结构与组建虚拟企业的方法

虚拟企业体系结构的组建涉及的问题和传统企业涉及的问题完全不同。由于虚拟企业成员的技术资源、人力资源、设备资源的分散性和虚拟企业成员关系的动态性，虚拟企业的体系结构和组建质量对其运行有重要影响，组建中的失误将会导致运行中的一系列问题，甚至丧失良机。因此，如何确定虚拟企业体系结构和组建虚拟企业就成为虚拟企业面临的关键问题。

（2）技术集成和数据集成方法

在敏捷制造环境中，企业可以利用现代通信技术将各种成熟的设计技术与制造技术进行集成，如利用并行设计方法将 CAD、CAPP、CAM、EDI 等加以有机集成，并将现有的各种加工设备的生产能力通过网络加以有效集成，从而达到缩短生产周期、提高质量、降低成本的目的。由于参与敏捷制造的各个企业所使用的设计制造平台不完全相同，因此信息和数据在异构平台的企业之间的转换技术应用就成为顺利实现异地设计、异地制造的关键。

（3）生产计划与控制方法

由于虚拟企业具有动态性，产品的制造资源分布于多个互无层级关系的生产单元和生产系统，因此，虚拟企业的生产管理和控制不同于传统企业的层级管理方式，虚拟企业必须考虑新的管理模式，必须对敏捷制造环境下，以项目为对象的制造资源重组机理。

（4）面向订单的单元生产系统的构建、管理与控制方法

敏捷制造中完成产品加工任务的基本单元是单元生产系统。在任务改变时，如何面向任务重新组织制造资源，快速形成新的生产单元，如动态单元和虚拟单元，以及如何管理和控制该生产单元子系统，特别是如何与整个敏捷制造系统的生产计划相协调，成为企业急需研究和解决的问题。

（5）经营运作方法

企业经营运作方法包括财务核算方法、质量控制方法、供应链管理方法，以及电子生产订单管理系统和电子商务系统的互联方法等。

（6）合作伙伴的优化选择方法

在虚拟企业中，产品是由多个企业合作生产的，每个企业都是整个生产链中的一环。在生产过程中，如果其中的一个环节出现问题，生产链就可能中断，从而影响整个生产过程。因此，合适的合作伙伴是保证生产链畅通的必要条件。因此，我们首先要解决合作伙伴的优化选择问题，也就是要在众多的企业中选出适合自己的企业，并结成虚拟企业。

（7）信息网络环境的研究方法

实现敏捷制造的生产模式的关键是建构一个通用、成本低、操作简单的网络通信系统。

15. 虚拟企业的组织特征和组织结构的设计原则

虚拟企业具有自组织的特征：自形成、自管理、自学习。在自组织中，所有的组织成员都是其所属组织的组织者，根据任务导向或某种共识，大家通过信息网络自行结合在一起，并相互协调自己与组织成员之间的关系，基于对任务、愿景的理解，相应的组织过程得以顺利实现。敏捷的公司是自组织的，企业能够迅速组织其资源和能力。虚拟企业的每个部分都具有独特的性质，每个要素都有自我优化、自我设计、自我创造和自我组织的自由，但都受到整个商业任务的制约。

虚拟企业的组织结构设计应遵循下列两个原则。

① 按核心能力划分虚拟能力团队。核心能力是一个整体，存在知识结构和技能结构，"结构"的存在为我们寻找"差异"提供了可能。这里的差异是指企业核心能力内在构造上的组成类别之间的差异。虚拟能力团队是指没有固定组织结构、明确任务目标和长期协作关系的类同能力的管理单位。根据任务需要，虚拟企业未来的业务方面和业务量并不具体，虚拟能力团队形成具有实际功能的小组。

② 根据任务组成临时运作网络和虚拟工作团队。没有任务时，虚拟能力团队处于分散、游离状态，一旦有任务，便立即形成虚拟工作团队。虚拟工作团队是由各个虚拟能力团队紧密形成的。在任务完成后，虚拟工作团队就解散。

16. 构建虚拟企业管理模式的基础

信息时代的管理模式可以作为构建虚拟企业管理模式的基础。在从工业时代向信息时代转变的过程中，管理模式在结构、控制等方面发生了巨大的变化。

（1）从顺序向并行的转变

序列化的生产过程使得各部门及各工序相互割裂，每一职能部门都有其特定任务，而对其他职能部门的运转缺乏正确认识。当各部门通过并行方式平行工作时，一种新的推动力就会产生。这不仅意味着各职能部门同时运转，更重要的是进行协作。新技术的发展使得企业更容易并行工作，将来自不同职能部门的人组建成多个任务组，处理复杂的市场问题。虚拟企业的运行建立在市场中多方主体参与的基础上，通过优势资源和信息的共享，延伸了各方的能力和战略意图。合作化否定内部化，使虚拟企业的资源协调能力增强，参与各方没有层级关系，彼此相互独立，自律与协商成为运行中的基本规则。

（2）从命令和控制到集中和协调的转变

虚拟企业以任务为导向，在自组织的虚拟工作团队中，任务的频繁变换和知识的专用性程度非常高，必须根据具体项目将领导的决策权转移给不同的人。在信息时代，环境的变化、知识的更新速度不断加快，任何领导都不可能具备长期适应项目的知识，所以固定领导制无法保证企业的适应性。

3.3.3 虚拟产业概述

随着高性能计算机与光电一体化等高新技术的发展，模拟、仿真这类过去难以做到的事情都变得易于实现。近年来，我国科学家完成的一项重大科技成果——中国数字人男1号，向我们显示了这方面的最新成果。今后，医学家就可以利用这个数字化虚拟人模型进行手术模拟、医学研究，以及其他医疗工程方面的开发。可见一项虚拟技术成果往往同时具有很大的实用价值和经济价值。所以以某个特定的物质形态和应用场景等来进行软件开发，是各行业探索产业信息化、信息产业化的一条可行之路。因此，本节主要从虚拟产品、虚拟产业、虚拟产业集群方面进行介绍。

1. 虚拟产品

简单地说，虚拟产品就是一种运用计算机技术把某一个物质形态或物理过程转换成可处理、可演绎的数字化市场适用品。它与我们通常说的"软件包"的区别在于：软件包是基于计算机、主要面向专业人员的技术类产品，如 Photoshop、3ds Max 等设计软件；虚拟产品是基于网络、主要面向普通用户的经济类产品，这恰恰是信息技术"通往"信息经济的一座"桥"。

2. 虚拟产业

大量的虚拟产品被开发出来，加之，各类公共网、专业网的建成，虚拟产业就形成了。虚拟产业是信息产业发展的一个结果，也是各行各业发展信息产业的一个成果。

在不久的未来，我坚信那些低效率、高消耗的经济发展模式可能会被数字化浪潮所淹没，取而代之的是网络智能经济模式。虚拟产业正是这种经济模式下的一个"影子"产业。虚拟产业既改造提高了原来各个产业、行业自身资源要素的品质，又有效调整了各个产业、行业之间生产与服务的运营结构，使之趋于合理、高效。

3. 虚拟产业集群

数据现已增列为生产要素，因此，它成为关键的创新输入，并全面介入资源配置过程，创新要素集聚和配置正加快从地理空间、物理空间转向虚拟空间、网络空间。同时，以跨界融合、协同联合、包容聚合为特征的数字化创新，驱动产业技术变革和组织变革，产业边界模糊化、产业集群虚拟化成为新经济时代下产业组织的发展新趋势。

（1）虚拟集聚的主要类型

技术创新的系统化、创新组织的网络化和产业组织的虚拟化，共同推动了基于传统地理空间的产业集聚向各类虚拟集聚演化与发展。

① 基于信息和通信技术的网络空间虚拟集聚。信息和通信技术是产业组织虚拟化与网络化的技术平台。分布在不同地区的企业利用信息和通信技术等，根据市场需求组成动态联盟，同时，在虚拟空间集聚的供应商、分销商、服务提供商、消费者等，应用互联网技术实时交换数字化信息或知识，持续为虚拟化的网络组织结构增值。

② 基于功能距离的地理空间虚拟集聚。产业链上强经济联系的企业由于其分工的垂直分离特征，因此，上下游企业不需要在地理空间范围内集中，而是基于功能距离表现为块状地理区域的集中分布，各区域块之间通过配套关系联动，呈现出基于功能距离、聚而不集的非邻近性地理空间虚拟集聚。

③ 基于实虚空间一体化的虚拟集聚。平台型经济正在重塑现代市场经济的微观基础，资源的边界由供给端拓展到需求端，产业的价值由平台、供给面和需求面共同构成，产业集聚的载体向实体地理空间和虚拟平台空间相结合转变，形成线上流动经济和线下地域经济紧密耦合的虚拟集聚新形态。

（2）虚拟产业集群的典型模式

基于集群的"聚集核"，虚拟产业集群可以划分为4类典型模式。

① 围绕数字化平台的虚拟产业集群。服务创新是数字化创新的主要特征之一，产、供、销之间的信息"孤岛"问题被解决，营利模式由单一性制造向全方位服务转变。依托亚马逊、阿里巴巴、COSMOPlat等数字化平台集聚的企业群体是其典型代表。海尔被业内评为打通端到端价值链的"灯塔工厂"。海尔推出的工业互联网平台COSMOPlat借助数字基础架构，建立以用户体验为中心的大规模定制和多边交互、增值分享的生态平台，赋能垂直行业数字化转型，已聚集超400万家企业。

② 围绕供应链的虚拟产业集群。数字化创新时代下的产业供应链具有网络型价值分工的特征，企业通过互联网信息系统，可突破企业组织在地理空间上的有形边界，在跨区域层面上形成高度专业化分工的上下游模块化虚拟产业集群。例如，美国苹果公司被Gartner评为"大师级"（Masters）全球供应链，它围绕手机生产建立了高度柔性化、全球多领域分工的产品制造体系，涉及全球800余家企业。

③ 围绕技术标准的虚拟产业集群。技术标准是高技术企业网络集聚的重要纽

带。2016年，全球移动通信系统协会联合华为、Vodafone（沃达丰）、中国移动、中国联通等20家企业共同成立NB-IoT Forum，各参与企业主体相互交换数字化编码知识，各自将自身独特的产品或服务价值添加到虚拟集群网络，推进NB-IoT技术领域的标准制定、应用推动、技术实现与资源优化配置。

④ 围绕产业园区的虚拟产业集群。传统产业园区突破固有的地域和产业限制，形成实体园区与虚拟园区相结合的新型园区，该新型园区在地理空间上没有明显的空间约束，通过契约和网络等联结相关产业，开展跨领域和跨区域链式合作。广州人工智能与数字经济试验区集聚了腾讯、阿里巴巴、小米等互联网头部企业，借助其生态链优势发挥地理空间集聚和虚拟空间集聚的双重效应。同时，它与广州国际生物岛密切协作，形成IT和BT（生物科技）集群跨越园区边界联动发展的格局。

第 **4** 章

企业数智化转型

　　人类社会正从信息化、数字化时代迈向智能化时代，这引起社会行为习惯和思维方式的巨大转变。为了适应时代的变化，提高竞争力，企业的经营管理也必须进行相应的转变——数智化转型。本章从战略、组织、营销、产品和生态 5 个方面分析企业的经营管理，以及企业在智能时代面临的困境，并设计企业数智化转型落地的方法。

4.1 企业战略理论

　　大到国家，小到企业，都会制定一系列战略和规划，用于指导今后一段时间的行为。企业是社会经济的重要组成部分，只有制定适合自己的战略，才能在市场竞争中取得优势。什么是企业战略？企业如何制定战略？企业战略管理面临哪些问题？

4.1.1 企业战略概述

　　企业战略是以企业未来为主导，为寻求和维持持久竞争优势做出的有关全局的精心筹划。从企业战略的定义来看，企业战略具有全局性、指导性、长远性、竞争性和风险性的特点。一般认为，企业战略有 4 个构成要素：经营范围、资源配置、竞争优势和协同作用。企业是从事某个领域生产经营活动的组织，因此，经营范围是企业战略的首要因素，需要根据企业所处的宏观环境、行业环境、提供的产品或服务，以及市场等来确定。在实施战略时，企业必须对资源进行配置，使得战略能够顺利执行。资源贫乏或配置不合理，将会使战略的执行效果大打折扣，甚至失败。大多数成功企业在因内外环境变化而调整战略时，都要对已有的资源配置进行相应的调整，以支持企业总体的战略目标。竞争优势是指企业通过确定经营范围和资源配置，形成的相对竞争对手的比较优势，从而实现企业的持续发展和战略优势。在实施企业战略时，企业内部力量和外部力量需要协同，才能使企业总体资源的收益大于各部分资源收益之和。

　　企业是一个层级结构，因此，企业战略也是分层级的，一般可以分为 3 个层次：公司战略、竞争（经营）战略和职能战略，如图 4-1 所示。一般来说，企业高层管理者负责制订公司战略，中层管理者负责制订竞争战略，基层管理者负责制订职能战略。

公司战略　　　　　　　　　　企业目标

竞争战略　　　战略业务1　　战略业务2　　战略业务3

职能战略　研发　　制造　　市场　　人力资源　　财务

图 4-1　企业战略的层次

1. 公司战略

公司战略是企业总体的、最高层次的战略，决定了企业从事或想从事什么业务，以及如何从事这些业务。公司战略基于企业的使命和目标，以及组织中每个职能部门所充当的角色，一般要解决两个问题：

① 从企业全局出发，企业根据内部条件和外部环境的变化，选择企业经营的范围和领域，也就是解决企业的业务是什么，以及企业应该如何经营业务的问题；

② 在确定从事的业务范围后，企业需要解决如何在各项业务之间进行资源分配，以实现企业整体战略意图的问题。

公司战略有 3 种主要类型：成长战略、稳定战略和更新战略。

① 成长战略是企业通过现有业务或新业务来增加市场数量或提供的产品数量。成长战略可能会增加企业的收入、员工数量或市场份额。成长战略可通过集中化、纵向一体化、横向一体化或多元化来实现。采用集中化的企业聚焦自身的主营业务，提高所提供的产品数量或主营业务所服务的市场数量。纵向一体化包含前向一体化、后向一体化或者两者兼具。前向一体化的企业成为自己的经销商，从而控制自身的输出；后向一体化的企业成为自己的供应商，从而控制自己的投入。横向一体化是企业通过与竞争者结合来实现成长。多元化可以是相关多元化，也可以是非相关多元化。相关多元化是指一家企业与处于不同但相关行业中的其他企业的结合；非相关多元化是指一家企业与处于不同且不相关行业中其他企业的结合。

② 稳定战略是指使企业继续从事当前的各种业务。这种战略包括通过继续提供同样的产品或服务以满足同样的消费者，维持市场份额，以及维持企业当前的业务运营。这样做的企业不会成长，也不会衰退。

③ 更新战略是指企业为了适应内外环境变化而进行战略调整。更新战略主要有两种类型：紧缩战略和转向战略。紧缩战略是一种用以解决轻微绩效问题的短期更新战略。这种战略有助于企业稳定业务经营，使企业的资源和能力得以恢复，并为再次竞争做好准备。当面临更为严重的问题时，企业需要采取比较激进的行动方针：转向战略。应用这两种战略，企业管理者应该做两件事：削减成本和重组企业

运营。

当企业经营多项业务时，企业管理者可采用由波士顿咨询公司开发的波士顿矩阵（BCG Matrix）来管理公司战略，如图4-2所示。波士顿矩阵的横向表示市场份额，纵向表示市场增长率。通过SWOT分析方法，企业可以评估某种业务，评估结果可以是4种不同类型（"明星"业务、"金牛"业务、"问号"业务和"瘦狗"业务）之一，放入4个象限中的某一象限。

"明星"业务表示高市场份额和高市场增长率的业务；"金牛"业务表示高市场份额和低市场增长率的业务；"问号"业务表示低市场份额和高市场增长率的业务，具有投机性和较大的风险；"瘦狗"业务表示低市场份额和低市场增长率的业务。"瘦狗"业务应该被出售或清算，因为它不仅市场份额低，而且市场增长潜力也低。"金牛"业务是企业现阶段收益很大，但是增长潜力不大的业务。企业应该限制"金牛"业务的新投资，并把该业务产生的大量资金投资于"明星"业务和具有强劲潜力的"问号"业务，以提高市场份额。对"明星"业务的投资有助于企业利用市场的增长维持高市场份额，但随着市场的成熟和市场增长率的下降，"明星"业务最终成为"金牛"业务。对于企业管理者，最困难的决策在于"问号"业务，有些"问号"业务需要被出售，有些"问号"业务可以发展成为"明星"业务。

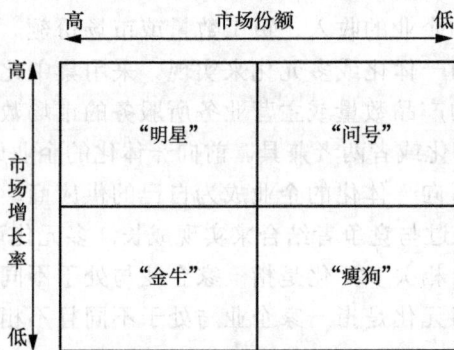

图4-2 波士顿矩阵

2．竞争战略

竞争战略是指企业在每种业务上开展竞争的策略。对于一个仅有某种业务的小型企业或者一个并没有多元化产品或市场的大型企业，它的竞争战略描述的是如何在其主营业务或主要市场上展开竞争。然而，对于拥有多元化业务的企业，每一种业务都将有其自身的竞争战略，该竞争战略明确了它的竞争优势、所提供的产品或服务、目标顾客等。当一个企业有几种不同的业务时，那些形成自身竞争战略的单一的、独立的业务被称为战略业务单元。

企业管理者需要根据自身的竞争优势来制定有效的竞争战略。竞争优势是使本组织区别于其他组织的特征，这种与众不同的特征来自组织的核心竞争力、比其他组织做得更好的方面，或者来自组织独有的资源。

如果战略管理做得不好，那么竞争优势就会慢慢失去。如何保持竞争优势呢？美国哈佛商学院教授迈克尔·波特解释了企业管理者如何创造持续竞争优势。为了做到这一点，企业管理者通常需要采用"五力"模型——新进入者的威胁、替代者的威胁、买方议价能力、供应商议价能力和现有竞争对手，对行业进行分析。任何一个行业里都存在这 5 种力量，这 5 种力量共同影响着一个企业的竞争优势。

在完成了对这 5 种力量的评估和 SWOT 评估后，企业管理者就需要选择一种匹配的竞争战略。这 5 种力量中蕴含了 3 类竞争战略思想：成本领先战略、差异化战略和集中化战略。"五力"模型和竞争战略的关系如表 4-1 所示。

表 4-1 "五力"模型和竞争战略的关系

行业内的 5 种力量	竞争战略		
	成本领先战略	差异化战略	集中化战略
新进入者的威胁	具备"杀价"能力以阻止潜在对手进入	培养客户忠诚度以挫伤新进入者的信心	建立核心能力以阻止潜在对手的进入
买方议价能力	具备向大买家出更低价格的能力	市场选择少，从而削弱大买家的议价能力	大买家没有选择余地，就使得大买家没有议价能力
供应商议价能力	更好地抑制大卖家的议价能力	更好地将成本转移给顾客	进货量低，供应商议价能力就高
替代者的威胁	能够利用低价"打击"替代品	让顾客习惯一种特有的产品或服务，从而降低被替代的风险	特殊产品和核心能力能够降低替代品的威胁
现有竞争对手	更好地进行价格竞争	培养顾客的品牌忠诚度，从而提高顾客粘性	竞争对手无法满足集中差异化顾客的需求

3．职能战略

职能战略是指在特定的职能管理领域制定的策略。在既定的战略条件下，职能部门根据职能战略采取行动，集中各部门的潜能，支持和改进企业战略的实施，保证企业战略目标的实现。与公司战略或竞争战略相比，职能战略更为具体和详细。职能战略是由一系列方案和计划构成的，涉及经营管理的所有领域，包括财务、人事、研发、销售、公关等部门。职能战略是竞争战略的延伸和细化，使竞争战略更为具体、充实与完善。公司战略和竞争战略偏向于做正确的事，职能战略的作用就是把事做好。

4.1.2 企业战略管理的过程

战略管理是一个为实现企业未来目标而制定决策和实施这些决策的动态管理过程，一般包含确定目标、环境分析、制定战略、实施战略和战略控制5个部分。

1. 确定目标

每一个企业都有自己的目标与使命。企业确定了自己的目标与使命，也就界定了企业的业务。企业的目标不是静态的，而是随着社会发展、科技发展、行业发展、企业发展而不断变化的。

2. 环境分析

企业的经营管理处于一个非常复杂的环境中，影响企业发展的因素不仅包括企业的外部环境，还包括企业的内部环境。我们一般把企业所处的环境分为4个层次：宏观环境、行业环境、竞争环境和内部环境，如图4-3所示。

宏观环境分析一般采用PEST分析法，即分析政治与法律因素、经济因素、社会因素以及技术因素对企业的影响。政治与法律环境的变化显著地影响着企业的经营行为和利益。政治与法律因素主要是指对企业经营活动产生重要影响的政治力量，同时包括对企业经营活动加以规范和限制的法律法规。具体来说，政治因素包括国家的政局与政策的稳定性、国际关系

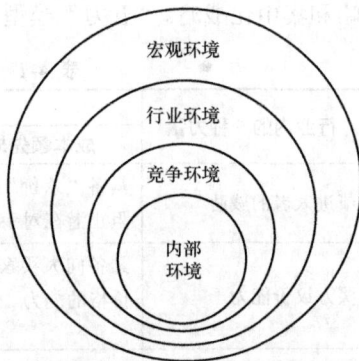

图 4-3 企业所处环境层次

等方面。宏观环境的变化会给企业的经营带来一些变化。经济环境包含宏观经济的总体状况、经济软环境和基础设施。宏观经济的总体状况主要用国内生产总值（GDP）及其增长的速度来衡量，它反映一个国家的经济发展总体水平、国民富裕程度以及经济发展的气候。如果一个国家的国内生产总值水平低、增长缓慢，那么企业的经营环境就不好。经济软环境包括国家的经济政策、国家利率与汇率水平、失业率、消费者可支配的收入水平和通货膨胀率等因素。当国家实行扩张性或紧缩性的货币政策时，企业的融资成本和经营成本会发生变化；国家的产业政策会对处于某一行业的企业产生深远的影响；国家的税收政策及税率会对企业的经营成本产生重要的影响。基础设施主要包括交通、供水供电系统、商业服务等，这些基础设施既决定着企业能否保证生产材料的充足和产品及时运输，也决定了企业是否能够及时获得市场信息。企业存在于一定的社会环境中，同时企业又是

由社会成员组成的一个小的社会团体，不可避免地受到社会环境的影响和制约。社会因素包括社会文化、社会习俗、社会道德观念、社会公众的价值观念、职工的工作态度和人口统计特征等。这些因素不仅会影响人们的消费方式和消费偏好，还会影响企业的经营方式。技术进步的深度和广度影响社会的许多方面，它的影响主要来源于新产品、新工艺和新材料。技术因素包括所有参与创造新知识以及将新知识转化成新产品、新材料的组织机构和行为。技术水平及其产业化程度是衡量一个国家或地区综合力量与发展水平的重要指标。随着技术的巨大进步，理论成果转化为可应用产品的时间已大大缩短，企业的研究和开发费用急剧增加。

与宏观环境相比，行业环境对竞争优势和超额利润的影响更直接。一个行业的竞争程度和行业利润潜力受到"五力"模型中 5 个因素的影响。行业的新进入者通常会给行业内的原有企业带来更大的威胁：首先，它们增加了行业总产出，从而导致整个行业的收入和回报降低；其次，新进入者常常拥有相当多的资源，很想占有更大的市场份额。企业进入一个行业的可能性是由两个因素决定的：进入障碍和来自行业内企业采取"报复"行为的预期。如果企业发觉要进入一个新的行业很困难，或者觉得进入一个新的行业将处于竞争劣势，那么这个行业就存在进入障碍。如果买方或卖方强势（买方或卖方的议价能力强），则企业的利润会下降。替代品是指那些与本行业的产品有同样功能的其他产品。如果替代品的价格比较低，就会限制本行业的利润水平。如果顾客面临的转换成本很低，或者替代品的质量更好，那么替代品的威胁就会很强。每个行业都存在竞争，一个企业的行为必然会引发竞争反应。企业一般采取的竞争手段有价格战、广告战、产品开发和创新等。如果一个行业内有大量的或均衡的竞争对手、行业增长缓慢、高固定成本或库存成本、行业内的产品没有差别或没有行业转换成本等，那么这个行业里的竞争就会非常激烈。

竞争对手是企业经营行为直接的影响者和被影响者，这种直接的互动关系决定了竞争对手分析在外部环境分析中的重要性。分析竞争对手的目的在于了解每个竞争对手可能采取的战略行动以及其他企业的反应。对竞争对手的分析涉及以下 4 个方面：竞争对手的长远目标、竞争对手的现行战略、竞争对手的假设和竞争对手的能力。

内部环境会随着社会、科技的发展而变化。传统的条件和因素，如劳动力成本、获取原材料的能力，虽然仍然可以为企业创造一种竞争优势，但是，这些因素所能带来的竞争优势正在逐渐缩小。在新的竞争环境中，资源、能力和核心竞争力组成了企业的内部环境，它们可能会比外部环境中的条件对企业的业绩产生更重要的影响。因些，企业只有把核心能力和机会相结合，才能获得巨大的竞争优势和超额回报。资源是指投入企业生产过程中的生产要素，如资本、设备、员工的技能、专利、财务状况和经理人的才能。资源可以是有形的，也可以是无形的。无形资源很难被竞争对手了解、购买、模仿或替代，因此，企业更愿意把无形资源作为自身能力和核心竞争力的基础。而且，企业可以对无形资源的价值进行深度挖掘。能力来源于资源的有效整合，也是企业核心竞争力的来源。通过有形资源和无形资源的不断融合，企业所拥有的能力是企业能够利用洞察力和智慧创造并利用外部环境的前提，进而建立持久竞争优势。能力通常在某种职能领域或某种职能领域的部分领域得到发展。有研究表明，企业在某个职能领域建立起来的竞争能力和企业的经营状况相关。因此，企业必须致力于在多元化企业里建立一种职能性的核心竞争能力。迈克尔·波特提出的"价值链"是一种有效分析企业能力的工具。迈克尔·波特把企业的活动分成两类：一类是基本活动，主要涉及如何将输入有效地转换为输出，这部分活动直接与顾客发生各种各样的联系；另一类是支持性活动，主要体现为一种内部过程，如图4-4所示。核心竞争力是指那些能为企业带来相对于竞争对手的竞争优势的资源和能力。并不是所有的企业资源和能力都有竞争价值并能带来竞争优势。每一种核心竞争力都是能力，但并不是每一种能力都是核心竞争力。一种能力要

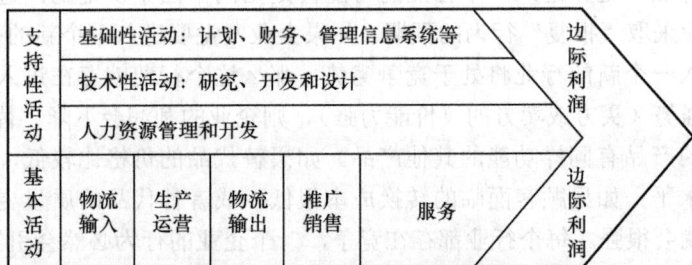

图 4-4　迈克尔·波特提出的价值链

成为核心竞争力，从客户的角度出发，必须是有价值且不可替代的；从竞争者角度出发，必须是独特且不可模仿的。也就是说，判断一种能力是否是核心竞争力，我们要看该能力是否满足4个标准：有价值、稀缺、不可模仿和不可替代。

3．制定战略

当企业管理者制定战略时，他们应该考虑外部环境的实际情况，以及他们可获得的资源和能力，从而设计出有助于组织实现目标的战略。

企业的公司战略、竞争战略和职能战略是企业战略不可或缺的组成部分，它们相互联系、相互配合，每一层次的战略构成下一层次的战略环境，低一层次的战略又为高一层次的战略的实现提供保障和支持。

4．实施战略

企业一旦制定了合适的战略，就必须正确实施战略。这样才能在竞争中取得优势。然而，即使是处于最佳运作状态中的企业，也经常会达不到自己原先所设定的目标，因为在战略实施中会遇到一些非常关键的制约条件，如人力资源、组织结构

等。美国管理学者博诺玛（T. V. Bonoma）用一个 2×2 矩阵来阐明战略制定和战略实施的关系，如图 4-5 所示。从中可以看出，即使企业制定了一个合适的战略，如果实施得不好，也会导致战略失败。有效的战略实施不仅可以保证一个合适的战略成功，还可以挽救一个不合适的战略或减少它对企业造成的损失。

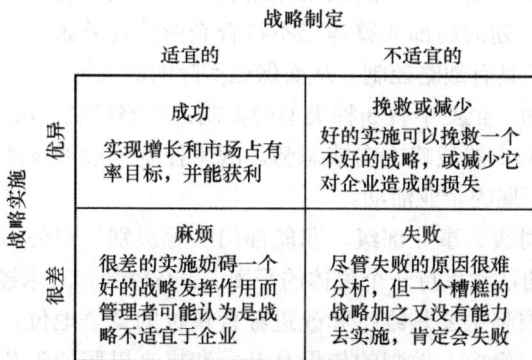

<table>
<tr><td colspan="3" align="center">战略制定</td></tr>
<tr><td></td><td align="center">适宜的</td><td align="center">不适宜的</td></tr>
<tr><td rowspan="2">优异</td><td>成功
实现增长和市场占有率目标，并能获利</td><td>挽救或减少
好的实施可以挽救一个不好的战略，或减少它对企业造成的损失</td></tr>
<tr><td>麻烦
很差的实施妨碍一个好的战略发挥作用而管理者可能认为是战略不适宜于企业</td><td>失败
尽管失败的原因很难分析，但一个糟糕的战略加之又没有能力去实施，肯定会失败</td></tr>
</table>

（注：左侧纵轴标注"战略实施"，分为"优异"和"很差"两格）

图 4-5　战略制定和战略实施的关系图

战略实施过程中会遇到各种各样的问题。美国学者亚历山大曾经对 93 位经理人做过一个调查，一半以上的经理人认为他们在战略实施过程中遇到过以下 9 个方面的问题：战略实施的实际时间总是超过原来预计的时间；各职能部门之间的协调不力；企业内外的日常事务分散战略管理者的注意力，干扰战略的实施；员工和管理者的能力不强；管理者不能控制的各种环境因素发生不利变化；职能部门的领导方式不当；对底层员工的培训和管理不当；对关键项目和任务的定义不清；管理信息系统对企业内外各种活动的监控不够。

战略实施一般有 3 个相互联系的阶段：启动阶段、计划阶段、执行阶段。在启动阶段，企业管理者要研究如何将企业战略的理想变为企业大多数员工的实际行动，调动大多数员工实现新战略的积极性和主动性。企业要让绝大部分甚至所有员工都充分地认识与理解新战略，只有大多数员工理解并支持新战略，这一战略才能得以实施。计划阶段就是将企业经营战略方案具体化，依据战略方案和战略重点，规定任务执行顺序，进一步明确工作量和期限。没有具体的实施计划，再好的战略也是无法实施的。企业各层次的管理者在制订计划时，都应对企业内部组织进行全面考察，并在企业总体战略的指导下，提出具体实施的项目方案，制订执行工作方案的详细工作程序。在执行阶段，企业根据经营战略，设计相应的组织结构，调整各种可以利用的资源，进行再分配，建设良好的企业文化激励制度，以及良好的内部沟通机制，这样有利于战略的成功实施。

5. 战略控制

战略管理的基本假设是所选定的战略将实现企业的目标。但是，战略实施过程中经常会出现下列两个方面的问题：一方面，企业中每个人会由于缺乏必要的能力、认知和信息，对所要做的工作不甚了解，或者不知道如何做得更好，从而出现行为上的偏差；另一方面，由于原来的战略计划制定不当或环境的变化与原来的预测不同，因此造成战略计划的局部或整体已不符合企业的内外条件。因此，一个完整的战略管理过程就必须具有战略控制，从而保证实际的成果符合预先期望的目标要求。

劳瑞格等人认为，企业中有 3 种类型的控制：战略控制、战术控制和作业控制。战略控制涉及企业基本的战略方向或态势。战术控制一般涉及战略计划的实施和执行。作业控制涉及短期的企业活动。

战略控制有公司级、事业部级、职能部门级等级别。在公司级，控制的重点是使公司内各种各样的活动保持一个整体的平衡，战略控制和战术控制是主要的控制方式。在事业部级，控制主要是维持和改进经营单位的竞争地位。因此战术控制占主导地位。在职能部门级中，控制的作用是开发和提高以职能为基础的显著优势与能力。由于其时限较短，因此，作业控制和战术控制是主要的控制方式。根据控制的这种层次结构，战略管理人员应确保控制的这 3 个层次能够融合在一起，正确运作，并依据不同的管理角度或范围，侧重于不同的控制方式。

无论是哪一种类型的控制，控制的过程基本上是一样的，即将实际工作成绩与评价标准进行对比。如果二者的偏差没有超出允许的范围，则不需要采取任何修正行动。反之，如果实际工作成绩与评价标准的偏差超出了允许的范围，则应找出原因，并采取纠正措施，以使实际工作成绩回到标准范围之内。在控制过程中，预期的结果，即长期或短期目标，在战略制定过程中就已经确立了。评价标准是一个参照物，用以衡量企业是否达到了它所预期的目标。评价工作成绩发生于将控制系统的输出与评价标准相比较的时候。如果输出与评价标准不符，则必须采取纠正措施。这些措施涉及的范围很广，如改变预期结果（目标）、战略、企业的组织结构或变更管理班子等。此外，如果控制系统表明企业的活动达到评价标准，就无须采取纠正措施。

4.1.3 企业战略管理问题

企业管理者面临的战略管理问题是如何兼顾战略的灵活性与稳定性。战略要有一定的稳定性，这个比较好理解，因为战略如果经常变，企业也经营不下去。但是，现代社会在数字化、智能化的支撑下，其变化和发展越来越快，如果一个企业的战略不能随之而动，企业也很难经营下去。因此，企业管理者在发现外部环境出现重大变化时，要迅速投入资源，或者，当发现某些战略决策无效时，需要立即察觉到。保持战略灵活性的难点在于企业如何提前觉察到变化或者某些战略决策无效。一般情况下，我们获取信息都有一定的滞后性，而且有些变化可能只是暂时的，不是长久的，等等，这些因素都严重制约了战略的灵活性。

现代社会是一个万物互联的社会，每时每刻都会产生大量的数据，企业的有效环境数据被大量的其他数据所淹没。因此，企业管理者需要从大量的数据中找到企业战略所需要的有效数据，从而实现有效的战略管理。但是，这无疑是一个繁重的工作，而且容易遗漏或过于关注不太重要的数据，因此，企业需要有能够自动挑选数据、排序数据，甚至直接判断战略与企业当前匹配程度的工具。

4.2 企业组织的数智化转型

我们每个人都处于某些组织中，如家庭、学校、企业等。不同的组织有不同的组织目的、形式，同一个人在不同组织中承担的责任和义务不一样。作为市场经济主体的企业，其组织是什么？如何设计组织结构？组织设计面临哪些挑战？本节回答这些问题。

4.2.1 企业组织概述

组织是为实现某个特定目的而对人员的精心安排。这个定义有3层含义：首先，组织有一个明确的共同目标；其次，每个组织都由人组成，有人来完成工作以实现组织的目标；最后，所有组织演化出一个精密的结构，使得组织成员能够完成工作。组织可能是开放和灵活的，没有具体的工作职责或不需要严格遵循特定工作安排。组织也可能是传统的，具有定义清晰的条例、规定、工作描述。

组织的实质是进行协作的人的集合体。组织的管理职能主要是设计、形成、保持一种良好的、和谐的集体环境，使人们能够互相配合、协调行动，以获得优化的群体效应，使得合作的人在实施计划的过程中能产生比个体总和更大的力量、更高的效率。组织高效化有4个衡量标准：

① 管理效率高，层次简明合理，很少出现"扯皮"现象；

② 信息传输迅速而准确，使组织的领导者能及时掌握最新情况，做出相应决策；

③ 人员任用合理，人人都能在自己的岗位上充分发挥作用，人与人的关系和谐、融洽；

④ 组织的整体目标和计划已被分解，使目标和计划的完成有了切实保障。

企业的组织形式随着生产、技术和经济的发展而不断演变，经历了一个由简单到复杂的过程。企业的组织结构的基本形式：直线制组织、职能制组织、直线职能制组织、事业部制组织、矩阵制组织、多维组织、横向型组织、网络结构组织和虚拟企业组织。

① 直线制组织是工业发展初期企业采用的一种简单的组织结构，其主要特点是组织内上级管理层对下级管理层按垂直系统进行管理。信息的沟通和传递只有一条直线通道。一个下级只接受一个上级的命令，而组织内不设立专门的职能机构。直线制组织的优点是结构简单、权责分明、指挥与命令统一、联系便捷、决策迅速、用人较少、费用较低、工作效率较高，其缺点是组织内信息沟通不顺畅、不符合"例外管理"原则要求。这种组织形式只适用于那些产品单一、供销渠道稳定、工艺过程简单、规模较小的企业。

② 职能制组织是按分工负责原则组成的机构，各级行政部门内都设有相应的职能机构，这些职能机构在自己的业务范围内有权向下级下达命令和指示。因此，下级行政负责人除需要服从上级行政负责人的指挥以外，还要服从上级职能机构的指挥。职能制组织的优点是将管理工作按职能分工，符合了现代管理工作分工较细的特点；组织内部的信息沟通顺畅；提高了管理的专业化程度，减轻了各级负责人的工作负担。职能制组织的缺点是妨碍组织的集中统一指挥，不利于明确划分各级行政负责人和职能科室的职责权限；弹性较差，易于对调整、改革产生一种自发的抗拒倾向；在工作人员缺席的情况下，易导致工作无法继续进行。

③ 直线职能制组织是在综合上述两种组织结构的优点的基础上形成的一种组织结构。它以直线制组织为基础，在各级生产行政负责人之下设置相应的职能部门，分别从事专业管理。组织结构以直线管理为主，职能部门根据授权拟订相关的计划、方案，并下达有关命令。这种组织形式既综合了直线制组织和职能制组织的优点，又在很大程度上克服了它们的缺点。直线职能制组织在保持直线制组织便于统一指挥的优点的基础上，吸收了职能制组织发挥专业管理部门作用的长处，从而提高了管理工作效率，为发挥生产行政指挥系统的作用提供了组织保证。直线职能制组织的不足之处是各职能部门之间横向联系不畅，容易发生脱节和矛盾。特别是当各职能部门分别隶属于不同的行政负责人时，仍然存在多头领导问题。

④ 事业部制组织是一种分权组织形式。它是在集中指导下进行的分权管理，是在职能制组织和直线职能制组织结构的基础上，为克服二者的缺点而发展起来的组织形式，是现代社会化大生产发展的必然趋势。其特点是把企业的生产经营活动按照产品种类或地区划分，建立事业部。各事业部实行相对独立的经营，有独立的产品或市场，实行独立核算，每个事业部都是一个利润中心。按集中决策、分散经营的原则，公司最高管理机构负责重大政策的制定，掌握影响公司成败的重大问题的

决策权，如财务控制、重要管理人员的任免、基建投资等。事业部经理根据公司的指示，统一领导其主管的事业部的工作。事业部制组织的优点是有利于企业最高管理层摆脱日常的行政管理工作，致力于企业的战略决策和长远规划；有利于发挥各事业部生产经营的主动性和积极性，根据市场变化灵活地组织生产经营活动；有利于提高管理人员的专业能力和领导能力，以及企业的稳定性和对环境的适应性。其缺点是职能机构重复设置，容易造成人、财、物的浪费；职权下放过多，企业最高管理层的控制能力有所削弱，不利于全局协调；实行独立核算，容易使各事业部产生本位主义，忽视企业的整体利益和长远发展。

⑤ 矩阵制组织是由纵横两套管理系统组成的矩形形态的组织结构。一套管理系统是按指挥职能划分的垂直领导系统，另一套管理系统是按项目（产品或工程）划分的横向领导系统，二者组成一个矩形结构。矩阵制组织一般是为完成某项特别任务、开发新产品或为完成某项工程而设立的。项目小组成员来自各职能部门，任务一旦完成，便回原职能部门执行别的任务，也就是说，项目小组是暂时的。在项目进行过程中，项目小组成员必须接受双重领导，既要接受项目小组的领导，又要接受原职能部门的领导。矩阵制组织的优点是具有很大的弹性和适应性，可以根据工作的需要，集中各种专门的知识和技能，短期内迅速完成重要任务；由于在项目小组中集中了各种人才，便于知识和意见的交流，因此能够促进新的观点和设想的产生；由于成员来自不同的职能部门，因此项目小组的活动还能促进各个部门间的协调和沟通。其缺点是成员位置不固定，有时缺少主人翁精神；员工受双重领导，有时不易分清责任，从而降低了工作的积极性。

⑥ 多维组织结构是矩阵结构的进一步发展，是近年来为适应新形势而产生的一种新的管理组织形式——在一个企业的组织机构中可包含三四个职能不同的管理机构，使企业能够易于协调、提升效率。其结构一般分 3 维：按产品划分的事业部，是产品利润中心；按职能划分的专业参谋部门，是专业成本中心；按地区划分的管理机构，是地区利润中心。在这种组织制度下，事业部经理不能单独做出决策，而是由产品事业部经理、专业参谋部门代表和地区部门代表共同组成产品事业委员会，对各类产品的产销工作进行领导。这样，三个部门的管理方法就能较好地结合起来。地区以利润为中心的管理与专业参谋部门以成本为中心的管理较好地结合起来，不仅协调了三者之间的矛盾，还有助于及时互通情报、共同决策。这种组织结构形式适用于跨国公司或规模巨大的跨地区公司。

⑦ 横向型组织的出现是因为随着计算机和互联网的广泛运用，信息的传递与沟通导致企业中层管理作用被削弱，管理层次必然随之减少，组织结构逐渐由锥形结构转向扁平结构。横向型组织的特征是围绕工作流程而不是部门职能来建立结构，传统部门的边界被打破，纵向的层级结构组织扁平化，可能只在传统的支持性职能

部门，如财务、人力等，存留少量高级管理者，把管理的任务委托到更低的层级。

⑧ 网络结构组织是随着新技术的发展和企业成本竞争的加剧而出现的一种新型组织结构，它对外部环境具有很强的适应能力和应变能力。网络结构组织有一个中心组织，组织的主要工作是创造一个关系网络，能与许多独立的设计者、制造商、代理销售商保持联系，并依靠他们以合同形式来执行相应的职能。也就是说，网络结构组织中的大部分职能是从组织外"购买"来的。这给企业高层管理者提供了高度的灵活性，使该组织能集中精力做好它擅长的事。网络结构组织并不适用于所有企业，它比较适合那些生产过程中需要大量廉价劳动力的组织，如服装生产企业。网络结构组织需要借助计算机获取大量的信息，需要与其他组织保持直接、经常的相互联系和交流，这样它才能运行。其本质是利用优先获得的最佳资源的信息，依靠其他组织生产、销售的能力，从而获得较大的收益。它的优点是运营成本低、效率高，以及适应能力和应变能力强。其缺点是外协单位的工作质量难以控制，创新产品的设计容易被他人窃取。

⑨ 虚拟企业组织是指把不同地区的资产迅速组成一种没有"围墙"，跨越空间的企业组织。它依靠电子网络手段形成统一指挥的经营实体，并能以最快的速度推出高质量、低成本的新产品。虚拟企业有下列两种基本形态。

- 一种是机构虚拟企业，这种企业没有有形的结构，通过信息网络和契约关系把相关的、分布于不同地方的资源连接起来，员工可以通过信息网络在任何地方以任何方式商讨工作，即在信息技术下，原有的实体企业改变了形式。
- 另一种是功能虚拟型企业。这种企业虽然在运作时有完整的功能，但在企业内没有完整执行这些功能的组织。这类企业仅在内部保留核心或关键功能，而其他功能则被精简，管理者可根据业务需要，借助外部企业实现这些功能。

4.2.2 组织设计

组织设计是指从战略的功能定位出发，进行组织结构、治理结构、责权体系、管理流程、业务流程和控制体系等的设计。组织设计要避免机构重叠、头重脚轻和人浮于事；组织内的权利应相对集中，实施"一元化"管理；使各部门、各环节、组织成员组合成高效的结构形式。

组织设计一般有下列 8 个步骤。

① 确立组织目标：通过收集及分析资料，进行设计前的评估，以确定组织目标。

② 划分业务工作：一个组织是由若干部门组成的，根据组织的工作内容和性

质，以及工作之间的联系，将组织活动组合成具体的管理单位，并确定其业务范围和工作量，进行部分的工作划分。

③ 提出组织结构的基本框架：按组织设计要求，决定组织的层次及部门结构，形成层次化的组织管理系统。

④ 确定职责和权限：明确规定各层次、各部门，以及每一职位的权限、责任，一般用职位说明书或岗位职责等文件形式表达。

⑤ 设计组织的运作方式：包括联系方式的设计，即设计各部门之间的协调方式和控制手段；管理规范的设计，确定各项管理业务的工作程序、工作标准和管理人员应采用的管理方法等；各类运行制度的设计。

⑥ 决定人员配备：按职务、岗位及技能要求，选择配备恰当的管理人员和员工。

⑦ 形成组织结构：对组织设计进行审查、评价和修改，并确定正式组织结构和组织运作程序，颁布实施。

⑧ 调整组织结构：根据组织运行情况及内外环境的变化，对组织结构进行调整，使之不断完善。

组织设计的结果是形成组织结构。组织结构的模式可用以下 3 种方式来表示。

① 组织图：也称组织树，用图形表示组织的整体结构、职权关系和主要职能。组织图一般描述下列几种组织结构和管理关系方面的信息：权力结构、沟通关系、管理范围及分工情况、角色结构和组织资源流向等。

② 职位说明书：说明组织内部的某一特定职位的责任、义务、权力及其工作关系的书面文件，包括职位名称、素质能力要求、工作内容和工作关系等。

③ 组织手册：职位说明书与组织图的综合，用以说明组织内部各部门的职权、职责，以及每一个职位的主要职能、职责、职权及相互关系。

组织设计只有遵循一定的原则和依据，才能设计出一个好的组织结构。

1. 组织设计的依据

组织设计是为了合理组织管理人员的劳动，而需要管理的组织活动总是在一定的环境中利用一定的技术条件，并在组织总体战略的指导下进行的。组织在不同的规模和阶段也会被要求有不同的结构形式。组织设计的依据有战略、环境、技术，以及规模与组织所处的发展阶段。

（1）战略

战略是实现组织目标的各种行动方案、方针和方向选择的总称。为了实现同一目标，组织可以在多种战略中进行选择。

战略选择的不同会在两个层次上影响组织结构：不同的战略要求不同的业务活动，从而影响管理职务的设计；战略重点的改变会引起组织的工作重点的改变、各部门与各职务在组织中重要程度的改变，因此，各管理职务，以及部门之间的关系应该进行相应的调整。

（2）环境

组织存在于一定的环境中，组织外部的环境必然会对内部的结构形式产生一定程度的影响。这种影响主要表现在 3 个方面：职务和部门设计、部门关系，以及组织结构总体特征。

① 对职务和部门设计的影响。组织是社会经济大系统中的一个子系统，与其他社会子系统存在分工关系。社会分工方式的不同决定了组织内部工作内容的不同，从而所需完成的任务、设立的职务和部门也不同。在我国旧的经济体制下，企业的任务仅是利用国家供给的各种生产要素制造产品，企业内部的机构主要围绕生产过程进行设置。随着经济体制的改革，国家逐步把企业推向市场，使企业内部增加了要素供应和市场营销的工作内容，这就要求企业必须相应地增设或强化资源筹措和产品销售部门。

② 对部门关系的影响。环境不同，组织中各项工作完成的难易程度和对组织目标实现的影响程度不同。当产品的需求大于供给时，企业关心的是如何增加产能、扩大生产规模，生产部门成为组织的中心；而一旦市场供过于求，企业的营销职能会得到强化，营销部门成为组织的中心。

③ 对组织结构总体特征的影响。外部环境是否稳定影响对组织结构的要求。一定环境中的经营要求组织结构稳定，管理部门与人员的职责界限分明，工作内容和程序经过仔细规定，各部门的权责关系固定，等级结构严密；而多变的环境则要求组织结构灵活，各部门的权责关系和工作内容需要经常进行调整，等级关系不甚严密，组织设计中强调的是部门间的横向沟通而不是纵向的等级控制。

（3）技术

组织活动的开展需要利用一定的技术和反映一定技术水平的物质手段。技术与技术设备的水平不但影响组织活动的效果和效率，而且会作用于组织活动的内容划分、职务的设置和工作人员的素质要求。例如，信息处理的计算机化必将改变组织中财务、档案等部门的工作形式。

（4）规模与组织所处的发展阶段

规模是影响组织结构的不容忽视的因素。组织的规模往往与组织的发展阶段相联系。随着组织的发展，组织活动的内容会日趋复杂，人数会逐渐增多，活动的规模会越来越大，组织的结构也需要随之调整。

2．组织设计的原则

任何组织在进行组织设计时都需要遵守以下 5 个原则。

（1）因事设职与因人设职相结合的原则

组织设计的根本目的是保证组织目标的实现，使目标活动的每项内容都落实到具体的岗位和部门，即"事事有人做"，而非"人人有事做"。因此，组织设计中，首先应考虑工作的特点和需要，要因事设职，因职用人，而非相反。但这并不意味着组织设计中可以忽视人的因素、特点和能力。

（2）权责对等的原则

为了保证"事事有人做""事事都能做好"，企业不但要明确各个部门的任务和责任，而且在组织设计中，还要规定取得利用人力、物力、财力与信息等工作条件的权利。没有明确的权利或权利的应用范围小于工作的要求，则可能使责任无法履行，任务无法完成。对等的权责意味着赋予某个部门或岗位的权利不能超过其应负的职责。权利大于工作的要求，虽能保证任务的完成，但会导致不负责任的敷衍，甚至危及整个组织系统的运行。

（3）命令统一的原则

命令统一是组织应该遵守的重要原则。组织内部的分工越细、越深入，命令统一对于保证组织目标的实现就越重要。只有遵守这条原则，企业才能防止"令出多门"，防止遇事互相扯皮、推诿，才能保证有效地统一和协调各方面的力量、各单位的活动。

在组织设计中，企业要根据一个下级只能服从一个上级领导的原则，将管理的各个职务形成一条连线的等级链，明确规定链中每个职务之间的责任、权力关系，禁止越级指挥或越权指挥。

（4）有效管理幅度与有效管理层次的原则

组织的最高管理者因受时间和精力的限制，需要委托一定数量的人分担他的管理工作。委托的结果是减少了他必须直接负责的业务的工作量，但与此同时，增加了他协调受托人之间关系的工作量。因此，任何管理者能够直接有效指挥和监督的下属的数量总是有限的，这个数量被称作管理幅度。

基于同样的理由，组织的最高管理者的委托人也需要将受托负责的部分管理工作委托给下一级人员，并依此类推，直至受托人能直接安排和协调组织成员的具体业务活动。由此形成组织中最高管理者到基层管理人员的不同管理层次。

管理层次与组织规模成正比，与管理幅度成反比。管理层次与管理幅度的反比关系决定了两种基本的管理组织结构形态：扁平结构形态和锥形结构形态。

① 扁平结构形态是一种管理幅度较大、管理层次较少的组织结构形态。扁平结构形态的优点：管理层次少，信息传递速度快，可以使企业高层尽早发现信息所反映的问题，并及时采取相应的纠正措施；信息传递层次少，传递过程中失真的可能性也较小；较大的管理幅度使主管人员对下属的控制不至于过多或"死板"，有利于下属发挥主观能动性，发扬创新精神。扁平结构形态的缺点：过大的管理幅度会带来一些局限性，管理人员不能对每位下属进行充分、有效的指导和监督；每位管理

者从较多的下属那里获取信息，众多的信息可能掩盖了其中最重要、最有价值的部分，从而可能影响信息的及时利用等。

② 锥形结构形态是一种管理幅度较小、管理层次较多的组织结构形态，是高、尖、细的金字塔形态。其优点与缺点正好与扁平结构形态相反。锥形结构形态的优点：较小的管理幅度可以使管理人员仔细研究从每位下属那里得到的有限信息，并对每位下属进行详尽的指导。锥形结构形态的缺点：过多的管理层次不但影响了信息从基层传递到高层的速度，而且由于经过的层次太多，每次传递都被各层管理者加入了许多自己的理解和认识，从而可能使信息在传递过程中失真；过多的管理层次可能使各层主管感到自己在组织中的地位相对渺小，从而影响其工作积极性；过多的管理层次往往容易使计划的控制工作更加复杂。

因此，在进行组织设计时，企业要尽可能地综合两种基本组织结构形态的优势，克服其局限性。

（5）集权与分权管理相结合的原则

集权是指决策权在组织系统中较高层次的集中，分权是指决策权在组织系统中较低层次的分散。

现实社会中的组织，没有绝对的集权，也没有绝对的分权。在进行组织设计时，企业要遵循集权与分权相结合的原则，研究哪些权力适合集中，哪些权力适合分散，什么情况下集权的成分应多一点，何时又需要较多的分权。

一个组织，当它的规模还比较小时，高度集权可能是必需的，而且在某些方面具有一定的优越性。但随着组织规模的扩大，如果将决策权过度地集中在较高的管理层次上，则会降低决策的质量、组织的适应能力和组织成员的工作热情，这些弊端会对组织造成致命危害。

4.2.3　组织设计面临的挑战

当企业管理者努力寻求恰当的组织设计以更好地支持和促进员工高效工作时，他们必定需要与某些挑战抗衡。这些挑战包括如何保持组织与员工的紧密联系，如何管理全球性的组织结构事项，以及如何保持企业创新能力等。

（1）如何保持组织与员工的紧密联系

许多组织设计概念是在 20 世纪发展起来的，在那个时代，员工在雇主提供的工作场所中工作，由管理者直接进行监管，工作任务通常是固定不变的，并且绝大多数工作几乎是终身制的全职工作。但这并不是今天大多数公司运作的方式。在 IBM 的一些部门中，只有高层管理者及其助理拥有固定的办公桌或办公室，其他员工则是流动员工，在工作需要时使用共用的办公桌。正如例子所展示的，企业管理者面临的一个主要的组织设计挑战是找到一种方式，在提供灵活性的同时保持组织与这些分布范围广泛的流动员工紧密联系。移动设备和通信技术的应用既提高了生产效率，又为组织和员工提供了有助于维持彼此之间紧密联系的各种方式。例如，手持设备提供了电子邮件、日程表、通信等应用，可以在任何有无线网络的地方使用。而且，这些设备可以登录公司的数据库和内部网。许多公司为员工配备了不断改变密码的密钥卡，使得员工可以从任何一台连接到网络的计算机终端登录公司内部网以接收电子邮件和获取公司数据。手机能够在蜂窝式无线系统和公司 Wi-Fi 连接之间实现自由切换。然而，在任何时间、地点开展工作的最大问题在于安全性。公司必须保护其重要的敏感信息。幸运的是，一些软件和防护设备已经在很大程度上将安全威胁降至最低。

（2）如何管理全球性的组织结构事项

组织结构方面是否存在全球性差异？在当今商业环境全球化的趋势下，企业管理者有必要思考这一问题。根据研究人员得出的结论，全世界的组织的结构和战略都是相似的，但各组织内的行为却保持了其文化的独特性。因此，在设计或改变组织结构时，企业管理者应该考虑文化对特定的设计要素的影响。一项研究表明，正规化（规章制度和科层制）在经济并非那么发达的国家可能更加重要，而对于那些员工职业教育水平和技能水平较高的经济发达国家则可能没有那么重要。其他组织结构设计要素也可能受到文化差异的影响。无论管理者为组织选择了什么样的组织设计，这种设计都应该有助于员工以更好的方式（更有效率和更有成效的方式）完成工作。员工在执行组织的工作任务时，组织结构应该能够为他们提供支持并起到促进作用。毕竟，一个组织的结构只是实现目标的一种手段。

（3）保持企业创新能力

创新能力是企业保持竞争优势的重要能力。在现代经济社会，一个企业不但要面对同行竞争，以及产品和服务同质化严重的问题，而且要时刻警惕来自其他行业的企业的挑战。因此，企业需要保持持续、高效创新的能力，向市场提供差异化的优质产品和服务，避免被其他行业的企业"颠覆"；企业管理者需要时刻关注企业的组织形式，使其能够提高员工的积极性与创新能力。

4.3 企业营销的数智化转型

大多数成功企业都有一个共同点，就是以顾客为中心，非常重视市场营销。市场营销的好坏在一定程度上可以决定企业的"生死存亡"。市场营销受社会技术水平的影响非常大，每当社会技术水平发生比较大的变化时，市场营销手段就要进行相应的调整，否则，在激烈的竞争环境中，企业就会失去市场。因此，企业需要了解市场营销的概念，以及学会分析市场营销的机会。

4.3.1 企业营销概述

企业存在的价值是满足市场的需要，否则企业就不可能生存，因此市场营销是企业的一项重要职能。不同的人对市场营销有不同的理解，故而市场营销的定义也是多样的。美国市场营销协会对市场营销的定义：市场营销是组织的一项职能，是为消费者创造、传播、传递价值、管理顾客关系、为组织和利益相关者带来利益的一系列过程。另外，市场营销专家菲利普·科特勒（Philip Kotler）在他与他人合著的《营销管理（第13版）》一书中对市场营销给出了广义和狭义两种定义。广义上，市场营销是个人和集体通过创造产品和价值与他人进行交换而满足其需要和欲求的社会过程和管理过程。狭义上，市场营销是企业为从顾客处获得利益回报而为顾客创造价值并与之建立稳固关系的过程。从不同的定义可以看出，营销的对象是顾客，目的是从顾客那里获取回报，手段是给顾客创造某种价值。因此，市场营销先要了解顾客的需求，然后才能通过满足顾客需求实现个人和组织的盈利目标，先利人，后利己。市场营销的简单模型如图4-6所示。

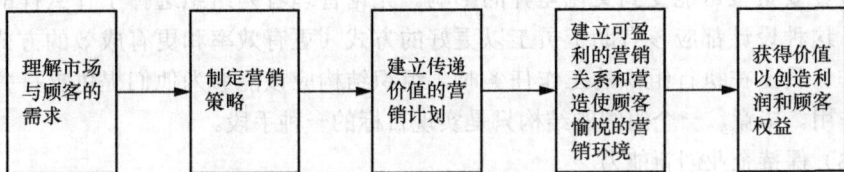

图4-6 市场营销的简单模型

1. 理解市场与顾客的需求

理解市场与顾客的需求是市场营销的第一步。这涉及下列概念：需要、欲望与需求，市场提供物，价值和满意度，交换和关系，以及市场。

① 需要、欲望和需求：需要是有机体因某种缺乏，而力求获得满足的心理倾向，它源于人的自然性和社会性要求。是人最基本的要求，例如，吃饱、读书。欲望是指人希望得到更深层次的满足。例如，吃讲营养、穿讲样式、住讲宽敞。人的欲望是无限的，并受到外界环境的影响。需求是指人们在欲望驱动下的一种有条件的可行的，又是最优的选择。这种选择能让欲望达到有限的最大满足，即人们选择能负担得起的"最佳物品"。市场营销就是关注人们的欲望和需求，并有效地满足它们。

② 市场提供物：顾客的需要、欲望和需求是通过市场提供物得到满足的。市场提供物包括产品、服务、信息或体验的集合，既包括有形的产品，又包括没有物质形态的无形的服务。

③ 价值和满意度：价值反映了顾客对有形和无形利益以及成本的认知；满意度是指顾客根据对产品或服务等性能或效果的认知与其预期进行对比后得出的结论。顾客因各种各样的市场提供物传递的价值和满意度形成预期，并据此做出购买决策。

④ 交换和关系：市场营销发生在人们决定通过交换来满足需要、欲望和需求之时。交换是一种为从他人那里得到想要的物品而提供某些东西作为对价的行为。市场营销包括与需要产品、服务、观点或其他事物的目标人群建立和维持合理交换关系的所有活动。

⑤ 市场：一般认为，市场是买卖双方聚集交易的场所，是各种交易关系的总和。现代市场营销理论认为，市场是由一切具有特定的需要、欲望和需求并且愿意并能够以交换来满足需要、欲望和需求的潜在顾客组成的。如果我们从顾客的角度来定义市场，那么市场实际上是针对某种产品或服务的消费者的集合。与此相对应，生产者的集合则构成了产业。

2．市场营销的策略与观念

企业在了解了市场与顾客需求之后，市场营销的下一步是制订以顾客为导向的市场营销策略，从而更好地满足顾客的需求。制订以顾客为导向的营销策略涉及下列两个核心问题。

① 企业将为哪些顾客提供服务？（谁是企业的目标顾客？）

② 企业怎样才能更好地服务这些顾客？（企业的价值主张是什么？）

企业必须首先决定为哪些顾客提供服务。这涉及市场细分和目标市场的选择。市场细分是指根据顾客不同的需要、特征、行为，以及顾客可能要求不同的产品或营销方案，将市场划分为彼此区别的购买者群体的过程。企业选定目标市场之后，必须确定自己的市场定位，以及提供与其他企业差异化的产品或服务，也就是要有自己的价值主张。企业的价值主张是传递给顾客以满足其需要的利益和价值集合。例如，华为提出了构建万物互联的智能世界，这就代表了它的价值主张。

市场营销作为企业的主动行为，必然反映了企业营销人员的价值观。任何市场营销活动都是在一定的营销观念指导下进行的。指导企业进行市场营销活动的观念先后有生产观念、产品观念、推销观念、市场营销观念和社会营销观念。

（1）生产观念

生产观念认为，消费者喜欢随处都可以买到的价格低廉的产品。因此，企业就通过努力提高生产效率，并扩大销售范围，实现销售和盈利目标。这在短缺经济的情况下，是指导市场营销的有效观念。

（2）产品观念

产品观念认为，消费者关心产品的质量、性能和特色，偏好具有高质量、高性能和有创新特点的产品。因此，企业的任务就是设计、开发、生产优良的产品，并不断改进。产品观念还认为，消费者需要的是产品本身，没有意识到消费者真正需要的是产品提供的功能。因此，和生产观念一样，它也是定位于生产者，较少与消费者沟通，这往往会导致"营销近视症"——过分重视产品而忽略顾客需求。

（3）推销观念

推销观念认为，如果企业对消费者置之不理，那么他们就不会大量购买该企业的产品。因此，企业应该努力通过推销来扩大销售。推销通常适用于一般情况下消费者不会主动想要购买的产品，如保险、理财等产品。

（4）市场营销观念

市场营销观念认为，想要达到组织的目标，关键是首先确定目标市场的顾客需求，然后比竞争对手更好地满足顾客。市场营销观念围绕目标市场的顾客需求，开展市场营销活动，通过满足顾客需求来创造利润，实现企业的盈利目标。市场营销观念是一种以市场为导向的观念，与之前传统的观念有本质区别。目标市场就是企业选择为之服务的顾客群，他们对企业的产品有特殊的需求，企业可以通过与顾客的沟通，以及市场调查等了解这些需求，并协调企业的相关部门和人员有效地满足顾客的需求。相关部门和人员既包括销售部门及其成员，又包括生产、设计、服务等部门及其成员。市场营销的目的在于通过满足顾客的需求实现企业的目标，主要是盈利目标的实现。

（5）社会营销观念

随着环境污染、资源枯竭、人口增多、收入不均等环境和社会问题的出现，市场营销中产生了社会营销观念。此观念认为，市场营销应该充分考虑社会福利，也就是说，市场营销不但要满足目标市场的需要，而且要改善社会福利，对社会大多数人都有利。例如，利用新型包装材料包装食品，既可以满足消费者的需要，又可以降低对生态系统的破坏，对社会大多数人是有利的。

3．市场营销计划、顾客关系与顾客价值

市场营销策略规定了企业服务顾客的总体目标和方向。为了落实市场营销策略，企业需要制订具体可操作的市场营销计划。市场营销计划将市场营销策略转化为行动以建立客户关系，这往往要用到市场营销组合，即企业用于执行市场营销策略的营销工具，也就是4P组合：产品（Product）、定价（Price）、地点（Place）与促销（Promotion）。

企业制订营销策略和营销计划，设计营销组合，目的是建立有价值的顾客关系，最终获得顾客价值。现代市场营销理论认为，建立顾客关系是实现企业价值的关键，因为企业的收益来自顾客，顾客决定了企业的"生死存亡"。与顾客建立持久关系的关键是创造较高的顾客价值和顾客满意度。满意度高的顾客更容易成为忠诚的顾客，并为企业带来长久的业务和收益。在面对多种产品和服务时，顾客如何选择？顾客会选择能够给自己带来最大顾客价值的产品和服务。这种顾客价值是建立在顾客的认知基础上的，因此，也可以称为顾客认知价值。顾客认知价值是指企业让渡给顾客，且能让顾客感受到的实际价值。顾客认知价值的大小取决于总顾客价值与总顾客成本的差异。总顾客价值是顾客从购买的产品或服务中获得的所有价值的总和，包括产品价值、服务价值、人员价值和形象价值等。总顾客成本是顾客为购买某一产品或服务所耗费的时间、精力、体力，以及所支付的资金等成本之和。

4．市场营销的新变化

我们处于一个快速发展的时代，经济、文化、技术等的不断变化深刻地影响了市场营销的理论和实践。显著影响市场营销的4个方面：数字时代的到来、全球化进程的加快、人类对环境问题的关注提高和各种非营利性社会组织的成长。

数字化、网络化、移动化、智能化的发展把人类带到一个信息化的社会和数字化的时代。无处不在的网络覆盖和高效便捷的网络接入把人与人、人与组织、组织与组织紧密联系在一起，降低了信息收集的成本和沟通的成本，打破了空间、时间的限制，以及信息壁垒，极大地加快了商业活动的速度，创造了新的消费时点。新技术突飞猛进的发展不仅为了解、追踪客户和为客户量身定制产品、服务提供了新途径，也使企业分销产品更有效率，还使企业既可以与大量客户同时交流，又可以进行一对一交流。信息技术和网络对营销的影响是全方位的，从定价到分销，再到促销。信息技术影响了产品的定价方式，如网络竞拍、团购等。信息技术对产品的分销的影响更为彻底，电子商务的快速发展使得一些产品的线上销售数量超过了线下销售。在促销方面，企业借助网络高效、互动性强的特点，推出各种各样的促销活动成为市场营销的亮点。社会化媒体营销、大数据营销、精准化营销、网络营销等迅速兴起。

信息技术的快速发展使经济全球化，从而带来生产和消费的全球化，营销与客户和市场合作者的联系越来越紧密。全球化生产使企业在全球范围内布置自己的产业链和价值链，利用世界各地的资源，充分发挥比较优势和整合优势。全球化消费使企业面向全球市场开展营销活动，企业需要深入了解世界各地的消费者及其消费差异，制订符合全球化消费时代的营销方案和组合。

消费主义的流行，以及人类对资源的过度开发和使用，导致人类面临资源枯竭、环境破坏等方面的严峻挑战，影响了人类的可持续发展。人类对环境问题的关注程度日益提高，这对企业的社会责任提出了更明确和更高的要求。市场营销必须适应这方面的变化，需要更加关注产品生产、消费和营销活动对环境的影响。

4.3.2　企业营销机会分析

大多数消费品面对的是一个由众多顾客组成的大市场，而且这个大市场是一个差异性、层次性非常高的市场。企业由于受到自身实力和资源的限制，因此很难满足所有顾客的需求。此时，企业必须先通过市场细分选择目标市场，再通过提供差异化产品创造更高的顾客价值，最终通过市场定位在目标顾客心中形成一定的市场地位，获取最大的利润。市场细分、目标市场选择、差异化和市场定位是现代市场营销的重要内容。

（1）市场细分

市场细分是指企业根据消费者对产品的不同的需要、欲望和需求，以及不同的购买行为和购买习惯，把整体市场分割成不同或相同的"小市场"，即异质市场或同质市场。市场细分的本质就是把同类产品的消费者作为一个总体，然后根据一定的细分变量把总体划分为一个个子总体，每一个子总体就是一个被进一步分割的市场。现代企业面对众多需求各不相同的消费者，即使在同类产品上也表现出很大的差异性。由于不同企业的资源、技术等条件各不相同，一个企业不可能在所有的市场上都取得成功，因此，只有识别一部分顾客的详细需求并集中为这一部分顾客提供优质的产品和服务，才能获得较高的顾客满意度，从而保持企业的竞争优势。也就是说，企业必须对市场进行细分，并选择一部分顾客作为自己的目标市场来开展经营活动。根据一系列的细分变量，企业可以将市场细分为若干"小市场"，细分依据包括收入、年龄、职业等。市场细分的步骤如下。

① 市场调查。首先，企业可以利用焦点小组座谈等定性调查方法，了解消费者的消费动机、态度和行为。然后，企业设计调查问卷，并利用问卷收集消费者对产品属性及其重要程度的认识、品牌知名度和受欢迎程度、产品使用方式、调查对象对产品类别的态度，以及调查对象人口统计特征、心理特征和接触媒体的习惯等信息。

② 数据分析。在信息收集完成后，企业要进行数据分析，如使用因子分析法分析，删除相关性高的变量，并用聚类分析法确定差异性大的细分市场。

③ 细分市场的描绘。在确定细分市场后，企业要对细分市场的特征进行描绘，便于后续制订有效的营销措施。企业可以利用消费者不同的态度、行为、人口统计变量、心理变量和消费习惯等勾勒出各细分市场的轮廓。

（2）目标市场选择

目标市场的选择就是根据细分市场确定企业的服务对象。首先，企业要对各个细分市场进行评价，然后，从中选择目标市场。

在对细分市场进行评价时，企业要考虑的因素：细分市场的规模和发展前景、细分市场结构的吸引力、企业的目标和资源。企业应该选择有一定规模和发展前景的细分市场作为备选的目标市场，如果缺乏一定的规模，即使企业进入该市场，也难以盈利。缺乏发展前景的细分市场也不值得企业进入，因为缺乏长期发展的机会。具有一定规模和发展前景的细分市场对企业来说并不意味着一定具有盈利潜力，企业还需要评估细分市场结构的吸引力。同行竞争者、潜在的竞争者、替代产品、购买者和供应商影响细分市场的利润吸引力。如果细分市场内存在众多具有实力的同行竞争者，那么该市场就缺乏吸引力。如果潜在的竞争者众多，而且很容易进入细分市场，就会存在新的竞争者，该市场也缺乏吸引力。当细分市场存在现实或潜在的替代产品时，也会失去吸引力，因为替代产品会占领现有的市场，抑制现有产品的价格和利润。购买者也会影响细分市场的吸引力。如果购买者联合起来提高议价能力，则会限制该细分市场的吸引力。供应商的议价能力也是影响细分市场吸引力的重要因素。供应商的垄断能力越强，细分市场的吸引力越小。可见，细分市场有一定的规模和发展前景，以及市场结构具有吸引力，是企业选择目标市场的基础。另外，企业还要结合自身的目标和资源进行综合考量，选择符合企业长远发展目标且有充分资源保障的细分市场作为目标市场。

目标市场的选择有不同的模式，这些模式决定了企业所选目标市场的类别，以及进入目标市场的方式。目标市场的选择一般有 5 种模式：单一市场集中化、选择性专业化、产品专业化、市场专业化和全面进入。

① 单一市场集中化是指企业选择一个细分市场。它是最简单的目标市场选择模式。企业对目标市场采用集中营销策略，可以更清楚地了解目标市场的需求，树立良好的声誉，巩固在目标市场的地位，充分利用生产、销售的专业优势，取得较好的投资收益。但是，高度集中化会带来较高的市场风险。

② 选择性专业化是指企业有选择性地进入几个细分市场。这些细分市场都符合企业的目标和资源条件，具有吸引力，可以为企业带来盈利，且细分市场之间的相互影响较少。这种选择多个分散的目标市场并分别进行专业化的策略可以减少企业的市场风险和经营风险。

③ 产品专业化是指企业同时向几个细分市场提供一种产品。这种模式可以充分发挥产品生产的专业化优势，提高质量，降低成本，从而提高企业的盈利能力。但是，这种模式会面临竞争者对目标市场的挑战，影响企业在市场上稳固地位。

④ 市场专业化是指企业针对目标市场提供多种产品，满足顾客的多种需求。其优点是能够满足顾客不同层次的需要，提高顾客的满意度。但是，由于市场比较集中，因此企业的经营和盈利能力受市场规模的限制较多。

⑤ 全面进入是指企业为所有顾客群提供它们所需的所有产品。因为只有实力雄厚的大企业才能做到这一点，所以它们才适合采用这种目标市场选择模式。企

业可以通过两种途径全面进入整个市场：一是无差异营销，指企业为整个市场提供一种产品，不考虑细分市场的差异；二是差异性营销，指企业针对不同的细分市场提供不同的产品，并采取不同的营销计划。实践证明，差异性营销往往可以扩大销售，但是也会带来经营成本的上升，包括产品改造成本、生产成本、管理成本、库存成本和促销成本等。因此，为了取得最大效益，企业应该慎重考虑差异性营销的程度。

（3）差异化

企业在选择好目标市场之后，必须确定一种价值主张，即企业如何为目标市场创造差异化的价值，以及它希望在目标市场中占据什么位置。差异化是指企业以不同于竞争对手的市场提供物创造卓越的顾客价值，寻求竞争优势。

（4）市场定位

企业在选择好目标市场之后，还要进行合适的市场定位。市场定位是指确立市场提供物在目标顾客心中的位置。以汽车市场为例，某品牌的汽车的定位是经济、实用，于是该品牌的汽车在顾客心中树立了节能、经济的品牌形象。市场定位的目的是使目标市场能够识别出企业独特的产品和形象。市场定位不仅可以涉及某种产品或某一品牌，还可以涉及一系列产品。实际上，市场定位是一种在顾客头脑中形成的印象，这种印象总是和竞争者的产品或品牌联系在一起。结合营销，市场定位是指设计一定的营销组合，以影响潜在顾客对一个品牌、产品线或一个组织的全面认识和感知。

市场定位策略包括下列6种。

① 特色定位策略：企业可以定位自己的特色，如规模、历史等。

② 利益定位策略：企业把产品定位为某一特定利益上的领先者。

③ 用途定位策略：企业在某一用途上将自己定位为领先者。例如，早期的富士施乐复印机和后来的佳能复印机在复印领域保持领先，而惠普的打印机则在激光打印领域处于领先地位，它们都属于某一用途上的领先者。

④ 用户定位策略：企业针对不同的用户进行市场定位。例如，索尼为不同的相机用户提供不同的产品类型，包括卡片相机、单反相机和微单相机等。

⑤ 竞争者定位策略：企业针对竞争者的状况进行市场定位。例如，百事可乐针对可口可乐进行对比性广告宣传。可口可乐宣传自己是"真正的可乐""永远的可乐""正宗的可乐"，百事可乐则宣传自己是"新一代的可乐""年轻人的可乐"等。

⑥ 产品种类定位策略：企业针对不同的产品种类对自身产品进行市场定位。例如，新加坡的香格里拉饭店将自己定位为"又一座植物公园"，这里的市场定位针对的不是宾馆业的竞争对手，而是新加坡植物公园。

市场定位方式包括下列 4 种。

- 对抗定位：对企业的产品进行设计，使之在目标顾客心中树立"与在市场上占据支配地位的、最强的竞争对手对立"的形象。
- 避强定位：避免与强有力的竞争对手进行正面交锋。其优点是能够在市场上迅速站稳脚跟，并能在消费者或用户心中迅速树立形象。
- 反向定位：企业利用有较高知名度的竞争对手和声誉来引起消费者对自己的关注、同情和支持，以达到在市场竞争中占有一席之地的广告定位效果。例如，安飞士（AVIS）公司将自己定位为汽车租赁行业的第二名，并强调"虽然我们是行业第二名，但我们要迎头赶上"。在提出此市场定位后，该公司从多年连续亏损变为盈利。
- 对竞争对手进行再定位：企业在顾客心中对竞争者进行再定位，改变竞争对手在顾客心中的形象，从而树立自己在顾客心中的形象。

4.3.3 企业营销面临的挑战

当前的企业营销面临下列 3 个挑战。

（1）对营销人员提出了更高的要求

传统的市场营销对营销人员的要求较低，大多是要求他们打电话或上门推销。当今时代改变了传统的营销模式，对营销人员提出了更高的要求。在万物互联时代，市场快速发展，营销人员要善于发现市场潜在的商机，敏锐捕捉消费者的需求变化并分析。因此，营销人员需要不断学习并更新观念，提高自身综合素质，积极适应万物互联时代下的市场营销的特点。

（2）企业面临技术同质化的挑战

在万物互联时代，企业的竞争越来越激烈，信息更加开放，技术同质化（包装设计、营销手段等技术同质化）是企业不得不面对的巨大挑战。面对技术同质化的挑战，企业需要创新营销策略以提高市场占有率。

（3）经济全球化的挑战

在经济全球化时代，企业可以把自己的产品卖到全球各地。但是，各地的文化、风俗等存在差异，因此，企业应该制定适合当地环境的营销策略。

4.4 企业产品的数智化转型

产品是企业作用于顾客的媒介，产品给顾客的印象代表了企业给顾客的印象。

如果产品给顾客的印象差，那么企业会逐渐失去市场。因此，企业需要提升产品质量。本节介绍一下产品的概念、开发流程，以及产品开发面临的挑战。

4.4.1 产品的概念

产品是指人们通过购买获得的可以满足需要或欲望的东西。产品不仅包括有形的物品，如手机、汽车、食品，还包括无形的东西，如服务。服务既包括纯服务，如银行、宾馆，又包括产品的服务，如售后服务。

现代企业注重产品的顾客体验，希望以此长期吸引顾客，增强产品的竞争力，于是产品有了不同的层次。产品一般分为3个层次，如图4-7所示。

图 4-7　产品的层次

产品的第一个层次（基础层次）是消费者核心价值，通过它，企业可以了解消费者的真实需求。当设计产品时，企业必须首先定义消费者核心价值，即顾客寻找的解决问题的产品或服务。消费者的需求是不断变化的，如手机，刚开始仅提供远程通话的功能，随着消费者对手机需求的增加，手机逐渐增加了发送和接收短信、上网浏览、视频通话等功能。企业必须把消费者的核心价值转变为实际产品，这里的实际产品就是产品的第二个层次。在这个层次，企业需要开发产品的特征、款式、品牌名称和包装，并保证产品质量。企业必须围绕消费者核心价值和实际产品创建附加产品，提供额外的消费者服务和利益。这里的附加产品就是产品的第三个层次。这个层次决定了消费者对品牌的忠诚度，是否愿意再次购买该品牌产品。例如，手机不仅是一种通信设备，还为消费者的移动连接问题提供一个完整的解决方案。因此，当消费者购买一部手机时，手机企业及经销商必须对其零部件和工艺做出担保，在消费者需要时，提供快捷的维修服务，保证消费者在遇到困难和问题时可以使用网络和移动网站解决。

根据产品的用户类型，我们一般把产品分为两大类——消费品和工业品。消费品是由消费者购买，用于个人消费的产品。工业品是用户购买后用于进一步加工或商业运营的产品。消费品和工业品的区别就在于购买产品的目的。

企业一般会对消费品做进一步划分：便利产品、选购产品、特制产品和非渴求产品。它们的对比如表4-2所示。

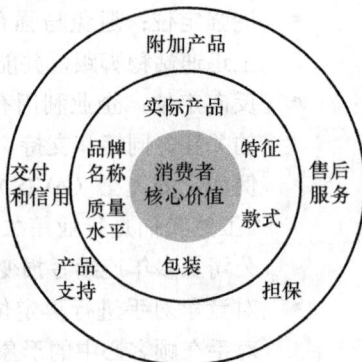

表 4-2 不同消费品的对比

对比项＼类型	便利产品	选购产品	特制产品	非渴求产品
购买行为	消费者购买频率高，很少制订购买计划，很少进行产品比较，很少为购物花费精力	消费者购买频率较低，制订大量购物计划和为购物花费较多精力，比较产品各项参数与价格	消费者具有强烈的品牌偏好，对品牌的忠诚度高，为购买产品付出努力，很少对品牌进行比较，价格敏感度低	消费者对产品有很低的知晓度
价格	低价	较高的价格	高价	不确定
分销手段	大范围分销，购买便利	在较少的店里，有选择地进行分销	在每个市场区域内，产品只在一个或几个店销售	不确定
促销手段	有大规模促销活动	有促销活动	谨慎地进行有目标的促销活动	"激进"的促销活动

　　工业品一般可分为 3 类：材料和部件、资本品、消耗品和商业服务。材料和部件包括原材料，以及制成品和部件。原材料包括农场产品（小麦、棉花、牲畜、水果、蔬菜等）和天然产品（鱼、木材、原油、铁矿石等）；制成品和部件包括构成材料（铁、棉纱、水泥、电线等）和构成部件（发动机、轮胎、铸件等）。大多数制成品和部件会被直接卖给工业使用者，价格和服务是主要的营销因素，品牌和广告则显得不那么重要。资本品是在购买者的生产和运作过程中起辅助作用的工业产品，包括主要设备和附属设备。主要设备包括大宗采购物品，如建筑物（厂房、办公室等）和固定设备（发电机、钻床、大型计算机系统、电梯等）；附属设备包括轻型制造设备和工具（手动工具、起重卡车等），以及办公设备（计算机、传真机、办公桌等），它比主要设备的使用寿命短，在生产过程中仅起到辅助作用。最后一类工业品是消耗品和商业服务。消耗品包括运营消耗品（润滑油、煤、纸、铅笔等），以及维修和维护物品（油漆、图钉等）。消耗品是工业领域的便利产品，因为采购它们通常很少花费精力或进行比较。商业服务包括维护和维修服务（清洗窗户、计算机修理等），以及业务咨询服务（法律咨询、管理咨询等），这些服务通常根据协议提供。

　　为了更好地占有市场，企业通常会建立不同的产品线。产品线是一组由于功能类似而关系密切，通过同类渠道销售给同一顾客群体，或处于特定价格范围内的产品。主要的产品线决策涉及产品线长度，即产品线上项目的数量。如果企业管理者能够通过增加产品项目提高利润，则说明产品线太短；如果企业管理者能够通过削减某些项目提高利润，则说明产品线太长。企业管理者必须定期分析企业的产品线，评估每个产品项目的销量和利润，并了解每个产品项目对整个产品线的贡献。企业可以通过两种方法延长产品线：产品线填补和产品线延伸。产品线填补是指在现有的产品线范围内增加更多的项目。产品线填补的理由有很多：获取额外的利润、满足经销商要求、充分利用剩余生产力、成为产品线完备的领导型企业、填补市场空白以防止竞争者进入等。但是，如果产品线填补导致产品互相竞争或顾客混淆，就说明做得"过火"了。企业应该保证增加的新产品能与已有的产品清楚区分。如果企业超出已有的范围来增加其产品线长度，就是在进行产品线延伸。企业可以向下、向上或双向延伸产品线。定位于高端市场的企业可以向下延伸产品线。企业向下延伸产品线，可能是因为在低端市场发现一个巨大的成长机会，如果不采取行动，就会吸引新的竞争者；也可能是回应竞争者在高端市场的"攻击"。企业也可以向上延伸产品线。企业向上延伸产品线是为了提高当前产品的声誉，或者被高端市场的快速增长率或高利润所吸引。

4.4.2　产品开发流程

企业获得新产品的途径有两种：一种途径是收购，即通过购买一家企业、一项专利或生产许可证来生产别人的产品；另一种途径是企业自己的研发部门进行新产品的开发。本节所说的新产品是指企业通过自己的研发投入而开发出来的原创产品、改进产品、修正产品和新品牌。新产品对消费者以及为他们服务的企业来说都很重要。对于消费者，新产品为他们的需求带来了新的解决方案和多样性；对于企业，新产品是其业绩增长的主要来源。在如今快速变化的市场环境中，很多企业主要依靠新产品来实现收入增长。然而，产品创新的成本可能非常高，而且具有很高的风险，因为新产品一直面临很高的失败率。据估计，60%的新产品在推出后两年内以失败而告终，2/3的新产品概念从来就没有被推出过。为什么会有如此多的新产品失败呢？原因是多方面的：虽然新产品的创意不错，但是企业可能对市场规模的估计过高；产品的设计很差；产品在市场上定位错误、上市时间不合适、定价过高或没有开展有效的广告宣传；企业高层管理者无视市场调研结论而推行他喜爱的产品构想；产品开发的成本高于预算，或者竞争对手反击的力度比预期高很多。

因此，企业面临一个问题：不得不开发新产品，但是新产品的成功概率却很低。为了开发成功的新产品，企业必须深入了解消费者、市场和竞争对手，并在此基础上制订强有力的新产品开发计划，并建立系统的、顾客导向型的新产品开发流程来发现和培育价值更高的新产品。图4-8展示了新产品开发的8个主要阶段。

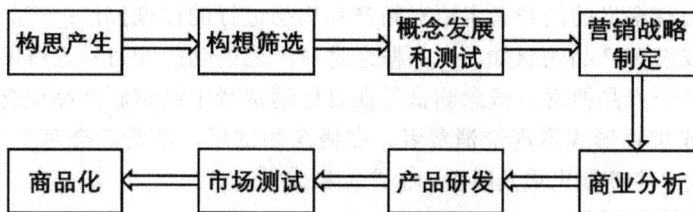

图 4-8 新产品开发的主要阶段

（1）构思产生

新产品开发始于构思产生（idea generation），即对新产品构想进行系统化的搜寻。一家企业通常需要产生数百甚至数千个构想才能找到一些好的构想。新产品构想的主要资料来源包括内部资料来源和外部资料来源，如企业员工、顾客、竞争对手、分销商和供应商等。真正的创新型企业并不依赖某一种渠道获得新产品构想。相反，它们会发展广泛的创新网络，以从所有可靠的资料来源获得创新想法和灵感。

（2）构想筛选

构思产生阶段的目的是形成大量的创意，其后各阶段的任务在于逐步减少创意的数量，首先进行的就是构想筛选，即对新产品构想进行筛选以便从中发现优秀的构想，并尽快抛弃不好的构想。这是因为在之后的阶段中，产品开发成本上升很快，而企业只希望进一步开发能够盈利的产品。大多数企业要求管理人员用标准格式的表格来描述新产品构想，以便新产品开发委员会进行审核。企业管理人员不但需要使用表格描述新产品创意、顾客价值定位、目标市场和竞争情况，而且需要大致估计市场规模、产品价格、开发时间和成本、制造成本和投资回报率。新产品开发委员会根据一套标准对每一个新产品构想进行评估。企业可以使用新产品筛选框架：R-W-W（Real、Win、Worth doing），该框架包含下面一系列问题。

① 这个产品构想是否真实？消费者是否真的存在对该产品的需求？他们是否会真正购买？该产品是否有一个清晰的产品概念？该产品能让目标市场满意吗？

② 我们能成功吗？该产品有可持续的竞争优势吗？企业有使该产品成功的资源吗？

③ 该产品是否值得去做？该产品是否符合企业的总体发展战略？该产品有足够的利润潜力吗？

企业在进一步开发新产品构想之前，应该针对当前的新产品构想回答 R-W-W 框架包含的一系列问题。

（3）概念发展和测试

有吸引力的产品构想需要被发展成为产品概念。正确区分产品构想、产品概念和产品形象非常重要。产品构想是企业希望为市场提供的一个可能产品的构思；产品概念是指用有意义的消费者术语对新产品构想进行的详细描述；产品形象是指消费者对真实或潜在产品的感知。产品概念是对产品的功能和目标人群的定位，企业一般会设置多个产品概念。概念测试是在目标消费者中测试新产品概念。产品概念可以用符号或实物形式展现给消费者。在概念测试后，消费者会对产品进行反馈。这些反馈有助于企业找出最具吸引力的产品概念。

（4）营销战略制定

如果某个产品概念的测试效果最好，就需要制定营销战略，即设计将该产品引入市场的初步营销战略，包括3个部分：描述目标市场、计划的价值主张，预期的销售量、市场份额，以及前几年的利润目标；描述产品第一年的预计价格、分销策略和营销策略；描述预计的长期销售目标、利润目标，以及营销组合策略。

（5）商业分析

一旦企业管理层确定产品概念和市场营销策略，就可以评价这个新产品构想的商业吸引力。商业分析是指对某个新产品的销量、成本和利润进行预测，以便确定它能否满足企业的目标。如果符合目标，那么，新产品概念就可以进入产品研发阶段。首先，为了估算新产品的预期销售量，企业需要调查同类产品的历史销售数据和市场对新产品的看法。然后，企业必须估算出最大和最小的销量额，以确定风险范围。在完成销量预测后，企业就可以测算出产品的预期成本和利润，包括营销、研发、运营和财务成本。最后，企业就可以根据销售和成本数据来分析新产品的财务吸引力。

（6）产品研发

到目前为止，产品概念可能只是一段语言描述、一张图或一个粗糙的模型。新产品概念通过了商业测试后就将进入产品研发阶段。在这个阶段，研发部门和工程部门要将产品概念转化为实体产品。然而，产品研发阶段需要大量的投资。这一阶段将决定新产品构想能否转化为可行的产品。研发部门将开发并测试新产品概念的一种或几种实体形式。研发部门希望能在预算成本内设计出一个能快速投产并且令顾客满意和惊喜的样品。开发一个成功的样品可能要花费数日、数周、数月，甚至数年的时间，这取决于产品本身和制造样品的方法。通常情况下，新产品要经过严格的测试以确保它能够安全且有效地实现功能，同时，消费者可以在新产品中发现价值。企业可以自己进行产品测试，也可以将测试外包给其他专业企业。营销人员通常会让消费者参与产品的研发和测试。新产品不仅要有符合要求的功能特性，还要传递出产品所要表达的心理特征。

（7）市场测试

如果新产品通过了概念测试和产品测试，那么它将进入成本高的标准市场测试阶段。在市场测试阶段，企业在更加真实的市场环境中对产品及其营销方案进行调试。市场测试在产品耗费巨资大举进入市场之前为营销人员提供了宝贵的市场经验。在市场测试中，企业可以检验产品和整个营销计划，包括对目标定位策略、广告策略、分销策略、定价策略、品牌策略、包装策略和预算等的检验。然而，市场测试的费用可能会很高。另外，市场测试耗时过长也容易错失市场机会，使竞争对手占据优势。当开发和推出新产品的成本较低，或者管理层对新产品充满信心时，企业可能只需要做少量的市场测试或根本不进行市场测试。例如，对于简单的产品线延伸，或者模仿竞争对手成功产品的仿制产品，企业一般不进行市场测试。面对快速变化的市场，企业也可以缩短或跳过市场测试过程甚至采用控制市场测试或模拟市场测试，控制市场测试和模拟市场测试都可以减少市场测试的费用并且加快测试进程。

（8）商品化

市场测试为企业管理层提供了足够的信息，帮助他们最终决定是否推出新产品。如果企业决定将新产品商品化，即将新产品引入市场，那么企业将面临巨大的成本压力，如企业需要购买或租赁制造设备。如果新产品是新的消费品，那么企业在第一年可能还要花费巨额的广告、促销和其他营销费用。企业推出新产品时，首先要确定时机。如果推出的新产品会蚕食该企业其他产品的市场份额，那么推出计划可能需要延后一段时间；如果新产品可以进一步进行改进，或者当前的经济环境不景气，那么企业可能要多等一段时间再推出该产品。但是，如果竞争者也正在准备推出相关产品，那么该企业可能就该加快推出新产品的步伐。接下来，企业必须决定在什么市场范围内推出新产品。市场范围包括地区市场、全国市场和国际市场。有些企业可能会快速向全国市场推出新产品。拥有国际分销体系的企业可以在全球范围内快速推出新产品。

4.4.3 产品开发面临的挑战

新产品开发面临两个常见的挑战：全球竞争和时间压力。在为市场开发新产品时，现有企业或新兴企业的激烈竞争也可能是不利因素。其他挑战来自不断出现的更复杂的制造技术，以及创新开发中不可预测的因素。

全球竞争通常是影响新产品开发的主要因素。由于竞争对手多且通常遍布全球，因此企业很难收集有关竞争对手的情报。如果企业在新产品上投入大量资金，但没有意识到海外竞争对手即将发布类似产品。这样就会导致产品开发人员试图在竞争之前将产品推向市场，将新产品从概念推向市场通常是在巨大的时间压力下完成的。

技术的快速发展也被许多人认为是新产品开发过程中的主要挑战。技术"军备竞赛"可能会使产品开发人员处于不确定的状态，也就是说，产品开发人员可能不知道下一步要做什么。如果企业选择使用可能很快就过时的技术形式来创建功能的途径，则该企业的投资者可能会损失一笔不小的投资。

创新过程的不可预测性也可能是新产品开发面临的主要挑战。团队变动和内部争执可能使推动产品开发前进的创造性协作"脱轨"。为了防止出现这种情况，产品开发人员可以采取一些方法。例如，在开发过程中，定期或者在某些关键时间或进度节点举行相关会议，同步开发进度，讨论相关问题。根据团队成员的结论，团队可以制订解决方案以保持产品开发进度。

跨职能团队可以应对新产品开发中一些棘手的挑战。跨职能团队的人员结构具有多样性，这能增加开发过程的效率、深度和弹性。里程碑式的批准过程可以用来避免团队成员可能的冲突，不会造成项目的延迟。

4.5 企业生态的数智化转型

企业生态是一个比较新的概念。现代企业处在一个复杂的环境中，如国际环境、国内环境、上下游环境、竞争环境、资本环境等，这些环境对企业的发展有重大影响。企业生态如同生物界的生态系统，随着企业生态环境的变化，将对企业造成正面或负面的影响。什么是企业生态？企业生态是如何演化的？企业如何适应生态的变化？本节将回答这些问题。

4.5.1 企业生态的概念

企业生态系统分为狭义和广义两种。在狭义的"企业生态系统"中，系统成员涉及核心企业（作为分析问题的焦点企业）、一般供应商、关键技术供应商、互补者、竞争对手、客户等企业利益相关者；而在广义的"企业生态系统"中，系统除包含上述狭义的成员以外，还包括企业所处的自然环境、文化环境、法律环境、经济环境等。显然，对于狭义的企业生态系统，自然环境、文化环境、法律环境、经济环境等作为企业生态系统的外部组织环境，而广义的企业生态系统则将这些环境同时作为企业生态系统的组成单元。

提出"企业生态系统"概念的根本目的是描述和解释企业组织与其环境的关系。事实上，从系统观的角度来说，环境本身只是一个相对的概念。一个系统的环境因子如被置于更高的层次上，它就可能成为更高层系统的一部分，反之亦然。对于企业环境，亦是如此。企业所处的环境极其复杂，与之相互关联、相互依赖的因素涵盖的范围很广。按照因素对应的宏微观性质进行分类，企业生态环境可以分为宏观企业生态环境与微观企业生态环境，如图 4-9 所示。宏观企业生态环境主要由自然环境、政治环境、经济环境、科技环境、社会环境等组成，微观企业生态环境则包含供应商、销售商、顾客、互补者、竞争者等。这里，其他企业都是作为研究对象企业的环境而存在的。

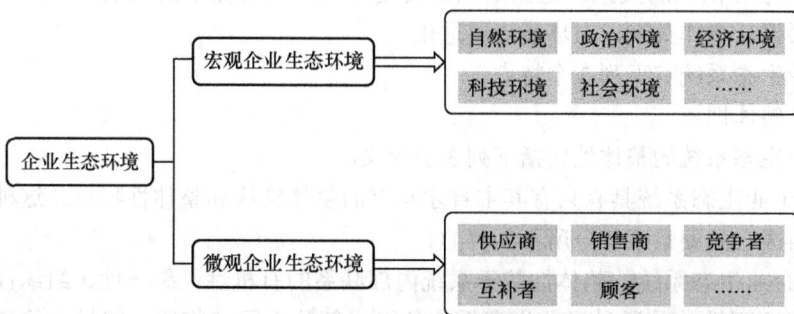

图 4-9　企业生态环境的分类

　　企业生态系统与自然生态系统具有很多共性：在企业生态系统中，人们可以观察到企业竞争、共生、"寄生"等现象，也可以观察到企业的形成、成长、"繁衍"和"消亡"等过程。企业像一个生命体，群聚的同质的生命体就像产业，它们都依赖环境而生存。如自然界中存在食物链一样，经济社会中存在产业链。如果一个国家或地区具备了完整的产业体系，那么产业生态的适应能力就比较强，生态也就比较完整。如果一个国家或地区不具备完整的产业体系，那么，根据迈克尔·波特的"国家竞争力学说"，有一个需求旺盛的下游产业是相当重要的。以下游产业来拉动上游产业可以取得事半功倍的效果。从这个角度来讲，企业界和生物界有共通之处，因而以生态学的观点来看待产业发展的问题就有特别的意义。自然生态系统组成部分之间，以及企业生态系统组成部分之间，都存在物质与能量流动，都利用能量来转化物质，都存在物流与能流支配的互利共生或相互竞争等作用。在同一产业中，不同企业占据不同的生态位，形成了产业内的产业链和产业集聚。企业生态学的中心原则是这些共性的集中反映："企业系统是一种特殊的生态系统。"自然生态的基本原理和规律给我们提供了探索企业生态系统变化的全新视角，既可以让我们了解企业的形成、成长和"繁衍"，也可以让我们了解其中哪些因素是决定因素，哪些因素是可控因素，以及可控的程度、范围和成本等，以使我们更好地把握企业的发展，在全球化竞争中确立合适的定位。

　　如生物一样，企业直接或间接地依赖其他企业或组织而存在，并形成一种有规律的组合，即经济共同体。在这个共同体中，对于每一个企业个体，存在于它周围的其他企业个体或组织连同社会经济环境构成了它生存的外部环境，企业个体与其外部环境通过物质、能量和信息的交换，构成一个相互作用、相互依赖、共同发展的整体。企业组织处在由企业组织之间，以及企业组织与外界环境相互作用的企业生态系统中。企业组织在生态系统中要保持竞争与协同的统一，一方面，企业组织在竞争中取得进步，寻找生存空间；另一方面，企业组织之间、企业组织与外界环境之间存在相互依赖的关系。企业组织需要处理好协同与竞争的关系，注重企业组织之间的协调、合作关系，与环境协同进化。

企业生态系统有下列 3 个特点。

（1）整体性

企业生态系统的整体性包括下列 3 层含义。

① 企业生态系统具有只有其本身才具有的整体结构和整体性特点。这种整体性特点是组成它的要素或部分所不具有的。

② 企业生态系统的整体性基于系统内部联系的有机性、统一性、组织性，这种有机性（相干性）是通过企业生态系统各组成部分之间的物质、能量、信息的流通而实现的，"联系"的本质是在物质与信息的流通中所发生的相互作用。

③ 企业生态系统的功能体现系统的整体性，即企业生态系统的整体性是在系统与环境的交换中（输入—输出）通过整体功能的实现而体现出来的。

总之，企业生态系统的整体性是由其内外部联系的性质所决定的，并表现为系统的"个性"及其所在更大的系统中所具有的特殊作用和自身的存在价值。

（2）层次性

现代著名理论生物学家、一般系统论的创始人路德维希·冯·贝塔朗菲认为："等级层次的一般理论显然是一般系统论的一个重要支柱。"企业生态系统是由大量的处于不同层次的组成部分相互作用构成的。企业生态系统的层次性有两层含义：企业生态系统是更高层次系统的子系统，即它首先是社会系统中的一个子系统；企业生态系统本身就是一个复杂系统，它包含多层次的子系统。企业生态系统包含行业企业子系统、消费者子系统、环境子系统等。企业之间可以建立企业联盟，企业的上下游可以构成企业生态链，相同性质的企业可以构成行业群落，同一地域的所有企业可以构成企业群落，企业群落与环境相互作用又构成区域企业生态系统，各个区域企业生态系统在其环境中相互作用，又构成完整的企业生态系统。

（3）成员多样性

生物多样性对整个生态系统的良性发展是极为重要的。以农业生态系统为例，生物多样性分为生存环境的多样性、物种多样性和遗传多样性。从人类生产目标的角度来看，物种多样性包括：

① 生产性生物种（如农作物、林木、饲养动物等），其多样性对系统的生产力、

稳定性起重要作用；

② 资源性生物种（如传粉昆虫、害虫天敌、微生物等），其多样性对系统内的传粉作用、害虫控制、资源分解促进养分循环有重要作用，间接影响系统的稳定性和生产力；

③ 破坏性生物种（如杂草、害虫、病原物等），影响系统生产力。

企业生态系统也有类似的特点。每个企业都只是企业生态系统中的一个成员，谁都不可能承担所有的社会责任。企业的有效成长既依赖其他相关企业的支持和发展，也依赖其他相关成员的竞争。因此，与农业生态系统一样，在商业环境中，保持和维护成员的多样性极为重要。构建企业生态系统并使其成员保持多样性有重要意义，这种多样性可以使企业把有限的资源集中在自己的优势项目上，享受社会分工带来的效益。

与自然生态系统相似，企业生态系统可分为企业生物成分和企业非生物成分。企业生物成分主要包括消费者、代理商、供应商，以及同质企业群。企业非生物成分就是企业生态环境，主要包括经济生态因子、社会生态因子、自然生态因子、科技生态因子，如图 4-10 所示。

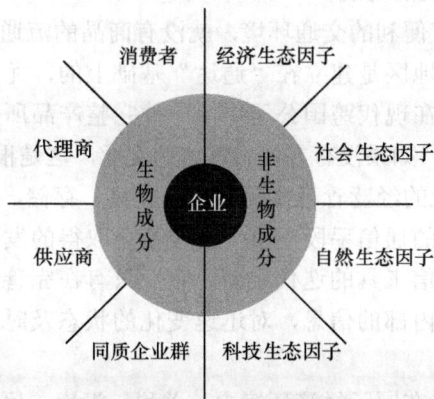

图 4-10　企业生态系统的组成

（1）经济生态因子

经济生态因子是指影响企业产品或服务的生产、流通、消费等相关因素。它包括消费市场因子、物资市场因子、资金市场因子、劳动力市场因子、产业与产业结构因子、交通因子、通信因子、国际经济因子。

① 消费市场因子。在市场经济环境中，消费市场掌握企业生存与发展的"最终审判"权。"企业竞争，市场选择"是市场竞争中"铁"的法则。消费市场中的消费能力和消费者的价值取向是评判企业好坏的最终标准。企业想要在竞争中生存与发

展，关键是在消费者具有同一支付条件下，能为消费者提供更多体现消费者主观价值的产品或服务。

② 物资市场因子。企业的活动是建立在物资的供应水平和企业可获得所需物资的能力的基础之上的。物资市场中货源供给的充裕度、货源的数量与竞争、价格水平与稳定性、供货的便捷性都将影响企业的发展。

③ 资金市场因子。资金始终是制约企业发展的主要因素。现代企业仅凭自己积累的资金来谋求发展几乎是不可能的。企业必须具有从资金市场获得其发展所需资金的能力。资金市场的"发育"程度对整个社会的企业发展有至关重要的影响。

④ 劳动力市场因子。企业的一切活动均是依靠人进行的，人是企业之本。在当今的企业竞争中，得人才且善用者胜。劳动力市场的劳动力供应、劳动者素质、劳动力价格和劳动者价值取向等都强烈影响着企业的各项经营管理行为。可以说，企业管理的发展史实际是劳动力市场的发展史。从传统管理到现代管理的每一个发展阶段都标志着劳动力势态的变迁。

⑤ 产业与产业结构因子。它是指特定地区不同产业种类的数量、不同产业的配比及其相互作用关系。如果一个地区的产业配比合理，那么将有助于该地区的企业发展，反之，则阻碍企业的发展。

⑥ 交通因子。没有便利的交通环境，就没有商品的流通，以及人才、技术的交流。经济发达的国家或地区是建立在"通达"基础上的，尤其是跨国公司的发展更需要交通的有力支持。在现代跨国公司中，一件完整产品所包含的各个部件可能是在世界各地生产出来的，如果没有方便、发达的交通，这是根本不可能实现的。

⑦ 通信因子。企业的经营管理实际是信息收集、存储、产生和发布的过程，这一过程需要方便与快捷的通信手段支持。当今社会取得的发展成果很大程度上归功于通信技术的变革和通信工具的迭代出新。企业只有在完善、便利的通信环境下才能迅速获得环境与企业内部的信息，对迅速变化的状态及时反应并做出决策，同时协调内外各方面的关系。

⑧ 国际经济因子。在国际经济环境中，关税、汇率、区域性的经济同盟、国际金融和经济法律法规都对企业在国际市场上的发展起到推动或制约作用。关税与汇率对企业的进出口贸易、国际投资有很大的影响。

（2）社会生态因子

社会生态因子包括文化因子、教育因子、社会制度与政策因子、国际政治因子、科学技术因子。

① 文化因子。它是指企业所在地区，以及企业经营所涉及地区人群的文化。文化特征的主体是道德观念、价值观念和宗教信仰等。一个地区的文化形态对企业产品品种、形态的可接受程度、企业经营管理的模式起到很大的作用。

② 教育因子。教育不但决定了劳动力的素质，而且决定了整个地区的文化观念、道德水平，甚至影响社会的稳定性。

③ 社会制度与政策因子。一个国家的社会制度和政策往往对企业的发展有决定性影响。它决定了一个国家的经济制度、产业结构、市场结构、行业和企业的属性与行为、投资环境和进出口贸易情况。

④ 国际政治因子。随着全球经济一体化，国际关系在企业的发展中起到越来越重要的作用。国际关系的缓和或对抗会决定企业是否向全球化方向发展。

⑤ 科学技术因子。科技决定了产品形态、产品更新速度、产业形态、市场竞争形态，以及经营管理可能利用的技术形态，并强烈影响着人类的生活方式、文化观念。每一次重大的科学技术革命都会引发生产力的巨大提升、新产品的"爆炸"式增长、新产业的不断涌现，从而引起企业和企业生态的"突变"。

（3）自然生态因子

自然生态是指企业所处的地缘环境与自然资源。自然生态因子包括地缘因子和自然资源因子。

① 地缘因子。地缘环境是指相邻地区的经济、政治、文化状态，以及可能构成的交通、通信条件。合适的地缘环境对企业的成功起到很大的推动作用。一般来说，沿海地区比内陆地区有优势，靠近发达地区比远离发达地区有优势。

② 自然资源因子。自然资源包括水资源、生物资源、矿物资源、土地资源、气候资源、大气资源。充足的自然资源能使企业的经营顺利进行，良好的自然环境能吸引大量的资金投入企业。

（4）科技生态因子

科技生态是指人类科技活动赖以正常进行并经适当配置的一切功能要素的总和。科技生态因子包括自然资源因子和人文资源因子。自然资源因子上文已提及，不再重复。人文科技生态因子包括文学、历史、哲学、艺术等学科。人文环境良好有利于科技的长足发展和广泛应用。

4.5.2　企业生态系统的演化

与自然生态系统一样，企业生态系统具有生存和发展的欲望与新陈代谢的特征，会经历形成、成长、"繁衍""衰老"和"死亡"的生命周期。企业生态系统的动态演化过程实际是核心产品的生命周期过程。当某个企业家或一批有开拓精神的人发明了某项新技术，或者发现新规则、新市场、新顾客，抑或只是有一个新的理念或想法时，只要它们可以创造更好的产品和服务，企业生态系统就开始处于萌芽状态；在经过开拓期后，如果企业生态系统能够生存下来，且获得一定的发展，就会进入成长期，逐渐成长壮大；随着市场的成熟，企业生态系统逐步扩大并进入成熟期；随后，企业生态系统可能因创新实现升级，得到延续发展，并实现可持续发展，也可能因缺乏创新逐步衰退而被新的企业生态系统所替代，如图4-11所示。

在企业生态系统的演化过程中，系统成员的数量、质量和稳定性在各阶段不同。一般来讲，成员数量是由少到多，然后稳定，当系统衰退时，再由多到少。成员的质量与稳定性则是随着企业生态系统的成长而逐步提高，直至系统衰退。企业生态系统演进的快慢、成长的大小主要取决于核心产品的价值效应和产品竞争力状况。产品竞争力状况是由企业生态系统的持续创新能力决定的。不同的企业生态系统在各阶段经历的发展时间不一致。

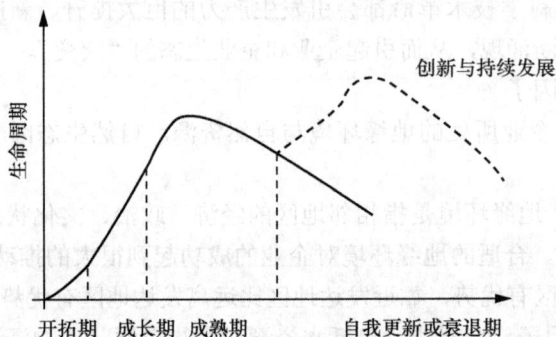

图 4-11　企业生态系统的演化过程

① 开拓期。这个阶段主要探索或创造具有市场潜力的新的企业生态系统"种苗"。只要找到有创新意义且有价值的产品或服务，就有可能开始一个新的企业生态系统。在开拓期，企业家一般都雄心勃勃地开发新产品或新服务，以便更好地满足顾客需要，并吸引市场注意力和投资，同时建立一种互相依存的关系，即找到合适的供应商、投资者、合伙人、顾客，并把他们纳入价值创造系统中，初步建立一种有序的共生关系。尽管新的企业生态系统不太成熟和完善，但是它至少可以满足顾客的初始需求。这一阶段成功的关键在于"相对价值试验"（企业市盈率、市净率、市销率的变化）。

② 成长期。当初期的企业生态系统建立后，它逐渐具备了进化的能力和条件，将进入成长期。此时的企业生态系统的成长速度取决于核心产品技术含量的高低、市场需求的大小、竞争产品或替代品的多少和新产品或新服务为顾客带来的价值的大小。随着企业生态系统的成长，其产品（或服务）逐步得到顾客认可，由于前期竞争对手相对较少，因此，此阶段的利润一般较高。其他企业生态系统的成员往往会被利润率高的企业生态系统所吸引，从而放弃原有企业生态系统并进入该企业生态系统，于是各种资源开始向该企业生态系统集中。同时，企业生态系统通过优良

业绩和共享平台吸引广大供应商、金融机构、媒体和其他相关群体的关注与加入。有效的企业生态系统必须通过扩展覆盖它可利用资源的范围。这能够扩大需求，或者意味着抓住了可利用的供应和销售的关键元素，以及相关产品和服务，使它们支持企业在生态系统中的地位和观念。此阶段的企业生态系统的主要特征：产品种类增加、利益相关群体扩大、企业生态系统的边界得到拓展、市场竞争力和抵抗力逐步提高、具有较强的生命力。这个阶段成功的关键是，在企业管理者希望关注和开发的市场内，建立核心团队，区分并团结大多数可利用的令人满意的潜在的好的顾客和可靠的供应商，维护重要的渠道等。

③ 成熟期。随着企业生态系统的快速、稳定发展，其结构趋于稳定、规模较大、成员素质较高、系统运行越来越良性化、扩张能力越来越强、竞争能力得到极大提高，它逐渐进入成熟期。在这个阶段，企业生态系统成员经过竞争，在正确的时间出现在适当的位置，成为共同体的"最佳角色"。协议和关系成为确保企业生态系统运行的自组织机制。关系作为利益的保护，为共同体成员所认可。因此，任何改变关系的企图，对依赖共同体的成员都具有破坏性。

④ 自我更新或衰退期。任何企业生态系统的建设都不可能一劳永逸。随着技术的发展，以及市场需求和相关政策的变化，在经历前面3个阶段的演化之后，企业生态系统必然要面临两个结果：其一，当企业生态系统在面对同类、非同类企业生态系统的竞争时，如果满足于已有的成功而没能适时创新以适应技术发展和市场需求，或者没能适应非生物环境因素的变化，那么最终将导致原有企业生态系统落后而被新发展的企业生态系统所替代；其二，企业生态系统成员特别是系统中核心企业群的创新，构建了企业生态系统未来发展所需的核心能力和核心产品，以此为基础实现企业生态系统的协同进化或升级，不断提高产品或服务的客户价值，使企业生态系统保持活力，实现可持续发展。

4.5.3 企业如何适应生态的变化

当今企业面对的是一个快速发展和变化的环境：相关政策的变化、顾客需求的变化、科技的飞速发展、同质化产品的增加和其他行业中的企业的加入等。

随着科技的发展，企业的生产经营方式和管理方式都发生了巨大变化。例如，随着人工智能的广泛应用，很多人工操作被人工智能替代，生产经营方式发生了巨大变化，企业也从以前的管理人员变成管理智能设备。同行业的竞争使得产品和服务同质化，如何让自己的产品打动顾客是企业必须面对的一道难题。企业面临的挑战还有其他行业的企业加入竞争。例如，某些互联网公司加入汽车制造行业，传统汽车企业必然面临新一轮的挑战。在万物互联时代，顾客获取的信息非常多，导致顾客的需求在不断变化。此时，如果企业的产品和服务不能及时跟上这种变化，顾客就会选择其他能够满足其需求的产品和服务。

因此，在快速发展和变化的企业生态系统中，如何适应，甚至更好地适应它，是企业需要解决的问题。例如，采用智能算法模型，快速捕捉生态系统中的变化，从而制订适应变化的策略。

4.6 数智化转型落地

企业的数智化经营管理是社会、科技发展的一个趋势，能够提升企业经营管理的效率，增强企业的竞争力和适应能力。由于数智化是一个新颖的事物，因此，如何实现数智化转型是企业需要面对的一个问题。

4.6.1 数智化转型分析

虽然数智化是科技和社会发展的趋势，但是目前完成数智化转型的企业的数量还很小。这主要有以下两个原因。

① 认知偏差，就是对数智化的理解片面化，往往只见树木不见森林。很多企业管理者对数智化心存疑虑，认为机器智能得出的结果有可能不正确，因而在一些数据的基础上，人为做出决策。

② 路径错误。企业管理者想要从上到下推动数智化，而且想要毕其功于一役。例如请专业咨询公司制订一个完整的数智化转型方案，想要从上往下推进。但在组织中，真正愿意变革的人往往是少数。此时，如果专业咨询公司只是提供了一个方案，而没有全面介入转型过程，那么，这样的转型大多会半途而废。

对于数智化转型，企业应该循序渐进，专业咨询公司不仅要参与方案的设计，而且要参与转型的执行，双方共同努力，不断优化方案并促使方案落地。企业管理者也可以通过该过程认识到机器智能的能力。

4.6.2 企业变革八步法

哈佛商学院终身教授约翰·P. 科特（John P. Kotter）在《领导变革》一书中提出了领导变革的 8 个步骤。由于数智化转型是企业变革的一种方式，因此这种方法论是值得企业借鉴的。

我们先介绍约翰·P. 科特提出的领导变革的 8 个步骤。

① 树立紧迫感。评估市场和竞争现状，找出并讨论当前的危机、潜在的危机与重大的机会。

② 组建领导团队。建立一个足够强大的变革领导联盟，让领导联盟像一个团队那样工作。

③ 设计愿景战略。创立愿景来引领变革，制定实现愿景的战略。

④ 沟通变革愿景。利用各种可能的方式持续地沟通新的愿景和战略。变革领导联盟要以身作则，树立榜样。

⑤ 善于授权赋能。清除变革障碍，改变阻碍变革愿景的制度系统和组织结构，鼓励冒险和非传统的观念、活动和行为。

⑥ 积累短期胜利。制订计划，以实现看得见的绩效改进。实现一个又一个的胜利。公开表扬和奖励为胜利做出贡献的人。

⑦ 促进变革深入。充分利用人们日益增长的对变革的信任，改变所有与变革愿景不匹配的制度、结构和政策。聘用、提拔和培养能够实现变革愿景的人。以新的计划、主题和变革方式促进变革深入。

⑧ 成果融入文化。通过成果导向的行为，以及更多更好的领导方法，保证管理的有效，从而创造更好的业绩，使变革能持续进行。

在这8个步骤的实施过程中，有很多导致失败的"陷阱"。例如，如果企业一开始就没有树立紧迫感，大家危机意识不够，在具体推进的时候就会遇到巨大的阻力。

约翰·P. 科特曾说："分析成功案例，我们得出的最具普遍意义的一个启示是，变革过程是由若干阶段组成的，完成所有阶段需要相当长的时间，试图跳过其中某些阶段是行不通的，那只会制造变革神速的假象，并不能带来令人满意的结果。"

另一个同样具有普遍意义的启示是，在变革的任何阶段犯下的严重错误，都会造成灾难性后果——延缓变革进程，并抹杀之前好不容易取得的成绩。由于人们普遍缺乏组织变革的经验，因此即使非常能干的企业领导者也经常在组织变革中犯重大错误。

在《领导变革》中，约翰·P. 科特从领导变革的8个步骤的反向着手分析，既分析了不按照这些步骤造成的后果，还提供了处理问题的思路，以使转型朝正确的方向进行。

4.6.3　数智化转型的步骤

结合约翰·P. 科特提出的领导变革的8个步骤，以及数智化转型的特点和人们对数智化的认识，本书提出了数智化转型的八步法。

（1）认识机器智能，建立数智化认识

人们对机器智能的认识经常会有两个极端，一个是相信机器智能，认为机器智能不会出问题；另一个是对机器智能持怀疑态度，认为机器智能不可能比得上人。诚然，现阶段的机器智能在很多方面不如人类，但是，机器智能的很多方面已经超过人类。另外，人类容易受到情感的影响，如愉悦、恐惧等，这些情感容易让人做出偏离客观现实的决定。机器智能随着数智系统的完善，积累数据的增多，会变得更加可靠。因此，在转型时，企业既要相信机器智能，又要检查机器智能是否偏离了客观数据。随着转型的深入，企业对机器智能的信任逐步增强。此外，在数智化转型时，企业可以设置风险对冲的机器智能。

（2）营造危机感，建立对转型必要性的认识

转型先转心。在转型时，企业要先营造危机感，树立企业成员对数智化转型的迫切感，建立企业成员对企业转型的各个方面的系统认知。转型的最大障碍是企业成员的惯性思维，因此，如果要实现转型，就必须改变企业成员的惯性思维。惯性思维是人在长期进化中习得的，可以节省大脑思考需要的大量能量，因此人们会下意识地不去思考，更不愿意改变思维方式。

在一个组织里，真正愿意主动改变现状的员工很少。一些成功的企业管理者想要改变自己的惯性思维更加困难，因为他们一直都很成功，会不自觉地把自己的成功归功于过去做的那些事情，并形成一套逻辑自洽的"成功模式"，进而强化他们的思维模式。因此，企业想要转型，首先就要改变企业管理者的惯性思维。其实，大多数企业管理者都很务实，只要让他们看到改变的好处，他们就愿意改变。例如，他们看到了同行在数智化转型方面取得了成功，或者看到了自己的企业在数智化转型方面取得阶段性成果，他们就愿意去尝试数智化转型。这个时候，企业管理者要善于学习，包括了解数智化的基本概念，以及一些企业数智化转型的成功案例，从而对数智化有一个大致的了解，并树立一种紧迫感。当企业管理者意识到企业数智化转型是大势所趋时，企业管理者就可以安排员工接受相关培训，并去一些标杆企业参观考察，然后企业全员会对数智化转型的必要性达成共识。

（3）引入外部顾问，规划转型体系

由于数智化转型是一件复杂且系统的工作，企业内部原有的经验很难指导全部的实践，因此需要外部顾问的介入。因为外部顾问的优势是，不仅对数智化转型有系统认知，而且有指导其他企业进行数智化转型的实践经验所以外部顾问的介入不仅能够帮助企业形成对转型系统的认知，而且能够帮助企业高层规划转型体系，并在数智化转型落地时向企业转型实施团队提供辅导、教练和复盘支持。很多企业都希望引入外部咨询机构，但需要避开一个误区。这个误区就是，企业把数智化转型

"外包"给外部咨询机构，希望该咨询机构帮助企业制订一套完整的转型方案，但不用参与转型的落地。这样的做法往往会导致转型失败，因为外部顾问很难像企业内部人员一样了解企业及所处的行业，设计的方案可能在逻辑上很完美，但在可行性方面有问题。因此，在企业数智化转型时，企业要与外部顾问一起制订转型方案，不断优化方案，并确保方案顺利落地。

（4）组建转型团队，进行数智化转型试点

当企业管理者对数智化有了系统认识，并且意识到企业数智化转型的迫切性之后，企业是不是就要全面开始数智化转型了呢？通常来看，这样做的效果未必好。针对数智化转型，企业要做到由点到面、循序渐进、逐步改善。

想要转型，企业就要先组建转型团队，并确定团队负责人。团队负责人的选择可以由企业和外部顾问共同完成。有变革意愿且具有一定工作能力的人可以担任团队负责人。团队负责人最好来自一线，尤其是那些需要和客户打交道的销售、营销和渠道部门。这些部门的人员往往对外部环境的变化感觉更加敏锐，变革的意愿更强烈，转型的结果也比较直接和可衡量。

对于企业数智化转型试点的选择，企业可以直接听从外部顾问的建议，也可以与外部顾问商议后决定。对数智化显性、效果直接和可衡量的职能部门，或者一些新的部门，往往可以成为企业数智化转型的试点。由于数智化营销和电子商务相对最成熟，相关部门的试点效果可以在短时间内进行衡量，因此，我们通常建议企业从这两个职能部门入手。另外，一些本身就和数智化相关的部门可以独立于企业之外进行全面的数智化转型试验。总的来说，企业要尽可能确保第一次试验成功，而且能够快速验证。

由于转型很难，充满了不确定性，而且需要一定的时间才能见到效果，因此，企业管理者需要给转型团队足够的授权，并给予相应的资源支持，但不要过多干涉细节。在考核方面，企业不要对转型团队使用企业惯用的 KPI（关键绩效指标）考核标准，而应设立总目标和关键结果，也就是我们常说的 OKR 体系。

外部顾问不但需要协助企业选择转型团队负责人和试点，而且在后续工作中要扮演好教练的角色，并提供外部资源支持。

（5）阶段性复盘，规划下一步计划

数智化转型试验进行了一段时间后，如半年，企业就可以进行阶段性复盘了。复盘分为 5 个步骤。

① 回顾目标：回顾当初的目的或期望的结果。

② 评估结果：对照原来设定的目标，找出这个过程中的亮点和不足。

③ 分析原因：分析工作成功的关键原因和失败的根本原因，包括主观和客观两个方面。

④ 总结经验：需要总结的经验包括体会、体验、反思和规律。

⑤ 行动计划：制订下一步计划，包括需要实施的新举措、继续实施的措施和需要叫停的措施。

在企业管理上，经常会出现两大"鸿沟"：理论和实践的"鸿沟"、目标和结果的"鸿沟"。在进行数智化转型试验一段时间后，企业必然会遇到上述"鸿沟"，此时，就需要通过复盘跨越上述"鸿沟"。

复盘不仅是一个优化工作方法的过程，还是一个团队集体学习的过程。通过工作之后的复盘，转型团队可以总结经验和教训，制订改进措施，做好后续工作。在这个阶段，企业管理者的主要工作是听取试验汇报，并确定是否推广试验工作；转型团队负责人的职责是进行复盘并总结经验和教训；人力资源部门的职责是牵头进行复盘工作，并制订试验推广计划；外部顾问的职责是提供教练支持，协助企业管理者进行决策。

（6）推广先进经验，扩大数智化转型试点

有了之前的数智化转型试点，企业管理者就能看到企业数智化转型的必要性和好处，企业高层也容易就此达成共识。

在第一个数智化转型试验成功后，企业要总结经验和教训，组织成功案例研讨会，在企业内部推广先进经验，以便后续增加数智化转型试验。

当大多数人意识到企业数智化转型是大势所趋，以及认识到企业数智化转型的好处之后，他们必然愿意参与企业的数智化转型。此时，企业管理者可以先发动企业的各个部门，让它们提交各自的数智化转型方案，包括具体措施、预算和预期收益等。然后，企业管理者、人力资源部门和外部顾问共同挑选数智化转型试验的试点。

在选择试点时，企业可以向中后台方面倾斜，如数智化学习、数智化协同等，一方面，为未来的全面数智化做好准备；另一方面，数智化的持续发展必须获得这些中后台的支持。

在这个过程中，企业管理者的主要职责是成立数智化转型委员会，授权更多数智化转型试点；人力资源部门的主要职责是协助企业管理者选择试点项目负责人，为试点项目做好服务工作；外部顾问的主要职责是提供指导和建议，推动赋能培训，组织内部研讨会。

（7）制订整个企业的数智化转型方案

有了从点到面的试验，企业就可以制订一个系统的数智化转型方案了。前文提过，数智化转型最好从数智化营销和电子商务入手，因为它们的数智化转型比较容易感知，效果也容易衡量。但是，企业真正要成为数智化组织，还需要在组织、管理和运营方面实现数智化，这个数智化要比前面提到的数智化难度更大，结果也不像前面提到的数智化那么明显。

经过由点到面的数智化转型，以及不断的复盘，整个企业对数智化转型的理解已经相当深入，对企业未来的发展方向有了共识。这个时候，企业应该考虑制订一个涉及整个企业的数智化转型方案，涉及企业的战略、产品、营销、渠道、组织、运营、管理、人才等模块，企业的顶层设计（如企业的使命、愿景和价值观），以及企业文化和领导力等。

在这个阶段，企业管理者需要参与企业数智化转型的整体设计，并决定是否全面推进企业数智化。企业数智化转型的整体设计还需要企业数智化转型委员会的其他成员参与，包括人力资源部门代表、外部顾问和试点负责人，他们通过讨论共同制订一个符合企业实际情况的方案。之前的试点大多涉及业务部门和职能部门的数智化转型，这个时候的数智化转型将走入"深水区"，包括企业文化、领导力和组织结构等的数智化转型。

为什么此时我们需要重点讨论企业文化、领导力和组织结构的数智化转型呢？因为这是整个企业数智化转型的底层，也是最难的部分。有人会问："为什么不一开始就进行组织结构的变革呢？"因为组织结构的变革非常困难，并没有一个通用的参考模型，如果没有前面试验的成功，那么企业很难确定哪种组织结构是合适的，难免遇到很多阻碍。因此，转型需要把握好时间节奏。

（8）全面落地、定期复盘和优化改进

最后，企业就要全面实施企业的数智化转型了。在这个过程中，企业管理者要做的是授权并进行灰度管理，提供资源支持，推动供应链上下游的数智化转型；人力资源部门要做的是制订企业的数智化转型手册，总结数智化转型的文化经验，提炼并固化新的文化行为；试点项目负责人要做的是推广成功经验，不断优化方案；外部顾问要做的是积极传播数智化转型的成功案例。

第 5 章

企业数智化转型案例

数智化对各个行业都产生了影响，每个行业都有企业进行了数智化转型。本章介绍农业、工业和服务业数智化转型案例。

5.1 农业数智化转型案例

很多人对农业的印象是：低科技、靠天吃饭，能实现机械化生产就算先进的农业生产了。然而，随着科技的发展，农业的生产方式也发生了巨大变化。多种科技手段，如卫星监测、天气监测、智能技术、数据采集技术、互联网等，都被应用到农业生产中，极大地提高了农业生产效率，改善了农民的生活水平，改变了农业"靠天吃饭"的落后面貌。

5.1.1 "三位一体"智慧农业

某农业科技企业拥有世界一流的植保开发能力和顶尖种业生物技术，其开展的业务涉及植保、种子、作物营养和 MAP（Modern Agriculture Platform，现代农业技术服务平台）等。MAP 团队以种植业生产管理一体化平台为基础，面向生产服务和管理分别打造集农业生产、管理、政务于一体的移动端 APP 与 PC 端软件，统一涉农门户，并以企业为纽带，实现涉农服务一键办、涉农信息及时达、涉农数据随时采，让数智化赋能更多农户和企业。此外，该企业还通过建设生产体系和供销体系，全面打通数据链路，汇聚"生产—服务—管理"多维数据，构建农户、社会化服务，以及金融保险机构信用体系和大数据体系，助力地方政府搭建智慧农业与数字乡村智慧决策系统，以数据驱动农村第一产业、第二产业和第三产业的融合发展，实现传统农业向现代农业的转型跃迁。

1. 需求痛点

中国大田农业的发展面临以下 4 个挑战。

（1）"谁来种田""谁能种田"问题逐步凸显。

（2）生产环节的不确定性强。大田农业难免受到气候与病虫灾害的影响，投入容易受到损失。

（3）农户与市场存在协调问题，农产品价格波动大。

（4）生产方式传统、机械化程度低和生产效率低。

因此，如何通过新一代数智技术来解决大田农业发展过程中存在的问题；如何深度利用数字平台整合与挖掘农业大数据，以便进行农业管理；如何以智慧农业模型辅助农业生产提升效率，以及如何以数智服务拓展农业服务应用场景，是全面推动大田农业高质量发展需要解决的一系列问题。

2．方案概况

某企业的项目位于东南沿海的某市，该市的地貌可用"七山二水一分田"来形容。丘陵、山地占该市总面积的 68.8%，且境内土壤类型多样。多山、多水和多雨的自然环境给该市的农业发展提出了不少挑战：农业生产受气象灾害的影响较平原地区更为频繁；地理环境复杂，对种植技术和管理经验要求较高，仅靠人工实现规模化种植较为困难；当地许多作物的生产仍以小规模分散种植为主，各产区农民合作组织的力量需要得到有效整合。

为了提升农业水平，改善农民的生活水平，该市一直积极推进农业改革，但因环境的复杂性和农户的分散性，改革效果不明显。后来，该市引入该企业的 MAP 系统，并针对农业改革遇到的痛点问题，与该企业共同探索"政府＋合作社 +MAP"三位一体的创新合作模式。结合区域农业发展痛点，该企业的 MAP 团队制订了智慧农业与数字乡村转型解决方案，将新一代数智技术深度融合，建立"三位一体"的智农在线服务平台，并应用于种植业，并以"三位一体"新型合作经济组织体系为目标，建设模式，"种得好、卖得好、贷得快"为宗旨，合作社为组织主体，利用合作社形成规模优势，再引入优质农服、农资和金融保险。

MAP 系统（智农在线服务平台）的设计以数据体系建设和应用需要为结果导向，连通已有"云""网"基础体系，规划需要新建的"产前、产中、产后"融合服务体系，并遵循统一门户和用户角色权限的原则，实现农户一次登录，服务一站办理、业务一键申请。

智农在线服务平台的架构如图 5-1 所示。

3．实施路径

MAP 团队依托卫星遥感、云计算、物联网、大数据等数智技术，围绕生产、供销、信用服务环节，搭建了"无忧种植""无滞销售""无忧贷款""无感补贴"等服务应用场景，以数字化手段拉动生产、供销、信用服务的全面升级。

（1）"无忧种植"子场景

围绕农户种植过程提质增效和农产品质量安全等问题，"无忧种植"子场景整合了各类涉农组织资源，根据农户实际地块位置、种植作物和种植品种，智能匹配专业合作社，并提供全程定制化标准种植方案。MAP 系统能够根据环境数据，灵活进行农事提醒，智能规划种植安排，并用智能种植工具实时监控种植风险。该系统还结合当地实际情况，建立了灾害的判别标准，并对气象灾害进行分析、判断和预警，帮助种植户提前应对极端天气，避免生产投入品的损失，最大程度提升农业生产效率，且保证种植物的品质。同时，该系统智能推荐合作社，安排农资投入品统购、统防和统治等服务活动，由合作社为农户配套提供优质农业服务资源，最大程度为农户节约成本。

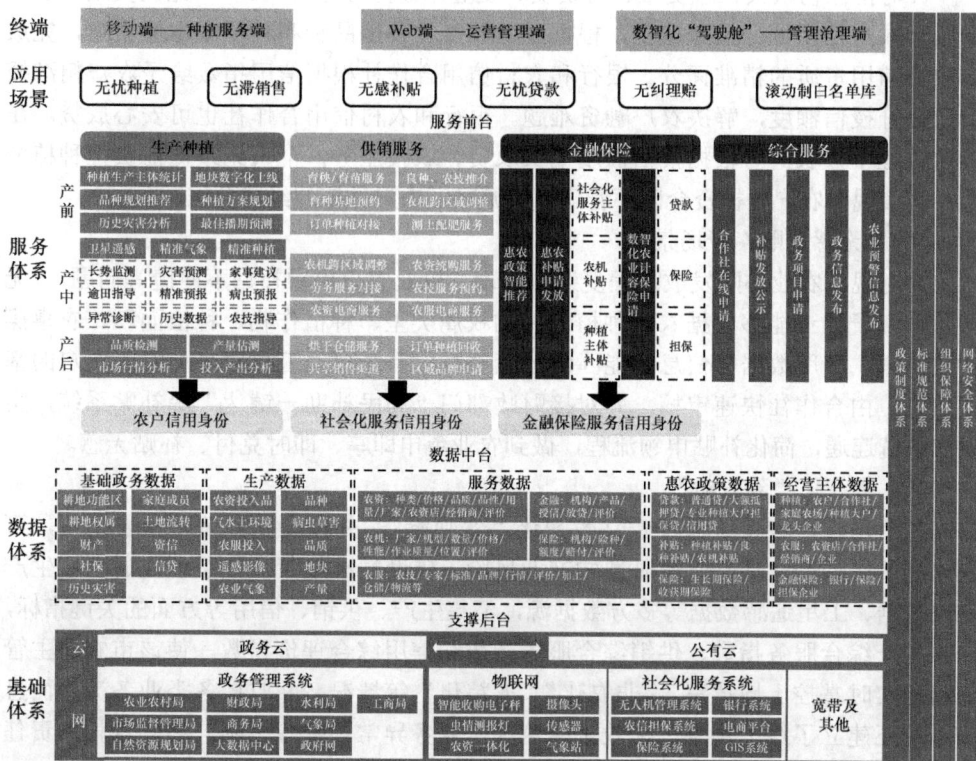

图 5-1 内容（智农在线服务平台的架构）

- 终端：移动端——种植服务端 | Web端——运营管理端 | 数智化"驾驶舱"——管理治理端
- 应用场景：无忧种植 | 无滞销售 | 无感补贴 | 无忧贷款 | 无纠理赔 | 滚动制白名单库

服务前台

生产种植	供销服务	金融保险	综合服务

服务体系

- 产前（生产种植）：种植生产主体统计 / 地块数字化上线；品种规划推荐 / 种植方案规划；历史灾害分析 / 最佳播期预测
- 产中（生产种植）：卫星遥感 / 精准气象 / 精准种植；长势监测 / 灾害预测 / 农事建议；适田指导 / 精准预报 / 病虫预报；异常诊断 / 历史数据 / 农技指导
- 产后（生产种植）：品质检测 / 产量估测；市场行情分析 / 投入产出分析

- 产前（供销服务）：育秧广育苗服务 / 良种、农技推介；烘种基地履约 / 农机药区域调控；订单种植对接 / 测土配肥服务
- 产中（供销服务）：农机跨区域调度 / 农资统购服务；劳务服务对接 / 农技服务预约；农资电商服务 / 农机电商服务
- 产后（供销服务）：烘干仓储服务 / 订单种植回收；共享销售渠道 / 区域品牌申请

- 金融保险：惠农政策智能推荐；惠农补贴申请发放；数智化农业计保险申请；社会化服务主体补贴；农机补贴；种植主体补贴；贷款；保险；担保

- 综合服务：合作社在线申请；补贴发放公示；政务项目申请；政务信息发布；农业预警信息发布

信用身份：农户信用身份 | 社会化服务信用身份 | 金融保险服务信用身份

数据中台

数据体系：

基础政务数据	生产数据	服务数据	惠农政策数据	经营主体数据
耕地功能区 / 家庭成员；耕地权属 / 土地流转；财产 / 资信；社保 / 信贷；历史灾害	农资投入品 / 品种；气水土环境 / 病虫草害；农服投入 / 土质；遥感影像 / 地块；农业气象 / 产量	农资：种类/价格/品质/品牌/用量/厂家/农资店/经销商/评价；农机：厂家/机型/数量/价格/性能/作业范围/位置/评价；农服：农技/专家/标准/品牌/行情/评价/加工；仓储：种类/数量/仓储费	贷款：普通/大额抵押/专业农技大户/信用贷款；保险：种植险/除种/频度/赔付/评价；补贴：种植补贴/农机补贴；保障：生态保险/收供期保险	农资店/合作社/专业农技大户/龙头企业；经销商/合作社/企业；银行/保险/担保企业

支撑后台

基础体系

- 云：政务云 | 公有云
- 网：
  - 政务管理系统：农业农村局、财政局、水利局、工商局；市场监督管理局、商务局、气象局；自然资源规划局、大数据中心、政府网
  - 物联网：智能收购电子秤、摄像头；虫情测报灯、传感器；农资一体化、气象站
  - 社会化服务系统：无人机管理系统、银行系统；农信担保系统、电商平台；保险系统、GIS系统
  - 宽带及其他

右侧纵向体系：政策制度体系 | 标准规范体系 | 组织保障体系 | 网络安全体系

图 5-1 智农在线服务平台的架构

（2）"无滞销售"子场景

针对农产品供需对接不畅、农产品滞销等问题，"无滞销售"子场景包含市场行情系统、供销直通系统（供需对接、合作社统销等系统），引入多家农业企业，能够快速对接多类市场和收购主体，实现农产品的畅销。

市场行情系统能够及时感知农产品"出厂价格"、市场价格变化等动态信息，根据农产品的农资、农服和农机方面的生产种植成本，以及农产品交易市场价格等多方面数据，进行滞销分析预警。

供销直通系统基于区块链打造全程品质溯源体系，保证生产、销售信息可追溯。此外，该系统包含了应急响应机制，如对接企事业单位的食堂、农贸市场的共享摊位等，合作社和市场主体在系统中实时上报风险情况，多级联动拉动销售，解决农产品滞销问题。

（3）"无忧贷款"子场景

针对担保物缺失、融资难、融资贵、资金用途监控难等问题，"无忧贷款"子场景基于农户信用评分指数模型，根据种植种类、种植品种和种植成本等信息，完成对农户信用资质的精准评分。银行和农村信用合作社根据信用指数给予农户精准授信，提升授信额度，解决农户融资难题。银行和农村信用合作社也可安心放贷。在种植过程中，农户可根据授信额度购买农资、农技服务，个人无须提前负担种植成本，既实现了农户种植资金闭环管理，又减轻了农户种植的经济负担。

（4）"无感补贴"子场景

针对现有农业补贴发放流程复杂、烦琐，以及农户申领补贴不便捷等问题，"无感补贴"子场景能够根据农户种植地块的权属类型、种植作物、种植面积、农事操作及供销、信用数据等信息智能匹配政策补贴。系统自动汇总应享补贴的农户的基本信息，由合作社快速审核，并对接财政部门"利民补助一键达"等补贴系统，实现多系统连通，简化补贴申领流程，做到农业免申即享、即时兑付、补贴无感。

（5）数智化"驾驶舱"

在治理端，该系统通过建立数智化"驾驶舱"，并预设业务风险预警模型，可视化展示区域产业动态，实时感知产业风险，辅助精准施策。该系统连通全域生产地块数据、卫星遥感数据等多方数据源，汇集生产、供销、信用等方面的关键指标，构建生产综合服务指数、供销综合服务指数和信用综合评价指数，使该市农业主管部门能实时掌控土地撂荒、"非农化""非粮化"等情况，并监控各类业务流程而且该系统还建立了线上预警、绩效进度监控、业务异常预警等机制，并联合相关责任部门，线上跟踪预警响应进度，可实现保障管理一体化。

4．现实效果

（1）生产环节：实现种植全流程服务闭环

在生产端，线上依托数字化工具整合涉农资源；线下依托合作社、MAP系统和其他涉农机构，为加入合作社的农户提供产前、产中和产后一站式服务。

① 产前，该系统综合服务资源和区域信息。该系统通过对历史灾害、品种特征、土壤信息等数据的分析，为农户量身定制全程化标准种植方案，让农业种植从过去"靠天吃饭"的经验种植模式，变成"知天而作"的智能现代化种植模式，提升种植质量，实现技术无忧。

② 产中，通过集成自动化遥感分析平台、精准农业气象平台、AI病虫害识别平台等数智化平台，该系统可以实时监控种植风险，为农户提供气象预警预报、病虫害分析及防治、农事建议等智能服务，帮助他们准确掌握田间作物的生长状况，将传统农业中依靠经验解决田间问题的方式变为科技化手段，及时发现田间存在的问题。如果农户需要植保施肥，那么该系统会自动匹配网上农资商城信息和可用信用

授信额度，农户使用授信额度直接购买农资，无须提前垫资；也可以发起采购需求，由合作社进行统购，实现生产管理无忧。

③ 产后，该系统分析投入产出情况，提供种植结构优化建议，并根据农产品"出厂价格"、市场价格变化等动态信息，建立市场分析子系统，帮助农户了解市场收购行情，让农户根据行情采摘及销售，同时通过价格保险、订单销售、合作社统销、政府助销等方式实现销售无忧。

目前，该市共有 1094 家合作社、1734 家农业经营主体和 1425 家农户上线系统平台，建有 300 亩示范农场。

（2）供销环节：打通农资农服供应和农产品销售双向通道

在供销端，该系统打通农资农服供应和农产品销售双向通道，以合作社为组织主体，通过平台为农户提供统采、统销服务，提升服务效率和能力。

在生产采购环节，农户通过平台发起采购需求，合作社定期进行归集，并向入驻平台的服务机构进行集采。在确定集采价格后，农户可现金支付也可使用授信额度。对于使用授信额度方式进行采购的农户，政府全额贴息，实现无息贷款统购，降低生产成本。在农产品销售环节，该系统通过企业订单、合作社统销、政府助销、价格保险等方式实现托底销售，并建立黄色和红色预警机制，确保销量和价格。目前，该市已有 15 家电商平台、45 家农贸市场、20 家农产品配送企业、7 家生鲜企业、196 家企事业单位食堂与 100 多家示范合作社建立了农产品供销直通体系和滞销响应机制。

（3）信用环节：构建农户信用身份和涉农服务白名单体系

在信用端，该系统通过打通跨部门、跨层级、跨业务的各类数据系统，以及汇聚的多维数据，构建农户信用身份和涉农服务白名单体系，降低农民的资金使用成本，提升涉农服务质量。

通过打造农户的精准信用评价体系，该系统构建银行、保险等金融机构互认的农户信用身份。对于信用好的农户，保险公司定制开发非政策险，农户可即投即保；保险公司通过数字化手段进行生产全过程监管，实现快速定损和理赔；银行提供信用授信，农户可即申即用，并可授权银行直接支付给白名单内的农资农服企业，实现快速审批和放款。补贴系统则根据农户情况自动匹配补贴类型，无须农户申请，后台自动推送相关信息至审核部门，实现补贴不漏不重和全过程在线监管。同时，该系统基于农户和行政管理部门对金融保险与社会化服务组织的服务质量、效率、价格、态度等进行评价的功能，打造滚动白名单库，促进服务质量持续提升。目前，该系统已为 1425 名农户建立了信用身份，"无感"授信近亿元。

（4）管理决策环节：建立动态感知和智能预警机制

该系统利用数据管理和可视化展示技术建设数据"驾驶舱"，相关管理部门和农技服务人员可根据数据"驾驶舱"展示的信息，实时掌握产业动态及风险，并对农户进行精准的农事、农技指导。通过真实的数据，该系统可以帮助相关管理部门了解合作社服务情况，并跟踪相关部门的工作指标完成情况，保证制度和政策落实到位，为相关管理部门决策提供实时的依据。该系统还建立了业务风险模型，实时预警区域农业风险，并利用线上机制跟踪风险响应进度，提升了相关管理部门的行政管理效率，最终实现行政管理和指导的精准、高效。

目前，该系统已建立全域的"三位一体"智农综合管理"驾驶舱"，实现了政务问题快速发现、快速决策和实时追踪。

5. 数智化成熟度评价

这里的农业是指在丘陵地带开展的种植业。在进行数智化转型后，由于农业本身的特征，管控力和组织力虽然相比以前有一定的提升，但是提升幅度不大；决策力、营销力、生态力和供应力有较大提升；产品力有一定的提升。"三位一体"智慧农业的数智化成熟度如表 5-1 所示。

表 5-1　"三位一体"智慧农业的数智化成熟度

能力	核心要素	得分	均分
管控力	企业文化	2	2.6
	流程管理	3	
	制度管理	3	
	组织管理	2	
	计划管理	3	
决策力	诊断问题的能力	4	3.2
	收集资料的能力	3	
	对发展趋势、市场变化做出预测的能力	3	
	提供可行性方案的能力	4	
	评析问题的能力	2	
组织力	组织形态、结构和运作机制的合力	2	2.5
	组织的内外沟通和宣传能力	3	
营销力	以消费者为本的销售策略	4	3.6
	持续合作的能力	4	
	营销策略的执行能力	3	
	营销渠道的多元化程度	4	
	市场占有能力	3	

续表

能力	核心要素	得分	均分
产品力	提供使用价值的能力	5	3
	提供品牌价值的能力	4	
	用户对产品的接受能力	4	
	知识产权和技术标准	1	
	产品迭代能力	1	
供应力	提供服务的总成本	3	3.75
	资产管理效率	4	
	产品或服务的响应办法	4	
	库存策略	4	
生态力	对企业生态活动实施反馈调节的能力	4	3.33（保留两位小数）
	对企业生态圈整体的影响能力	3	
	处理企业协同竞争的能力	3	

5.1.2　智慧温室

某农业物联网生态品牌平台秉承"以工业思维赋能农业"的理念，通过物联网赋能农业产业链，实现了交互模式和生产模式创新，搭建了从农田到餐桌零距离的交互定制平台，实现了生态农业和科技的共创共赢。

1. 需求痛点

我国是一个农业大国，农业历史悠久。但在现代农业设施的发展上，起步较晚。20 世纪 60 年代，我国才出现了结构简单的塑料大棚，到 20 世纪 70 年代后期，我国才逐渐开始重视现代化温室大棚的发展和建设。

随着时代的发展，人们对农产品品质的要求越来越高，这与国外智慧农业的成果对国内农产品市场产生的冲击有关。在传统的温室大棚种植过程中，许多问题开始凸显，其中有下列 3 个主要问题。

① 环境信息数据采集滞后。设施农业对环境的要求比较高，依赖性强，环境信息采集滞后可能造成险情。

② 温室大棚管控困难。在传统的温室大棚中，如果农户想要调节大棚内的环境，需要靠人工完成，费时且费力。

③ 人工成本居高不下。目前，从事农业的年轻人较少，农忙时，雇工困难，且费用较高。

为了适应现代农业发展的客观要求，一些专家、学者提出，引入人工智能、物联网等技术打造智慧温室，能有效解决生产效率低、劳动力不足等难题。例如农业机器人的推广应用、智能化农业调控设备的使用，不仅可以减少农户的人工操作，还可以帮助农户解决疫情期间雇用人员无法聚集并开展工作等实际困难。

2．方案概况

该平台的智慧温室以高标准玻璃温室为硬件基础，以农业物联网管理平台为软件基础，配套传感器、水肥一体化系统、采摘机、排风机等农业设施，实现温室环境信息的自动采集和温室环境的自动调控。该平台的智慧温室可以控制灌溉和施肥作业，实现全流程智能化生产。该平台的智慧温室通过物联网、云计算、大数据等现代信息技术控制设备，利用各类传感器监测环境信息，借助智能高清摄像头采集作物生长信息，并通过模型分析，实现自动调控温室环境，以及控制灌溉和施肥作业，从而让作物获得生长的最佳条件。该平台的智慧温室还利用智能分析实现产量预估，并配套智能采摘机器人，实现设施农业智能化生产。

3．实施路径

为了解决环境信息采集滞后的问题，该平台的智慧温室设置了较为完善的环境信息采集系统，包括部署在农业生产现场的各种物联网设备，如采集器、传感器、高清摄像头、摄像机等，实现生产现场温度、湿度、光照度、大气压力、风速等环境信息的及时采集，并能实时监测病虫害情况、作物长势等信息。该平台的智慧温室为科学生产提供了数据指导和决策依据，同时可供消费者对作物的原始生长信息进行溯源。

为了解决温室大棚管控困难的问题，该平台的智慧温室搭建了水肥一体化系统，该系统不仅能够根据采集的环境数据，自动实现灌溉、施肥、排风、降温等作业，而且可以智能调节施肥比例、施肥量、灌溉时间和灌溉量等，维持作物的水分和营养平衡。

为了解决农村雇工难、人工成本高的问题，该平台的智慧温室根据不同作物的实际情况配备了智能采摘机器人。智能采摘机器人可全天候作业，不仅降低了果蔬采摘的难度，而且提高了果蔬采摘的效率，节约了生产成本。此外，为了进一步降低人力成本，减少温室管理压力，该平台的智慧温室搭配了对应的手机APP，该APP可以实时显示温室内智能设备的工作状态和温室情况，并能够帮助温室管理人员进行人员管理，以此构建规范化、智能化的温室管理体系。智慧温室实际应用场景如图5-2所示。

图 5-2 智慧温室实际应用场景

4．现实效果

目前，该平台的智慧温室解决方案已经在多个地区得到应用，使得温室种植的生产效率提升 60%，劳动力节约 50%，果蔬单产增加 30%，并且温室内果蔬产品的信息均可追溯，整体提升了果蔬产品的种植效果和溢价能力。

5．数智化成熟度评价

本案例介绍的是对温室大棚的数智化管理。由于温室大棚的环境参数是由智能化系统调节控制的，因此，在转型后，管控力、供应力和营销力有较大提升，组织力有一定的提升，而决策力、产品力和生态力的提升不大，如表 5-2 所示。

表 5-2 智慧温室的数智化成熟度

能力	核心要素	得分	均分
管控力	企业文化	2	3.2
	流程管理	4	
	制度管理	3	
	组织管理	3	
	计划管理	4	
决策力	诊断问题的能力	4	2.6
	收集资料的能力	3	
	对发展趋势、市场变化做出预测的能力	2	
	提供可行性方案的能力	2	
	评析问题的能力	2	

续表

能力	核心要素	得分	均分
组织力	组织形态、结构和运作机制的合力	3	3
	组织的内外沟通和宣传能力	3	
营销力	以消费者为本的销售策略	3	3.2
	持续合作的能力	4	
	营销策略的执行能力	2	
	营销渠道的多元化程度	4	
	市场占有能力	3	
产品力	提供使用价值的能力	3	2.2
	提供品牌价值的能力	2	
	用户对产品的接受能力	3	
	知识产权和技术标准	2	
	产品迭代能力	1	
供应力	提供服务的总成本	4	3.25
	资产管理效率	4	
	产品或服务的响应办法	3	
	库存策略	2	
生态力	对企业生态活动实施反馈调节的能力	3	2.33（保留两位小数）
	对企业生态圈整体影响的能力	2	
	处理企业协同竞争的能力	2	

5.1.3 设施农业

某农业科技公司聚焦设施农业种植生产的数智化服务，致力于把人工智能、大数据技术应用到农业场景中。该公司的农业智慧解决方案获得了一些竞赛奖项。目前，该公司在农业种植领域提供具有自主知识产权的硬件、软件、数据产品，并提供基于以上产品的数智化运营服务，来满足种植领域不同规模和层次的客户的需求。

1. 需求痛点

我国南方某省的某市属于热带内陆气候，光照充足，昼夜温差大，具有发展草莓产业的自然优势、错季上市优势和品质优势。该省对草莓的需求量较大，目前供给量不到需求量的30%，大部分需要外来市场供给。因此该市发展草莓产业，既是因地制宜、发挥区域优势的明智之举、得力之举，又是全面推进脱贫攻坚与乡村振兴有效衔接的必然之举。

但是，在该市发展草莓产业，当地政府面临下面 3 个挑战。

① 该地技术力量薄弱，地理位置又较为偏远，专家难以有效地进行现场支持。

② 气候垂直特征显著，小区域气候特点迥异。以该市下辖某县某镇某村为例，该村平均海拔大约 1400 米，最高耕地海拔大约 1900 米，最低耕地海拔大约 1000 米，落差可达 900 米，温差巨大，晴天和雨天甚至会同时出现。

③ 该地的耕地基本都是在山地上开垦出来的小块土地，难以实现规模化种植，因此，当地必须解决用有限的耕地实现高效产出的难题。

2．方案概况

从 2018 年开始，当地村民逐步尝试简单的露地草莓栽种。2019 年，在省、市两级农科院专家的支持下，当地村民开始摸索适合当地实际情况的草莓科学种植模式。2020 年，该农业科技公司的团队开始利用有限的数智化条件，全面提高专家指导的效率。2021 年，在该省农业农村厅的支持下，该农业科技公司与省、市两级农科院共同合作，全面设计并创建数智化草莓生产体系，包括构建草莓生长的数字化模型，从生产端促进当地草莓增产增收；通过数智化，提高当地农村草莓种植的数智化管理、自动化控制水平。通过该农业科技公司的努力，当地村民切身体会到数智技术对草莓产业发展的积极作用。该农业科技公司的做法为促进当地村民共同富裕探索了道路。

3．实施路径

该农业科技公司针对当地农村草莓产业发展存在的瓶颈，提出了数据采集自动化、生产管理智能化、管理记录数字化、产量预测精确化 4 个目标，并按照目标进行平台建设。

（1）数据采集自动化

由于该地地处偏远，难以实现专家的经常性指导，因此该农业科技公司创建了较为完备的信息采集系统。该系统通过各类传感器（主要检测温度、湿度、日照强度、二氧化碳等）和物联网技术，进行自动化环境参数与作物参数采集，并利用数字工作站提供边缘计算能力，进行数据的及时传输与处理。依靠此系统，专家和农户能够远程观测草莓的生长情况与详细数据，便于商讨进一步的种植策略。

（2）生产管理智能化

与绝大多数植物一样，草莓的物质积累也依赖光合作用，而呼吸作用会消耗草莓的物质积累。从日出到草莓进入光饱和期前，是草莓一天内最为活跃的物质形成期。一旦进入光饱和期，草莓的光合作用与呼吸作用实现平衡，不会再因为光照增加而消耗更多的二氧化碳。但过了光饱和期，呼吸作用开始趋强，物质消耗开始增加。因此，该农业科技公司基于草莓生长的上述特点，并结合专家知识和栽培优化理论，构建了草莓生长的数智化模型（生长模型），该模型能够根据气候、土壤、作物和管理参数进行草莓生长情况预测、调节适宜生长环境等。每天，平台后台会计算、预测当日草莓进入光饱和期的时间，并根据草莓生长的数字化模型模拟草莓物质的形成与分配。

当传感器完成数据采集后，平台后台会根据草莓的实际生长情况，与模型结果进行比较。如果草莓的实际生长状况在一段时间内是偏离潜在生长模型的，则需要判断是否进行干预。如果需要进行干预，则从专家系统寻找有效的干预方案，或者直接寻求专家指导，最终根据处理结果完成对水、肥料、温度和湿度的智能化控制；如果不需要进行干预，则继续执行原定的种植计划。草莓数智化种植生产控制逻辑流程如图 5-3 所示。

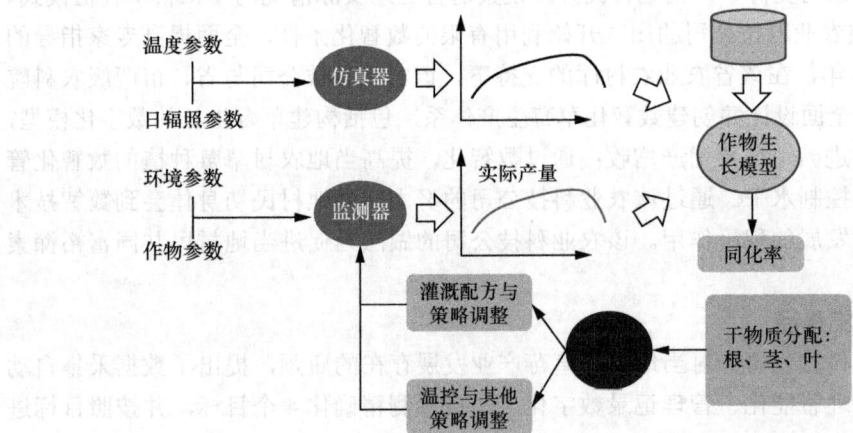

图 5-3　草莓数智化种植生产控制逻辑流程

生长模型的使用和运行也对算力提出了较高的要求，为此，该农业科技公司建立了数字工作站，集成了对于当地农业来说足够的边缘算力，实现了模型的正常运行，并能够有效执行水肥机、温控机等的智能化控制指令。

（3）管理记录数字化

为了更好地优化生长模型，切实提高草莓产量，该农业科技公司对日常基本农事操作进行数字化记录、评估、管理，如"打老叶"等。不同于传统的纸质记录，数字化记录较为全面且利于保存。在每一个生长周期结束后，该农业科技公司将基于之前的记录进行综合评估，如哪个温室的种植管理好、哪个温室"打老叶"更加规范、哪个温室的经济效益高、各类农事操作应该控制在什么频率等，从而对生长模型进行修正和优化。

（4）产量预测精确化

草莓属于生鲜产品，成熟快、产量高、保存期短。该地区地处偏远，运输不便，如果运输至外地市场后再安排销售，则容易因滞销而造成损失。该农业科技公司通过生长模型在草莓生长过程中对当期草莓进行产量预测，供当地农业销售部门基于预测结果进行销售预安排，包括加工包装、宣传渠道拓展、销售排期等，提高了当地草莓产业"最后一公里"的运作效率。

4．现实效果

该农业科技公司搭建的数智化草莓生产体系，使得当地农村草莓产业的用工成本下降30%以上，肥料支出每亩减少2500元，植保支出每亩减少1000元，草莓产量增加30%。除此以外，在生态效益方面，该农业科技公司注重使用净化水进行灌溉，并利用数智技术科学控制水肥投入，一改之前过度灌溉、过度施肥的模式，当地土壤中活性氮和活性磷含量显著减少，土壤pH值也趋于平衡。

该农业科技公司解决了当地农村发展草莓种植的4个主要问题：其一，基于人工智能的专家系统代替专家到现场支持；其二，利用智能化设施，主动适配当地多样的气候条件，最大化满足草莓生长需求；其三，增加了单位面积的产出，压缩了单位面积的种植成本，包括降低水、肥料等的消耗；其四，提高草莓种植日常管理和草莓销售的数智化程度，让数字技术和智能技术服务于脱贫攻坚与乡村振兴。

5．数智化成熟度评价

根据本案例介绍的设施农业的数智化转型的内容，我们发现，数智化对企业的管控力、产品力的提升有限，但是对企业的决策力、组织力、营销力、供应力和生态力有较大提升，如表5-3所示。

表5-3　设施农业数智化成熟度

能力	核心要素	得分	均分
管控力	企业文化	3	2.8
	流程管理	3	
	制度管理	2	
	组织管理	2	
	计划管理	4	
决策力	诊断问题的能力	4	3.4
	收集资料的能力	4	
	对发展趋势、市场变化做出预测的能力	3	
	提供可行性方案的能力	3	
	评析问题的能力	3	

能力	核心要素	得分	均分
组织力	组织形态、结构和运作机制的合力	3	3
	组织的内外沟通和宣传能力	3	
营销力	以消费者为本的销售策略	3	3
	持续合作的能力	4	
	营销策略的执行能力	2	
	营销渠道的多元化程度	3	
	市场占有能力	3	
产品力	提供使用价值的能力	4	2.6
	提供品牌价值的能力	3	
	用户对产品的接受能力	4	
	知识产权和技术标准	1	
	产品迭代能力	1	
供应力	提供服务的总成本	3	3.5
	资产管理效率	4	
	产品或服务的响应办法	3	
	库存策略	4	
生态力	对企业生态活动实施反馈调节的能力	4	3.33（保留两位小数）
	对企业生态圈整体影响的能力	3	
	处理企业协同竞争的能力	3	

5.2 工业数智化转型案例

工业包含很多子产业，每个子产业对科技的需求不一样。本节通过建筑企业、化工企业和智能制造企业的典型案例来分析工业企业的数智化转型。

5.2.1 某建筑企业的数智化转型

2019 年发布的《数字建筑：建筑产业数字化转型白皮书》指出，目前全球建筑业科技含量低，科技投入不足 1%，全球建筑业数字化应用水平仅高于农业，排名倒数第二。过去的工程管理主要依赖经验，较少应用项目中的客观数据。随着大数据、人工智能技术的不断发展，建筑企业可以在工程项目中实施系统的数智化管理，既能提升工程管理水平，又能节省人力成本，大大提高了管理效益。

1. 需求痛点

随着现代建筑的复杂度和体量等的不断增加，建筑施工现场管理的内容越来越多，管理的技术难度和要求在不断提高。传统的建筑施工现场管理模式在速度、可靠性和经济可行性方面很难适应现代化建筑企业的管理与发展要求。

建筑企业可以抓住数智化发展带来的时机，通过大力推进监管方式改革、建造方式改革、建筑产品改革，以及发展方式的改变，不断探索信息管理、智能建造、智慧建筑等数字建筑发展的新模式。

2. 方案概况

该建筑企业的数智化项目围绕"1（平台）+1（中心）+N（系统）"，联合生态圈合作伙伴，共同研发具有标准化、模块化、开放性、兼容性的工程大数据平台，形成数字化、在线化、生态化的全过程管理数据链条，如图5-4所示。

① 数据接入层：包括工程信息化系统、智慧工地管理平台、办公流程系统，以及诸如知识管理系统、工程项目腐败风险防控系统、工程参建方协作系统、智慧档案管理系统、工程造价数据系统等业务系统中的其他各类系统。这些系统作为数据生产和接入源，结合物联网等自动采集技术，为建立工程全过程的数智化体系奠定了基础。

② 基础设施层：利用光缆传输、5G、Wi-Fi等高速通信传输技术，以及服务器、存储、云计算等数据中心基础架构，打造稳定性高、可扩性强的基础硬件资源服务平台。

③ 大数据平台：利用Hadoop集群、分布式文件系统、算法调度等大数据架构技术，制定统一的数据标准和规范，形成各类结构化数据与非结构化数据，以供数据分析、数据可视化、数据发布、数据共享、数据推送等数据服务使用，充分挖掘数据的价值。

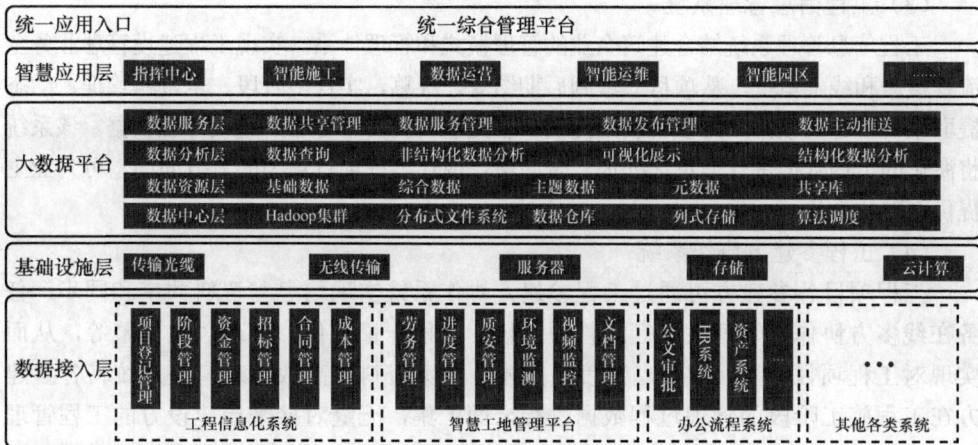

图5-4　数智化框架图

④ 智慧应用层：借助大数据平台获取各类数据和数据服务，并通过一些人工算法模型打造具有潜力的、能够创造用户价值的智慧应用系统，从而改变现有的工程管理方式，改善工程施工流程等。包括的应用有智能运维、智能施工和智慧园区等。

⑤ 统一应用入口：由不同应用场景的 PC 端门户和移动端门户构成。利用个人门户、应用整合服务、界面整合服务、数据整合服务、系统访问等主题服务形成角色用户个性化服务门户页面统一的综合管理平台。统一应用入口包括浏览器、个人电脑、平板电脑、手机等。

"1（平台）+1（中心）+N（系统）"包含下列平台、中心和系统。

（1）综合管理平台

综合管理平台将实现各业务应用系统统一接入、统一门户展示、统一登录、统一授权、统一系统访问、统一消息通知、统一图表查看和消除信息"孤岛"等功能，同时能够进行数据的清洗、分类、转化、分析和展示。该平台以连接、融合为基础，以解决用户需求为目的，是兼容、开放，以及包含用户价值与商业价值的综合集成管理平台。该平台既能为企业打通所有应用系统，又能为决策提供数据依据，从而实现系统集中访问的综合管理应用价值。

（2）数智化指挥中心

数智化指挥中心利用声、光、语音、人脸识别等技术，以及空调、屏幕等设施，打造集 APP、语音交互等控制方式的智慧应用场景，并采用全球先进的桌面交互系统，以及稳定且视觉丰富的 OLED 全透明操作屏，为用户提供可视化的方案。同时，数智化指挥中心采用"云桌面方式"，既能全面、快速地掌握工程现场数据，又能有效地管控运营数据。

（3）工程信息管理系统

工程信息管理系统结合建筑企业的管理模式和管理体系，实现工程建设管理业务全流程覆盖和线上审批，从项目立项到后期结算、决算，实行多阶段、全过程管理，动态提取项目群建设数据，为项目决策提供一套完整、真实、可靠的建设管理数据。该系统将海量的工程数据进行信息化处理，全面覆盖现代工程项目管理的方方面面，可为业主提供精准的服务。

（4）工程参建方协作系统

工程项目各参建方可通过工程参建方协作系统实现信息与资料共享和同步、任务在线多方协作、管理人员行为管理考核、工程计量支付、管理风险预警等，从而实现对工程项目质量、安全、进度、成本、档案资料的高效管理。该系统将各参建方在工程施工阶段的管理过程数据进行全面汇集，无缝对接平台建设方的工程管理信息系统，可为各参建方提供可管、可控的工程管理行为数据，实现在线协同化、行为标准化和数据准确化。

（5）智慧工地监管系统

该系统利用BIM（建筑信息模型）、物联网等先进技术，实现了工程施工过程的精细化、信息化管理；针对各参建方的要求搭建施工现场管理平台、企业智慧监管平台，实现了对安全、质量、进度、投资、人员、物资等的在线化、流程化、可视化管理，可为项目业主、施工单位提供对企业和项目的监管与预警功能。

（6）知识管理系统

知识管理系统以流程引擎为核心，通过灵活可配置的流程引擎，以及多样化的流程审批方式，让流程管理提质增效。该系统可以让各业务的业务流数据与流程工具实现互通，反向驱动业务管理。该系统通过对知识目录的构建，将海量的工程管理知识分类沉淀，形成企业资产，并打通移动端的APP应用，实现统一的移动化互联办公。

（7）智慧档案管理系统

智慧档案管理系统支持多方登录、在线填报、上传归档、电子签名和签章服务；支持一键检验打包，自动生成归档五要素（组件、分类、排列、编号、编目），可实现智能检索与二维码借阅管理。该系统涵盖工程建设过程中资料收集的全生命周期管理，且保证资料的及时性、完整性，可提升企业办事的便利化程度，增强企业的获得感。此外，该系统还可以为项目业主、施工方、监理单位提供高效与智慧的档案管理。

（8）工程项目腐败风险防控系统

工程项目腐败风险防控系统结合行业对腐败风险防控的要求，对工程建设管理业务全流程进行腐败风险管理，对从项目立项到后期结算、决算的各个环节进行事前预警、事中跟进、事后处理。该系统的功能模块的综合应用可以确保工程项目在整个生命周期中保持廉洁、高效、安全。

（9）工程造价数据系统

工程造价数据系统基于对过往大量工程项目信息数据的收集、整理，通过数据技术与算法分析，形成数据库，可为前期投资决策、招标合理性审查、建设工程跟踪对比、实现结算自动化、概算回归，实现对工程建设项目造价成本的智能预测、跟踪和诊断提供数据支持，以达到全过程成本风险动态跟踪与科学控制的目标。

3．实施路径

（1）业务导向，服务管理

坚持工程项目全过程管理信息化、建造过程智能化、成果应用智慧化和大数据增值应用赋能工程建设管理提质增效的发展定位，以业务数据为基础，以"大数据＋

人工智能"为支撑，物联网为纽带，智能建造和新材料为应用，提高工作效率、减轻管理负担为目标，切实满足项目管理者对建造过程的动态监管需要。

（2）顶层设计，标准引路

该建筑企业通过设立工程数智化部，牵头推进整个企业的数智化转型，并且联合生态圈的合作伙伴共谋发展，相时而动，加强顶层设计，打造统一的标准体系。

（3）稳步实施，分步推进

该建筑企业的信息化发展现状不佳，业务系统全面整合的难度极大，信息"孤岛"现象长期存在，因此，现阶段，该建筑企业数智化转型的重点是，从项目立项到工程竣工交付，实现企业和项目两个层级的工程项目全过程信息化管理与协同配合，形成数据驱动下的工程项目设计、施工、运维一体化的建造模式。

（4）重点突破，示范带动

以重点项目先行先试为突破口，提高信息化管理、智能建造与智慧建筑的使用率为出发点，逐步拓展，以示范试点带动企业数智化建设工作的整体推进。

4．现实效果

该企业以大数据、人工智能、BIM、物联网、互联网技术为支撑，实现了数据的实时采集和更新，打破了各业务系统间的数据"壁垒"，实现了业务数据的集成管理，确保项目管理者可利用多方数据进行科学决策。

作为企业生产管理的"指挥所"，数智系统收集、分析、推送、处理各项生产任务，并通过点对点的交流，确保指令到人、责任到人，极大地提高了项目后台管控能力。

例如该企业通过在线标准化技术管理、标准行为管理，数据传输准确率提高30%，安全隐患排查率提高40%，整改率提高40%，整改及时率提高70%，减少人力成本25%以上，节约办公成本20%以上，提高管理效率30%以上。

数智系统基于大数据技术，通过对历史数据的学习，应用于项目成本、工期等绩效指标的预测，实现了成本的有效控制和工期的科学合理排布，精细化管理程度有一定的提高。

在安全生产方面，该企业的数智系统基于人工智能技术，通过对现场信息的识别，进行质量安全、进度的管理，并进行行为分析和施工优化，做到事前预防，极大地减少了质量安全隐患，连续600天无安全责任事故发生。

5．数智化成熟度评价

由于该建筑企业的产品和市场固定，因此，在对它进行数智化转型后，其产品力和营销力提升较少，但管控力、决策力、组织力、供应力和生态力有较大的提升，如表5-4所示。

表 5-4　某建筑企业的数智化成熟度

能力	核心要素	得分	均分
管控力	企业文化	3	3
	流程管理	3	
	制度管理	3	
	组织管理	2	
	计划管理	4	
决策力	诊断问题的能力	3	3.2
	收集资料的能力	3	
	对发展趋势、市场变化做出预测的能力	2	
	提供可行性方案的能力	4	
	评析问题的能力	4	
组织力	组织形态、结构和运作机制的合力	3	3
	组织的内外沟通和宣传能力	3	
营销力	以消费者为本的销售策略	4	2.8
	持续合作的能力	4	
	营销策略的执行能力	2	
	营销渠道的多元化程度	2	
	市场占有能力	2	
产品力	提供使用价值的能力	3	2.8
	提供品牌价值的能力	3	
	用户对产品的接受能力	3	
	知识产权和技术标准	3	
	产品迭代能力	2	
供应力	提供服务的总成本	4	3.5
	资产管理效率	4	
	产品或服务的响应办法	4	
	库存策略	2	
生态力	对企业生态活动实施反馈调节的能力	4	3
	对企业生态圈整体影响的能力	2	
	处理企业协同竞争的能力	3	

5.2.2　某化工企业的数智化转型

从某年开始，某化工企业重新调整了发展规划，聚焦主业竞争力，制定了中长期发展目标，以扁平化、高效化、重心下移、快速反应为管理方向，引入阿米巴经营管理模式，实施低成本竞争战略，通过建立高效的生产运营、考核激励机制，优化人力资源配置，创新采购模式，持续推行减债降费等措施，增强企业持续发展的内生动力。

1. 需求痛点

某年，该企业发生了一起严重的生产事故，给自身造成了严重的损失。为此，该企业的高层决心要保证企业生产的安全。因此，企业高层提出了"五位一体"（重大危险源监测、可燃有毒气体检测预警、风险分区管控、人员在岗在位、全流程管理业务）的安全管理要求，并采购了某企业开发的生产管理与安全应急指挥系统。

该企业以实现企业安全生产要素数智化管理为目标，围绕风险分级管控和隐患排查治理体系、化工过程安全管理、安全生产标准化等内容，建设集重大危险源监控信息、可燃有毒气体检测报警信息、企业安全风险分区信息、生产人员在岗在位信息和企业生产全流程管理信息等为一体的安全生产信息化管理平台，切实落实企业安全生产主体责任，全面提升企业安全生产管理水平。同时，该企业的安全生产信息化管理平台与省、市、县（区）和化工园区（集中区）应急管理部门的安全生产信息化管理平台对接，通过向主管部门上报企业重大危险源及作业施工的安全信息，实现对企业安全生产风险的实时动态监测和预警，不断提升企业安全的信息化、网络化和数字化监管能力。对于该化工企业目前的乙醇、冰醋酸、发泡剂等产品，在其从原料到中间产品，再到成品的生产过程中，生产管控系统提供精细化管理、科学分析的方法和工具，利用信息化技术实现生产管理到绩效分析多维度、多视角、全方位的跟踪管控，帮助企业达成传统流程工业生产的提质降本、节能减排、绿色环保等可持续发展目标。

2. 方案概况

该企业的数智化转型项目通过搭建统一的信息化管控平台，实现对生产过程信息，生产、安全、环保指标数据，人员定位数据，以及视频监控数据的收集。同时，该化工企业的数智化转型项目搭建生产管控和安全管控两大平台，并结合该企业自身生产管控、安全要求，以及所在地省政府提出的化工企业安全生产信息化管理平台建设的基本要求，搭建信息可视化平台，将生产业务域、安全业务域的各类信息进行有效衔接和呈现，为打造该企业生产管控的全面智能化奠定基础。生产管理与安全应急指挥系统业务架构如图5-5所示。

图 5-5 生产管理与安全应急指挥系统业务架构图

生产管理与安全应急指挥系统拥有计划、调度、工艺、操作、罐区、过程监控、生产统计、综合展示等 10 个功能模块，功能覆盖该企业整个生产业务。针对生产业务协同难等问题，该系统可以实现以生产管理为主线的业务贯通和八大分厂的业务应用。该系统通过多层次数据共享，实现数据透明、可视化展示与分析；信息化系统集成，建立数据共享平台，实现生产协同和数据共享（实现工艺操作寻优、实时监控、综合业务决策等）。

生产管理与安全应急指挥系统实现重大危险源监控、可燃有毒气体监测、风险分区管理、集成人员在岗在位管理（集成人员定位系统）和生产全流程管理的"五位一体"建设。针对安全管理的措施落地难、执行力度不够、信息不透明等问题，该系统通过危险源、可燃有毒气体在线监测实时报警的方法，提高安全透明度，帮助企业及时处理问题。通过统一的风险分区管理、制度管理、承包商管理、应急物资管理、职业健康管理等，该系统可以提升企业安全管理的标准化程度；通过作业管理、隐患管理、事故管理等闭环管理方式，该系统可以实时跟进完成情况，使安全管理能够落地执行；通过安全应急指挥子系统，该系统可以实现集成监控与应急指挥联动（物资、危险源定位、视频监控），提高了应急救援的效率；通过移动端 APP，该系统可以实现在线上报隐患和在线审核作业票，极大地提高了工作效率。

（1）风险分区管理

生产管理与安全应急指挥系统按照《风险管理 风险评估技术》（GB/T 27921—2011）和《生产过程危险和有害因素分类与代码》（GB/T 13861—2022）的要求，提供风险因素采集和管理功能，数据包括企业风险清单和风险管控清单。该企业充分利用安全检查表（SCL）、工作危害分析（JHA）、故障类型和 LEC 评价法、危险和可操作性分析（HAZOP）等安全风险分析方法，或者多种方法的组合，开展过程危害分析，确定安全风险等级，从高到低依次划分为重大风险、较大风险、一般风险和低风险。该系统根据风险分级管理的结果，结合 GIS 地图，使用红、橙、黄、蓝这 4 种颜色，自动将生产设施、作业场所等区域存在的不同等级风险标示在总平面布置图或地理坐标图上，实现企业安全生产风险分区分布"一张图"可视化展示。

（2）集成人员定位系统

集成人员定位系统主要集成定位卡收发管理、双向人脸（指纹）识别、门闸车挡控制、大屏信息公示等功能，采用人员刷卡 + 人脸（指纹）识别等实名制认证方式。通过刷卡、指纹确认或人脸识别等技术，该系统对进出企业生产区、储存区、作业区和其他重点监控区的人员类别、数量、所在区域等信息进行识别和实时展示，并提供查询、统计等功能。该系统还提供人员定位功能，包括基本信息查询、移动轨迹追踪、行动轨迹回放等。针对员工离岗、串岗等情况进行及时警告，实时获取现场信息。人员定位采用 ZigBee 定位技术，定位信息可采用无线、光纤等方式进行传输。该系统的定位管理范围主要包括企业安全风险分区中的红色和橙色区域。

3．实施路径

通过集成 ERP、人员定位、设备管理等子系统，生产管理与安全应急指挥系统解决了信息"孤岛"问题，实现了生产管理和安全管控的业务流转，帮助该企业实现了安全生产管理一体化的目标。同时，生产管理与安全应急指挥系统能够减少员工的工作量，降低员工的出错率，便于企业管理层实时掌握安全生产信息并进行安全生产管理，使该企业向信息化、智能化方向发展。

4．现实效果

通过数智化转型，该企业的生产效率得到提高，运行成本有所降低，安全管理效率大幅提高，生产业务数据实现可视化，安全管理数据实现透明化，企业管理水平有巨大提升。该企业数智化转型项目从生产过程控制、安全管理两个方面来实现企业安全生产管理的信息化、智能化。

① 该企业数智化转型项目将生产过程控制和安全管理有机结合，使该企业在

执行生产的过程中提高了安全管理意识，又在进行安全管理的同时对生产过程的步骤、标准不断提出完善意见，并通过作业票、风险辨识、操作跟踪等手段进行协同。

② 生产管理与安全应急指挥系统有效利用该企业现有的控制系统、烟雾探测器、视频摄像头等设施，通过信息化和可视化的方式对采集的数据进行加工处理，结合人脸识别、风险评价、报警分级、订单快速跟踪等信息化方法，提升用户对生产、安全信息感知及决策能力，真正为该企业提供有效的信息支撑。

③ 生产管理与安全应急指挥系统以 GIS（地理信息系统）地图为载体，采用专题图的方式分类显示危险源、应急资源、危化品、危险作业、人员动态、消防系统、泄漏检测、环保监测、视频监控等的实时信息，为安全应急管理人员提供一个高度集成化的风险监控和操作平台。

5. 数智化成熟度评价

化工企业的安全生产是相当重要的。该企业对安全生产进行数智化转型，有力地提升了企业的管控力、决策力和组织力，而企业的营销力、产品力、供应力和生态力的提升有限，如表 5-5 所示。

表 5-5 某化工企业的数智化成熟度

能力	核心要素	得分	均分
管控力	企业文化	4	3.6
	流程管理	4	
	制度管理	4	
	组织管理	3	
	计划管理	3	
决策力	诊断问题的能力	4	3.4
	收集资料的能力	4	
	对发展趋势、市场变化预测的能力	4	
	提供可行性方案的能力	2	
	评析问题的能力	3	
组织力	组织形态、结构和运作机制的合力	3	3.5
	组织的内外沟通和宣传能力	4	

续表

能力	核心要素	得分	均分
营销力	以消费者为本的销售策略	2	2
	持续合作的能力	2	
	营销策略的执行能力	2	
	营销渠道的多元化程度	2	
	市场占有能力	2	
产品力	提供使用价值的能力	3	2.6
	提供品牌价值的能力	2	
	用户对产品的接受能力	3	
	知识产权和技术标准	3	
	产品迭代能力	2	
供应力	提供服务的总成本	4	2.75
	资产管理效率	3	
	产品或服务的响应办法	2	
	库存策略	2	
生态力	对企业生态活动实施反馈调节的能力	2	2.33（保留两位小数）
	对企业生态圈整体影响的能力	3	
	处理企业协同竞争的能力	2	

5.2.3 某智能制造企业的数智化转型

某智能制造企业历史悠久，经历了多次企业转型，现已发展成为一家数字化、智能化都较为成熟的全球化科技集团。到目前为止，该企业在智能制造系统建设上的投入已经超过 100 亿元，某些项目已初见成效。

1. 需求痛点

目前，制造业面临一些问题。首先，一些年轻人不愿意到工厂工作；其次，人工成本的增长速度很快。因此，制造企业需要采用新的技术和方法来解决问题。

2．方案概况

智能制造是新一代信息技术结合制造业的设计、制造、管理和服务等方面形成的新型生产方式。在工业物联网的作用下，该企业的智能制造系统架构分为 4 个部分：能力层、应用层、商业层和产业层，如图 5-6 所示。

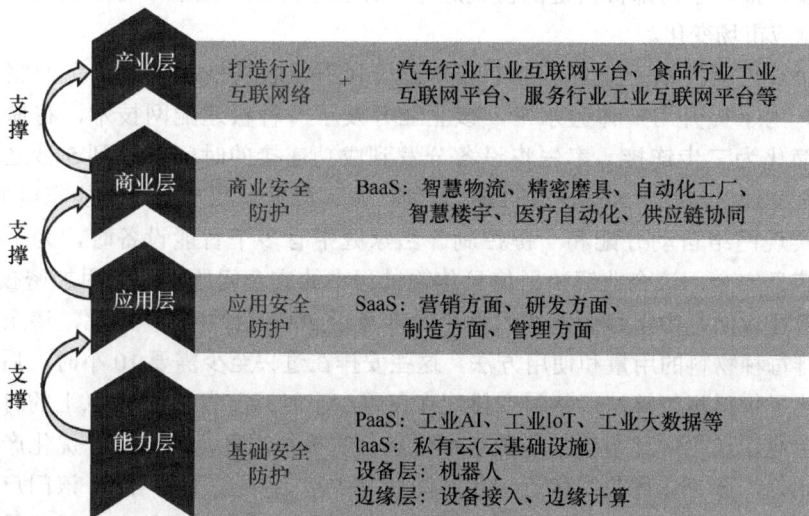

图 5-6　某智能制造企业的智能制造系统架构

（1）能力层提供基础安全防护

该企业的智能制造系统的能力层又可分为 PaaS 层、IaaS 层、设备层和边缘层。在 IaaS 层，该企业的私有云提供云基础设施；PaaS 层由工业 AI、工业物联网、工业大数据等提供支撑，提供工业大数据、统一身份认证、容器云平台和开放平台；设备层主要应用机器人和自动化技术来提供生产等方面的解决方案；边缘层通过设备接入、协议解析和边缘计算等功能提供边缘设备的防护。在《工业互联网发展行动计划（2018—2020 年）》的引导下，该企业不断提高智能制造的硬件实力，探索生产场景中人与机器的最佳协作关系，使员工摆脱烦琐的工作流程。实际上，能力层不仅是促进该企业生产力发展的重要前提，还是该企业数字化和智能化的基本载体。

（2）应用层建立应用安全防护

该企业在能力层的基础上构建应用层，该应用层建立了应用安全"防护网"，为企业的营销、研发、制造和管理提供了安全防护。

在营销方面，由于家电行业经常出现"压货"现象，因此会导致销售渠道中积压大量库存，尤其是空调这种季节性家电。该企业通过数字技术改变了传统的分层分销模式，创建了"T+3"模式（"T"是周期的意思，为客户下单周期），即从订单开始，经过材料采购、生产制造和销售发货3个周期，整个过程实现以销定产。通过"T+3"模式，该企业将产品计划、营销管理、采购准备、制造和物流纳入统一运营的主线，推动了内部价值链的协调运作，减少了库存，缩短了订单交付周期，能够迅速响应市场变化。

在研发方面，该企业负责IoT的子公司利用物联网技术推动该企业整体智能化战略。为了提升用户体验水平，该企业开发了一种极速配网技术，将原来的七步连接简化为三步连接，率先将设备分发到成功连接的时间缩短到5秒之内。另外，该企业通过应用"Smart Touch"功能，大大降低了用户使用智能家电的门槛，并可以实现网络自动分配和一键控制。当家庭中有多个智能设备时，为了确保消费者的信息安全，该企业解决了信息传输过程中的安全问题，即使用加密技术。

在管理方面，由于该企业的日常生产涉及近200万种物料，因此，该企业必须预先安排每种物料的用量和使用方法。这些安排在过去至少需要10小时。后来，该企业优化了物料规划算法，物料安排现在仅需1小时，节省了90%以上的时间。另外，该企业还在生产环节增加了数字孪生和仿真模拟功能，这有助于优化产品整体性能。此外，该企业还花了将近一年时间建立了一个新的门户网站。该门户网站不仅可以显示该企业工业互联网平台的功能，还可以及时向公司的产品或项目团队分配客户需求并跟踪解决客户问题。

（3）商业层构造商业安全防护系统

该企业在商业层中引入了智慧物流、精密模具、自动化工厂、智慧楼宇、医疗自动化、供应链协同等系统。通过引入这些子功能系统，该企业构建了商业云生态，使企业的整个产业链不断延伸，并且在许多领域都开始进行数智化转型升级。该企业的全流程企业数智化解决方案向社会输出云端服务、数据和管理实践等。通过数字化连接价值链的各个环节，该企业实现了智能控制、运营优化和组织方式变革。

（4）产业层打造行业互联网络

该企业除了自身的家电工业互联网平台以外，还希望为其他行业的企业创建其领域的工业互联网平台。该企业自身的产品种类丰富，其他领域的产品需要通过平台合作加以补充。该企业的优势在于可以在智能场景和内容层面上进行开发。例如，该企业的智能食谱体验能使烹饪新手通过APP控制烹饪机器人制作美味的菜肴。该企业在过去已经完成了家电行业的工业互联网平台建设，现在还为汽车、服务和食品行业提供服务。随着跨行业和跨领域服务经验的积累，该企业的家电工业互联网平台将在智能制造方面拥有更大的发展空间。

　　基于价值链整合的智能制造系统运行路径，如图 5-7 所示。该企业通过以数字化为基础的智能制造和以产业互联网为依托的精准定制对供应链进行数智化赋能。"互联网+"对该企业供应链赋能，打造极具竞争力的供应链生态系统，助力该企业发挥核心竞争力，优先获取供应链上的高优配置。该企业建立先进制造业工业云，开展行业共性公共服务，提供供需对接，使区域内和行业内的企业共享资源，这是该企业数智化技术赋能的重要途径。

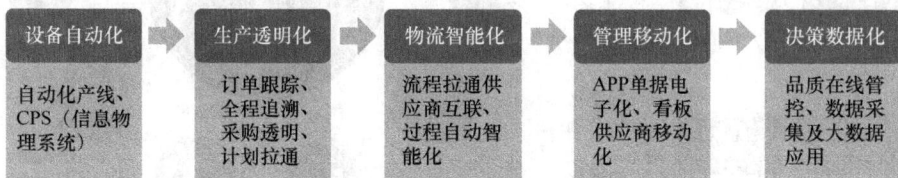

设备自动化	生产透明化	物流智能化	管理移动化	决策数据化
自动化产线、CPS（信息物理系统）	订单跟踪、全程追溯、采购透明、计划拉通	流程拉通供应商互联、过程自动智能化	APP单据电子化、看板供应商移动化	品质在线管控、数据采集及大数据应用

图 5-7　基于价值链整合的智能制造系统运行路径

　　在制造和经营端，该企业对全价值链进行数字化、智能化的生产和经营管理。区别于其他一些制造企业依靠整合外部资源进行的转型，该企业加快整合自身硬件、软件、系统等的智能化、数字化"基因"。该企业收购全球四大工业机器人公司之一的德国库卡，将机器人应用于汽车、服务、食品等行业的智能制造领域，抢占智能制造的制高点。与此同时，该企业通过以软件、数据驱动的全价值链运营，覆盖研发、产品预定、生产计划、柔性制造、产品品质跟踪、物流、客服和安装等环节，使各环节衔接的更加流畅。

　　在产品端和服务端，该企业专注创造有智慧和温度的智能产品并提供全价值链的"智慧家居"服务。该企业继续在新兴技术领域（如人工智能、芯片、传感器、大数据和云计算）进行投资和研发，并赋予产品、机器、流程和系统以感知、识别、理解与决策能力，尽量减少人机交互，创建"无交互"的智能家电。同时，围绕"人与家庭"构建物联网全价值链，涵盖用户数据保护、智能场景内容运营、智能连接技术开发、智能家居生态建设、云平台建设、智能语音功能和数据云管家服务等方面，为用户提供完整的智能家居生活解决方案。该企业的智能协议及模块已覆盖该企业全部智能家电，40 多个品类的家电可以实现互通互联。

　　该企业的"M.IoT"平台是我国第一家完整的工业互联网平台，实现了 C2M 灵活制造、模块化研发平台、数字技术和仿真，使智能物流、数字化营销、数字客户服务和其他深入的变革成为可能。该企业的工业互联网平台解决方案除了在公司自身产业链上应用以外，还向超过 200 家不同行业的企业提供服务。智能化整合用户数据路径如图 5-8 所示。

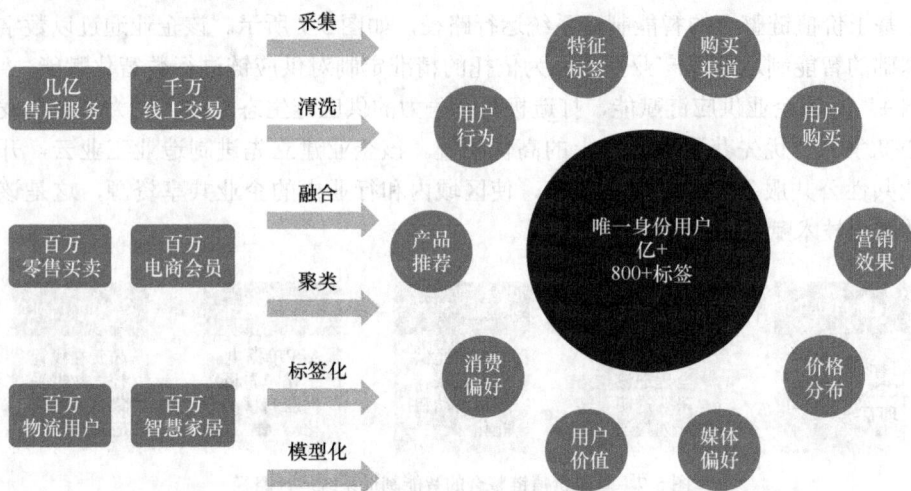

图 5-8 智能化整合用户数据路径图

3．现实效果

随着智能制造的不断发展，该企业实现了集自动化设备、透明化生产、智能化物流、移动化管理和数据化决策于一体的价值链体系，专注于精准交付、提高效率、提高质量和数字透明。作为一家制造业公司，该企业已经实现了从营销到制造，再到供应的所有功能，并已完全覆盖制造价值链。在该企业的新型工业互联网平台架构中，应用层涵盖了前端营销、数字研发、智能制造和企业管理。可以说，该企业有一个全链输出的工业互联网平台解决方案。

该企业运用大数据分析进行按需设计、按需生产、精确指导，创建了一个企业生态数据圈，并使数据驱动成为本能。该企业对生产和研发的产品进行智能分析、精确导购、智能营销，并完善了售后服务。新版本的工业互联网平台将该企业的不同部门整合在一起，以实现外部授权，从而使客户和该企业内部双双受益。该企业提供的一站式服务可以带给客户更多服务，并帮助该企业的营销部门找到新客户。此外，该企业的人员不断精简、库存不断释放、产品质量不断提高、生产更加稳定，这些都是数智化带来的回报。

面向消费者，该企业建立了企业 APP 与微信公众号，以增强用户黏性，开放服务全过程，促进销售增长和品牌推广；面对其他企业，该企业开放整个价值链，并迅速推动价值链的移动化升级，以实现业务进程的加速；面对企业内部组织与管理，该企业实现了信息共享，加快了内部财务、BI（商业智能）、人力资源、OA 等系统的协同，构建扁平化的组织，创新管理模式。

4．数智化成熟度评价

该企业对各种科技手段应用熟练，而且具有高效的内部组织，因此，在进行数智化转型后，该企业各个能力都有较大的提升，如表 5-6 所示。

表 5-6 某智能制造企业的数智化成熟度

能力	核心要素	得分	均分
管控力	企业文化	3	3.6
	流程管理	4	
	制度管理	4	
	组织管理	3	
	计划管理	4	
决策力	诊断问题的能力	4	3.8
	收集资料的能力	4	
	对发展趋势、市场变化做出预测的能力	4	
	提供可行性方案的能力	3	
	评析问题的能力	4	
组织力	组织形态、结构和运作机制的合力	4	4
	组织的内外沟通和宣传能力	4	
营销力	以消费者为本的销售策略	5	4
	持续合作的能力	4	
	营销策略的执行能力	4	
	营销渠道的多元化程度	4	
	市场占有能力	3	
产品力	提供使用价值的能力	4	3.6
	提供品牌价值的能力	3	
	用户对产品的接受能力	3	
	知识产权和技术标准	4	
	产品迭代能力	4	
供应力	提供服务的总成本	4	4.25
	资产管理效率	4	
	产品或服务的响应办法	5	
	库存策略	4	

能力	核心要素	得分	均分
	对企业生态活动实施反馈调节的能力	3	
生态力	对企业生态圈整体影响的能力	4	3.67（保留两位小数）
	处理企业协同竞争的能力	4	

5.3 服务业数智化转型

过去，科技在服务业中的体现往往不明显，因为服务顾客的工作往往由人来完成，而现在，服务业的科技含量在逐步增加。本节通过银行、证券公司和零售企业的典型案例来分析服务业的数智化转型。

5.3.1 某银行的数智化转型

随着大数据技术、人工智能技术、移动互联网、云计算技术的快速发展，各大银行都在积极进行自身业务和科技的转型，以实现科技赋能。

当前，我国正加快构建以国内大循环为主体、国内国际双循环相互促进的新发展格局，以数字经济赋能产业转型升级、推动经济高质量发展，而数字经济的发展基础正是企业的数字化转型。而随着金融科技迅速发展、新基建加快布局、数字货币多地试点加速、"监管沙盒"扩围提速等，这些宏观政策和新型基础设施升级为数字化转型创造了良好环境。在新经济战略的带动下，我国数字经济发展迅速，显示出了强大的生命力和韧性。

科技始终是推动金融业创新发展的重要力量，金融与科技深度融合发展，提升了金融服务效率和客户体验水平，降低了金融运营成本，推动了金融服务模式创新。在业务经营管理数字化转型进程中，商业银行快速融入城镇化、大健康、大消费等产业场景，产业生态平台建设和渠道服务布局，将为银行新一轮科学技术应用带来广阔空间。

数据资产成为关键生产要素，数据治理提上重要议事日程。为了引导银行业加强数据治理，为数字化转型奠定坚实基础，监管部门要求银行的金融机构将数据治理纳入公司治理范畴，促使银行高级管理层重视数据治理，打好数据治理基础，制订数据标准化规划，建立数据质量管控机制，进一步提高数据质量，实现一般意义的"数据"向有价值的"数据资产"转化。

1. 需求痛点

银行进行数智化转型，具有时代的紧迫性，具体体现如下。

① 外部环境与内生动力的关系。在"双循环"新发展格局下，社会各产业、各领域都在积极推进数字化转型。金融作为现代经济的核心、实体经济的"血脉"，只有围绕服务实体经济推进数字化转型，才能融入发展大潮。因此，银行自身数字化能力提升，以及与外部数字化环境融合适配就显得非常迫切。

② 需求侧与供给侧的关系。对于需求侧，客户群体结构的显著变化导致客户行为习惯发生变化。"90后""00后"人群开始成为社会消费的重要群体，他们更愿意通过数字化、网络化的方式获得服务，追求定制化和个性化的产品与服务。对于供给侧，银行采用的传统的网点服务、上门推销、电话营销等无差别金融服务模式已不再受到年轻客户的青睐，这倒逼银行在供给侧加快数字化转型。

③ 创新发展与守正行稳的关系。近年来，随着移动通信终端的普遍使用，金融创新服务已渗透到居民的衣、食、住、行、用等方面。针对互联网用户信息泄露、非法收集信息等安全问题，我国先后出台了《中华人民共和国个人信息保护法》《中国银保监会监管数据安全管理办法（试行）》等法律法规，对金融创新服务合规性、信息安全保护等提出了更高的要求。银行在创新业务模式、推动自身经营发展的同时，以及遵守国家政策和监管要求的基础上，首先要保证各系统运行安全、保护客户信息、维护客户合法权益。

因此，某银行积极进行数智化转型，希望实现全行数据标准化、数据生产服务自动化、数据支撑持续化、数据运营智能化。

2．方案概况

该银行数智化转型的方案分为业务方案和技术方案。

（1）业务方案

该银行的业务方案面向所有业务线的业务运营人员和技术研发人员，总体用户量在1000人以上。以数据中台为基础的数智系统作为该银行新一代数据基础设施，将为智慧营销、智慧风控、智慧运营等方面提供有效的数据支持。

在智慧营销方面，该银行以客户为中心，提供全方位、多维度的数据服务。数智系统整合了行内外的数据资源，从客户、账户、交易、产品、互联网征信、互联网消费、物联网等方面，对客户价值和潜力进行深度挖掘。此外，数智系统支持150多种机器学习算法，且采用多种建模方式，覆盖全场景，可以根据业务需求，快速形成高效、智能的营销方案。

在智慧风控方面，该银行采用实时计算的风控引擎，支持贷前、贷中、贷后的全流程线上风控管理。数智系统根据线上风控的业务场景，打造了可以拖拽开发、一键部署、实时计算的风控引擎，平均1.2秒就能完成一笔业务的风险识别，为网贷、信用卡、小企业网络融资等线上业务提供了高效、可靠的风控解决方案。

在智慧运营方面，该银行建立"天眼"可视化平台，全面洞察和管控数据背后的价值。该平台应用"时间、地区、业务、财务"大数据接入和处理能力,实现机器、商圈、网点的数字化运营。

为了提升业务项目的交付效率,该银行通过建立数据中台,创新交付模式,加快释放数据价值。数据中台打造一站式多元化的数据服务体系,全面提高数据开发、数据服务、数据分析等各个环节的效率,并保证数据质量和数据安全,支持平台的运营和运维,使银行能够更快、更稳定、更安全地使用数据,帮助数据团队进行数据协作,助力银行数字化转型和决策分析。数据中台为各业务部门和分支机构使用数据提供自由、开放的环境,使业务人员或数据开发人员可针对全行所有数据产品,使用在线编辑开发和发布功能。数据中台将传统的数据需求科技定制开发模式转变为平台提供统一开发环境的自助模式,极大地提高了数据需求响应效率。

(2)技术方案

技术方案包含系统逻辑架构、系统物理架构和系统应用架构。

① 系统逻辑架构:大数据云平台综合运用大数据、人工智能、微服务、容器云、流计算等多种技术手段,自主设计并实现了以4个应用中心(资源中心、生产中心、服务中心、运营中心)和16项核心数据能力为支撑的数据中台云化技术架构。该银行通过数据的敏捷开发模式,有效提升银行科技的交付能力。大数据云平台聚焦数智化营销、数智化风控、数智化运营三大关键场景,有效支撑了该银行数智化转型战略的实施。

大数据云平台将现有的每一个服务抽象成一个单元,并逐步完善系统与业务服务应用间的日志留存功能、平台管理功能与监控功能,引入能力开放展现、三库服务(交易数据库、客户数据库、资产数据库)、监控服务、风险监控引擎、流程引擎、调度引擎、检索引擎、日志采集引擎等一系列增强组件,增加接口报文配置、日志全文检索、日志统计、应用服务监控、菜单权限等功能,极大地方便了开发流程和管理统计的员工。

现有的大数据云平台的系统逻辑架构分为3层:数据存储层、基础组件层、应用服务层。该架构中的3个层相互依赖,相互解耦。大数据云平台支持分层管理,通过能力开放,可实现大数据云平台的数据、服务、资源的开放,从而支持该银行各个分行的特色业务的开展。

② 系统物理架构。大数据云平台的系统物理架构主要分为3层:底层为IaaS层,提供基础物理资源服务支持,通过租户租用的方式使用行内存储和计算资源;中间层为PaaS层,提供数据云的云化容器,以及数据库和数据的开发与技术引擎支持;上层为SaaS层,提供4个中心(资源中心、生产中心、服务中心、运营中心)的数据服务。整个架构可横向扩展和动态分配资源,从而在最大限度上节省行内硬件开销和合理使用分配资源,如图5-9所示。

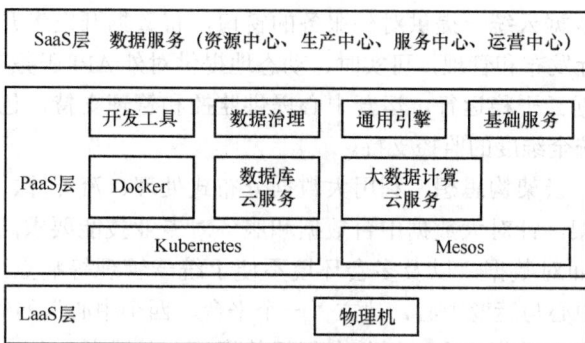

图 5-9　系统物理架构

③ 系统应用架构。大数据云平台的系统应用架构包含服务中心、生产中心、资源中心和运营中心，如图 5-10 所示。

资源中心负责统一管理和调配储算资源，使得大数据云平台的基础资源可以按照租户的模式进行动态、弹性分配，既充分满足各租户开发的使用需求，又节省资源开销的成本。

生产中心负责数据开发全生命周期支持，包括数据开发工具、数据治理管理、数据资产梳理和数据安全保障，充分满足各数据开发者对全行数据的开发要求，形成各式各样的数据产品。

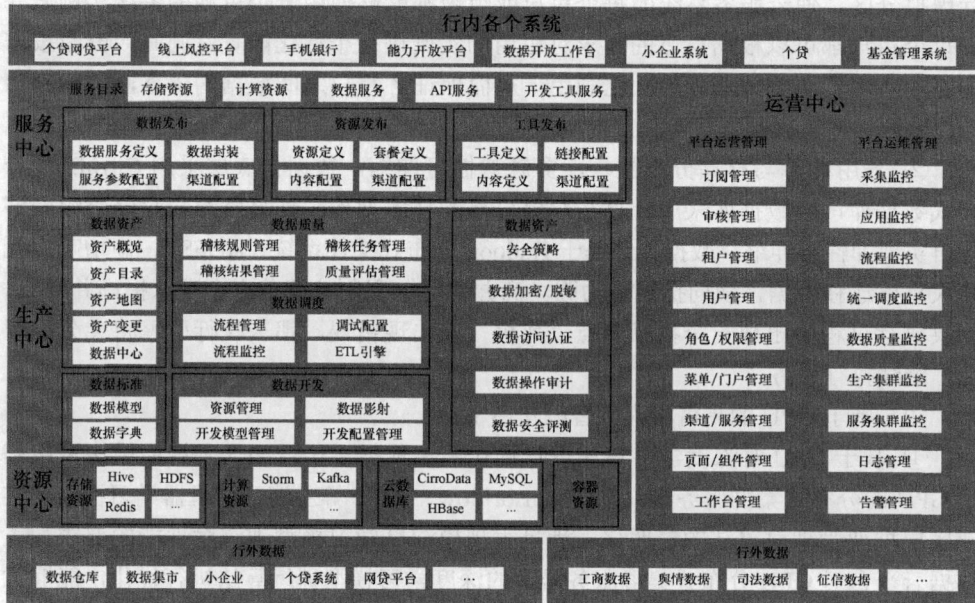

图 5-10　系统应用架构

服务中心为数据云统一提供对外服务的窗口，将数据开发者开发的数据产品进行服务封装并进行发布和管理，可实时、动态地提供对外 API 服务支持。

为了保证数据云平稳运行，运营中心提供监控和管理支持，包括对各类开发者的统一管理和系统全维度的监控支持。

数智系统基于云架构思想，利用大数据分布式处理、流计算、微服务、NoSQL 等成熟的技术框架，针对大数据中台数据和服务对专业技能要求高，业务和数据开发人员无法直接面对数据，以及多套环境不便于统一管理等痛点，依托服务中心、生产中心、资源中心与运营中心，建立"一个平台、四个中心"的体系。

该银行构建私有数据中台，提供全行级的资源、技术共享能力。从技术角度来看，该银行的数据中台以云架构为基础，以"大数据 +MPP（大规模并行处理）"混搭框架为底层数据存储架构，并结合数据开发、数据治理、数据监控运营、数据能力封装等工具，将传统的数据加工模式转变为 DataOps 模式，从而真正实现全行级数据的在线开发和实时开放。

从数据资产角度来看，该银行的数据中台真正使全行数据得以汇集，结合大数据租户概念，从总行、分支行或合作伙伴各个维度，将数据资产进行统一管理和隔离，使该银行的数据资产得以积累并"传承"。

（1）支持基于多租户的云化平台

① 支持多租户模式，融合云计算。该银行的数据中台采用多租户技术将资源进行虚拟分区，使云服务系统的每个租户或组织都能够使用一个单独的系统实例，并且每个租户都可以根据自己的需求对租用的实例进行个性化配置，同时，资源按需调整，实现资源的共享和最大化利用，从而保证各租户之间数据的隔离，实现应用一点部署、多点使用。

② 采用计算与存储分离架构，资源弹性可伸缩。数据云底层采用 CirroData 分布式数据库，该数据库采用计算与存储分离的技术架构，计算资源与存储资源能够各自实现弹性可伸缩。数据存储基于 Hadoop 分布式文件系统（HDFS），新增节点无须大规模迁移数据，横向扩展能力强。高并发时，限制计算节点个数以提高并发数。如果执行过程中出现一个执行节点"死机"或出现错误，那么执行引擎将会分配资源，继续执行任务。

（2）基于 GPU 的高可用人工智能建模平台

① 基于 GPU 对深度学习算法进行优化。大数据云平台的人工智能模块采用基于 GPU 的分布式集群服务器，兼容 TensorFlow、Caffe 等主流开源机器学习框架，实现底层框架管理对算法的透明化，满足大规模深度学习模型训练对性能的要求。大数据云平台对 GPU 分布式集群服务器上的深度学习模型训练算法进行优化，能够大幅提升训练速度，从而缩短模型训练时间。与原生 TensorFlow 框架相比，大数据云

平台的训练速度能提高 1 ～ 3 倍。

② 基于 SaaS 的模型服务，支持 AI 模型一键部署。基于容器云和 Kubernetes 打造的人工智能模型服务模块，对 Kubernetes 在 HA（配置高可用）、Quota 准入和管理机制、资源管理纬度和方式、应用类型、RBD Plugin、日志管理等方面都进行了完善与改进。基于该服务模块，模型应用可发布为 API 服务，还可管理 API 的调用状况、性能指标等。如要将模型部署成在线服务，那么可无缝部署到独立的容器云平台上，实现资源隔离，可灰度部署。

③ 基于结构熵的非法资金社团识别模型。依托数据中台进行人工智能建模，引入信息网络、结构熵理论，识别非法集资交易欺诈行为。抽象欺诈环节中的"点"和"边"，利用结构熵理论挖掘银行交易网络中的可疑节点、团伙和模式，预测账户之间的隐性关联。基于历史数据，利用分类算法，建立分类预测模型，对挖掘出来的存疑的节点、团伙和模式进行分类预测。

④ 利用 AutoML（自动化机器学习），助力业务 AI 转型。大数据云平台利用自动特征选择、超参数搜索等 AutoML 方法，实现了自动化特征工程和自动化模型训练，提高了机器学习建模自动化水平和效能，降低了人工智能技术的使用门槛。

（3）数据治理 DataOps 模式

① 集成调度编排工具，支持智能化调度。大数据云平台搭载智能化的数据任务调度工具，使它能根据数据资源、任务依赖具体情况给出合理的调度编排，不但能做到任务执行的实时监控，而且可以利用人工智能技术对历史任务执行信息进行机器学习，从而提高系统性能，为数据中心的健康运行提供超前、有效的控制手段。

② 支持可插拔的智能计算引擎。大数据云平台实现基于内存的快速通用计算引擎 Spark（或 Spark 2.x）的异构数据加工处理，支持多种数据源、3 种运行模式，提高了跨库异构的数据处理能力，轻松支持 PB 级异构数据源的数据处理任务，保证数据处理的最优执行效率分配，可以根据数据所处存储主体、中心，以及已有计算资源，合理地选择最优计算引擎，完成最终计算任务。

③ 支持根据数据流、工作流在线设计独创的思维导图模式。在操作模式下，数据流、工作流设计工具极大地提高了业务人员的工作效率，规避操作中可能出现的错误，提升整个数据中心的建设和运维水平。大数据云平台实现从数据加工逻辑处理到数据流程统一调度，完全替代传统手工编码的数据开发模式，提供"拖、拉、拽"免编程的操作方式，大大降低了对数据开发人员的技能要求。

④ 引入"瓦片地图"技术，提供创新性数据"血缘"三维（3D）展示。大数据云平台支持通过词法分析技术和可视化数据加工直接生成数据对象"血缘"关系，清晰展示数据治理平台数据对象的"脉络"，通过"血缘"关系快速开展数据流转链

路上数据对象之间的影响分析。该平台创新性地将"瓦片地图"技术运用到数据关系图中，根据展示分辨率自动将数据切片，全方位展示数据中心所有数据间的"脉络"，以及数据的特性和质量情况。同时，该平台结合三维引擎技术，将传统的二维数据视图自动转换为三维形式进行展示，适合智慧大屏或领导"驾驶舱"等场景。

在业务方面，大数据云平台集成智能化规则引擎，实现可视化规则配置。规则引擎主要适用于规则类校验和评分类需求，能帮助客户将业务规则从应用程序代码中分离出来，通过简单组合预定义的条件因子，即可灵活编写业务规则，并根据业务规则做出业务决策。规则引擎支持规则可视化编辑配置，能够将复杂的规则逻辑简单而清晰地展现在页面中。维护人员使用服务框架平台，实现免开发部署规则；业务人员使用业务配置平台，基于规则服务框架，完成业务内容配置。大数据云平台集成数据开发流程引擎，提升交付效能。流程引擎设计器提供了建立映射和映射组件的工具，这样便可以指定如何在源和目标之间移动与转换数据。在流程引擎设计器中，可以创建源定义、目标定义和转换以建立映射。流程引擎设计器中内置丰富的转换组件，封装了近百个函数和参数调用规则，极大地提高了计算表达式的灵活性，同时可调用外部的过程和程序，实现复杂的转换逻辑。大数据云平台提供核心业务能力输出，完成大数据能力开放平台，整合各个系统接口，提供统一、安全的输出接口，实现"对外能力开放、对内服务集成"，以云 PaaS 架构，面向企业运营、系统运维、合作伙伴和最终用户，提供核心能力运营、系统自动化运维、外平台合作伙伴和最终用户自服务等多维支撑能力，助力该银行在互联网领域进行业务拓展。

3．现实效果

（1）深入洞察客户，助力智慧营销

大数据云平台通过引入外部数据、整合行内数据，实现行内存量客户的可视化多维标签分析。该平台利用客户标签进行宏观客户分析，了解业务、产品的用户结构，进行客户特征和偏好洞察，实现目标客群的快速筛选。

大数据云平台提供"所见即所得"的 AI 模型训练和服务发布模式，提供了可视化的操作界面和拖拽式的任务流，集成了大量的算法模型，将算法结果具象化，支持工程分享、协同调试，与业务深度融合，释放平台价值。依托数据中台，该银行建立了千人千面产品推荐、贵宾客户流失预警、手机银行客户价值提升等十余个 AI 模型，支持移动端线上精准营销。

（2）赋能智慧风控，提升风控效果

大数据云平台已广泛应用于该银行线上、线下业务场景，部署风控模型近百个。该平台的建成投产改变了目前客户数据分散，以及线上业务贷前、贷中、贷后校验和审批的手工操作模式，实现了流程自动化，节省了人力成本，提升了工作效率。

大数据云平台的开发创新，综合缩短线上风控模型 30% 的开发周期，项目开发、测试工作量减少 40%。该平台作为全行风控模型的"服务平台",2020 年,服务调用量高达 2.35 亿次,有效实现了普惠金融风险管理和业务服务支撑的升级,提供了高效率、高可用、高可靠的智慧风控服务,并且在 10 余个场景中释放业务价值,提升业务交付能力。

在贷前环节,大数据云平台可对业务申请的潜在风险和隐患进行实时排查,准确判断客户是否本人,提交的信息与贷款的需求是否真实有效,进而对疑似欺诈的客户申请进行预警。在贷中环节,该平台采用规则引擎、基于深度学习技术的预测模型与黑名单相结合的方式,对客户的信用风险进行实时研判,提升审批质效。在贷后环节,该平台依托内外部数据对风险信息、企业重要变更信息等进行自动化监控和实时预警。

（3）运营情况与系统效能

统一的大数据能力开放服务平台提供数据流转过程中的全系能力和服务,提高数据从基础设施到数据资产、数据服务到数据分析等各个环节的效率,保证数据质量和数据安全,支持平台、租户的运营和运维,打造一站式、多元化的数据服务体系,使银行能够更快、更早、更稳定、更安全地使用数据,帮助数据团队进行数据协作,从而助力银行的数智化转型和决策分析。

大数据云平台通过 DataOps 模式和数据云提供的服务能力实现离线和实时数据服务,让数据开发人员能够快速响应数据需求,使开发、运营线上一体化和流程化。

在安全方面,大数据云平台提供了从数据采集到数据服务的"端到端"的数据统一安全管控,管控一切非法与异常的数据请求访问。该平台通过完善的数据治理体系,稽核数据,实现数据全流程在线核查,保证海量数据加工透明,促进数据资产价值的提升,满足该银行大数据中心（数据湖）海量数据治理、运维和管理需要,满足现代化数据中心数据管理要求。

大数据云平台拥有自主产权的数据开发引擎,包括规则引擎、模型引擎、标签引擎、编排引擎、调度引擎等。该银行将这些工具在线开放给业务数据开发者使用,不再依据业务需求进行定制化开发,使该银行总行的科技不再仅仅满足各业务部门提出的分散需求,而是更加专注于数据云产品服务化和技术组件化,以科技赋能服务。

该银行借助大数据云平台将数据资源、存储资源、计算资源统一管理,并以租赁形式开放给各部门或机构使用。各部门或机构可按需实现数据、存储、计算的灵活配置,并根据自身业务需要进行自助式数据开发和对接,有效提升了该银行在市场上的竞争力,从而获得更高的价值认可度和更广阔的发展空间。

（4）项目成效

该银行的数据中台截至目前,基于微服务框架管理与云化资源部署,为业务层提供了快速转型的技术支持,产生了很好的直接和间接经济效益。已经在总行 16 个业务部门、7 家分行、10 余个场景中帮助业务释放价值。

从直接经济效益方面来看，数据中台投产至今，支持了若干个项目，帮助全行个人普惠金融贷款余额突破 500 亿元。截至 2020 年年末，全行存款余额 1.64 万亿元，同比增长 7%；贷款余额 1.57 万亿元，同比增长 8.4%；零售存、贷款均实现全国市场份额，以及行内占比的双提升；零售 AUM（管理资产）余额达到 7748 亿元，同比增长 612 亿元；零售贷款规模达 5050 亿元，较年初增长 14.1%；零售利润占比持续增长；科技金融、文化金融特色业务占公司贷款的 25%；普惠金融贷款增长 30%。

从间接经济效益方面来看，数据中台通过释放实时计算、分布式存储、自然语言分析、机器学习等多种数据能力，完善了风险防控策略，加快了风控数字化转型，强化了风险控制能力。该银行的数据中台不但可以借助机器学习智能识别非法集资社团和利用模型排查非法集资风险，降低人力分析成本，而且可以提升该银行的美誉度。数据中台提供的数据服务能力加快推进了理财推荐、知识图谱、风险滤镜等人工智能项目的发展，将服务拓展至 240 项，实现了线上业务规模快速增长，成为全面、高质量发展的新引擎。

除经济效益以外，该银行的数据中台还带来了巨大的社会效益。

① 支持业务线上化需求，加快金融产品和服务创新。该银行告别传统交易流程，立足于普惠金融和小微企业，在提升服务效率的同时，也满足了网贷等线上业务的创新需求。

② 为了提升客户满意度，该银行改善业务受理流程，提高业务处理能力和效率，满足高并发场景和实时分析需求，减少客户的等待时间。

③ 夯实全面风险管理体系，强化金融科技对风险防控的有效赋能，实现对重点领域风险的前瞻性防控和妥善应对，确保该银行的资产质量保持良好水平。

4．数智化成熟度评价

该银行的数智化主要体现为对风险的控制，因此，其管控力、决策力、营销力、产品力、供应力和生态力有较大提升，但是组织力的提升并不明显，如表 5-7 所示。

表 5-7　某银行的数智化成熟度

能力	核心要素	得分	均分
管控力	企业文化	3	3.4
	流程管理	4	
	制度管理	3	
	组织管理	3	
	计划管理	4	

续表

能力	核心要素	得分	均分
决策力	诊断问题的能力	4	3.4
	收集资料的能力	3	
	对发展趋势、市场变化做出预测的能力	4	
	提供可行性方案的能力	3	
	评析问题的能力	3	
组织力	组织形态、结构和运作机制的合力	3	2.5
	组织的内外沟通和宣传能力	2	
营销力	以消费者为本的销售策略	3	3.4
	持续合作的能力	3	
	营销策略的执行能力	4	
	营销渠道的多元化程度	4	
	市场占有能力	3	
产品力	提供使用价值的能力	3	3
	提供品牌价值的能力	3	
	用户对产品的接受能力	3	
	知识产权和技术标准	2	
	产品迭代能力	4	
供应力	提供服务的总成本	4	4.25
	资产管理效率	4	
	产品或服务的响应办法	4	
	库存策略	5	
生态力	对企业生态活动实施反馈调节的能力	4	3.33（保留两位小数）
	对企业生态圈整体影响的能力	3	
	处理企业协同竞争的能力	3	

5.3.2 某证券公司的数智化转型

某证券公司成立人工智能团队，致力于打造证券行业领先的人工智能应用研发、部署、运行统一云平台。另外，该证券公司想要在此人工智能云平台的基础上，与客户、公司内各业务部门、合作厂商共生共享、协同合作，打造业内领先的人工智能金融科技产品，产品涵盖智能投资、智能投顾、智能算法交易、智能客服、智能舆情、智能风控等重要领域，为客户和公司提供稳定、准确、高效、便捷和多样化的服务。

1. 需求背景

当前，几乎所有的金融机构都在积极向数智化转型，与银行业相比，证券业在总体规划、系统建设、研发投入等方面仍存在一定差距，因此各大证券公司纷纷通过引入高端领军人才、优化信息技术管理架构、加大技术咨询力度等方式提升数智化水平，争取获得数字化转型发展红利，提升管理效率，培育核心竞争力。

随着资本市场供给侧结构性改革的推进和行业监管政策的持续收紧，我国证券行业数字化转型的价值链逐渐由重视前端应用向前、中、后端并重发展。在数智化发展初期，证券公司往往更关注 APP 建设、客户引流等方面，随着行业对数智化理解的不断加深，金融科技应用正在向以提升中、后台运营支撑能力为核心的数智化方向发展。以客户和业务为导向，进行流程梳理和有效重构，将业务、流程与 IT 有机结合，并落地在系统平台中，实现对各项内部资源、数据的统一管理和有效利用，对证券行业中的客户画像、产品设计、经营模式、业务流程、风险管理、资金调配、数据归集分析等方面产生了很大影响。

通过数智化赋能，证券公司可以构建面向业务的统一基础支撑平台，对经营过程中涉及的渠道、业务、数据、技术、资源等进行统一管控，能够实现前、中、后台联动协同，并实现对业务需求的敏捷响应和智慧化支撑赋能。近年来，一些证券公司按照业务、风控、管理 3 条主线，加强 IT 统一建设与规划，实现了业务平台化、平台集中化，较好地支撑了业务和 IT 资源的全局配置、整合。

在客户需求升级和市场的激烈竞争下，智慧化的运营体系成为构筑证券公司差异化竞争优势的重要手段。各大证券公司纷纷以数智化为核心，打造零售客户智能化服务平台，降低服务边际成本，扩大服务半径，全面推进智慧运营平台建设，解决了传统服务模式因成本而导致的服务覆盖率低的问题，充分展现了证券公司运营的主动化管理、标准化管理和精细化管理水平。

面对存量、增量并存的市场竞争环境，如何有效运营现有业务和客户，不断培育发展新动能，以及实现发展质量与效益双提升，成为证券公司亟待研究的重大课题。为此，部分证券公司未雨绸缪、提前布局，以客户需求为起点，以为客户创造价值为导向，用数字化技术去洞察、满足和引领客户不断变化的需求，贯彻"端到端"的流程设计理念，全面梳理和优化前、中、后台各条线的流程，用业务流程的改进去更好、更快地回应客户的痛点、难点和兴趣点，全面提升客户体验水平和运营管理效率。

证券行业天然积累了海量金融数据，为人工智能技术的发展提供了良好的条件。

2．方案概况

实现任何一个人工智能应用都需要 3 类基础资源：数据、算力和研发运行环境。人工智能云平台就是针对这 3 类资源进行搭建、整合和维护的，以满足客户研发和运行人工智能应用的需求。人工智能云平台架构如图 5-11 所示。

① 数据。以前，数据散落在该证券公司的各个部门，互不相通，该公司基本上只针对单个业务场景来处理数据，没有统一的规范和规划。人工智能云平台将各部门的数据源整合，进行数据治理，制定数据规范，特别是制定适合人工智能算法的数据格式，向客户提供准确、高效、稳定、全面的金融数据服务，大大节省了客户开发、处理、维护数据的成本。

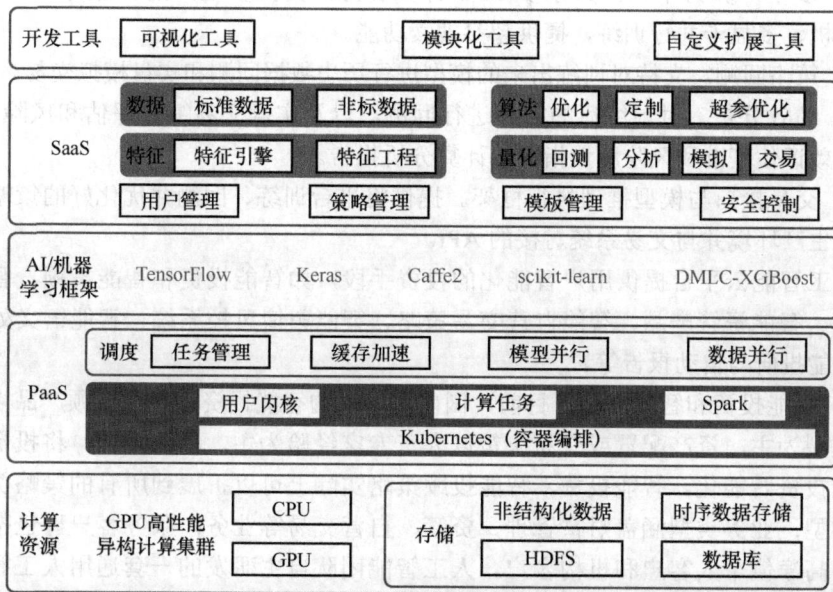

图 5-11　人工智能云平台架构

② 算力。人工智能技术对计算的需求非常大，因此，该公司需要花大价钱购买高性能计算芯片以提升算力。如果各部门单独采购算力资源，那么，不但成本高，而且安装、维护和使用门槛高。由于算力资源的应用场景不一样，有些只在交易时段使用，有些在股市收盘后才使用，因此，每个应用单独部署算力资源是非常不划算的。人工智能云平台提供统一的算力资源，所有应用按需、按业务优先级共享云平台的算力池，应用开发人员不必担心资源浪费问题。

③ 研发运行环境。人工智能作为一项前沿科技，即使有了数据和算力资源，搭

建和维护人工智能应用研发运行环境也不是一件简单的事情。人工智能云平台提供主流的人工智能、机器学习框架，一站式人工智能应用研发、部署、运行方案，就是为了让人工智能应用研发人员只专注业务，不需要关心环境搭建等烦琐事项。

人工智能云平台的核心功能就是针对算力、存储资源搭建相应的服务与模块，并进行整合和维护，以满足与该证券公司合作的客户研发和运行人工智能应用的需求。

① 金融数据服务。对接内部所有行情源，以及历史行情数据、历史宏观数据源，提供因子研究工具，以及自定义因子数据的定时维护与共享服务。

② 研发平台。支持多种机器学习算法，以及多种深度学习模型和框架（LSTM模型，以及 TensorFlow、Keras 等框架），提供开发工具和模型代码生成工具。

③ 多租户算力平台。共享多 GPU 计算资源，支持多租户的云服务调度系统。支持多机、多显卡并行训练，提供超参搜索功能。

④ 策略回测。支持对训练出来的模型进行历史数据回测和实盘模拟交易。

⑤ 绩效分析。对训练后的模型进行回测，以及实盘交易绩效评估和风险度量，提供绩效评估基准和风险度量指标的计算分析报告。

⑥ 交易接口与模型推理执行框架。提供将平台训练、回测并优化好的策略打包提交到生产环境并与交易系统对接的 API。

人工智能云平台提供用户智能化的投资手段，如智能投资和智能投顾、智能算法交易、智能资管产品、智能自营交易策略、智能舆情风控系统、智能语义处理平台、智能投研与自动报告等。

① 智能投资和智能投顾。目前，国内市场上的智能投资、智能投顾产品以传统量化模型为主，资产配置或交易决策以人工专家经验为主，机器为辅，将投资自动化当成投资智能化。智能投资、智能投顾策略实际上可以扩展到所有的策略类型和证券类型；业务类型涵盖财富管理、资管、自营交易等业务；服务客户群包括长尾客户、高净值个人客户和机构客户。人工智能团队自主研发的一套通用人工智能投资框架，旨在运用深度强化学习理论，通过学习历史市场数据，训练机器进行二级市场投资，实现"无人"投资（无投资经理、无交易员、无研究员）。投资全流程没有人工干预，所有投资交易决策由机器独立完成，并且机器会根据当前市场环境和账户资金持仓情况，自主、持续学习和调整策略，以适应新的市场环境。

② 智能算法交易。该公司信息技术中心人工智能团队与该公司股销部合作研发智能算法交易策略。借助股销部专家在算法交易领域的经验，依托人工智能团队在智能投资领域的专业能力，智能算法交易致力于为客户提供稳定、优质的交易执行服务。

③ 智能资管产品。为了丰富该公司资管部的策略类型，并为客户提供多样化的

投资选择，信息技术中心与资管部、合规部、风控部合作，打造智能资管产品。该产品结合资管部在合规、风控、投研、产品设计、渠道销售方面的经验，秉承人工智能团队致力于打造"无人"投资的理念，实现投资全流程机器自主决策，无人工干预。

④ 智能自营交易策略。人工智能云平台为股衍、另类投资、证金等自营研发智能交易策略提供数据和算力资源服务，缩短了策略开发周期，专注于策略业务逻辑。

⑤ 智能舆情风控系统。人工智能团队自主研发的智能舆情风控系统实时抓取新闻事件，利用自然语言处理技术将相关的上市公司信息提取出来，并分析这些信息对上市公司有何影响，从而帮助风控部门和交易部门做出风控与投资决策。相比人工风控，智能风控的效率更高，响应速度更快。智能舆情风控系统基于人工智能云平台搭建，并建立一个黑名单，以便把有风险的上市公司信息通过人工智能云平台实时推送给用户。

⑥ 智能语义处理平台。由于基金托管合同的要素多且复杂，因此，需要提取的合同要素需要大量时间来进行人工录入和校验。为了简化这一过程，该公司需要通过人工智能技术智能提取、智能解读合同要素，并利用机器学习的自然语言处理技术实现对合同的高精度解读，完成全量字段智能抽取，帮助客户实现合同管理的人工智能赋能升级，提高工作效率，简化工作流程。

⑦ 智能投研与自动报告。随着上市公司数量的逐步增加，行业研究员需要研究的公司也逐步增多。如果证券公司想要及时、全面地了解个股和行业的各类舆情，以及上市公司的公告，需要进行大量人力的投入。基于这个应用切入点，该公司实现了智能研报生产与研究覆盖提醒的服务。基于人工智能等技术自主开发的智能投研系统，每日会及时生成当天个股全景和行业跟踪报告，另外，在每个交易日，该系统自动生成个股研报、北上资金流向报告、宏观流动性日报、行业日报、ETF 基金日报和资产担保证券（ABS）报告 6 类报告。

人工智能云平台里的子平台分别提供了在线的模块化 SaaS 开发工具和面向专业开发者、基于 PyCharm IDE 的客户端，可以帮助用户降低进入机器学习量化领域的门槛，同时满足专业开发人员大规模工程开发的需求。

① 模块化开发平台。可视化的机器学习和深度学习模型搭建与开发工具平台可方便研发人员快速构建机器学习的量化应用。

② 表达式引擎。对于之前积累的很多指标与公式，若把相关开发环境迁移到机器学习的工具平台上，就需要从基础数据开始，从头开发所有指标和因子。表达式引擎提供了通用的解决方法，用户不再需要通过烦琐的编程方式从头实现。

③ 多客户端使用模式。多客户端使用模式可方便不同需求的专业用户。

④ 运行环境、生产环境，以及异地灾备与定期的数据同步服务。人工智能云平

台针对开发人员、测试人员的诉求，提供了强大的 GPU 运行环境，开发、测试和训练完毕的模型可以直接部署到使用低功耗 GPU 服务器的生产环境之中，该生产环境实现了安全、高效的多租户隔离。最后，人工智能云平台还为生产环境提供了异地灾备与定期的数据同步服务。

3．现实效果

① 人工智能云平台提供广泛的估值服务。目前，人工智能云平台已支持 30 多个人工智能应用，在智能投顾、智能投资、智能风控、智能文本处理等领域发挥了重要作用。人工智能云平台同时为衍生品估值提供算力资源，运算速度较传统架构提高了 4500 倍。目前，人工智能云平台已为涉及股衍、库务、风控、财务、清算、投资等的 198 个产品提供估值服务。

② 智能投顾可满足客户的多样化需求。"AI 投顾"是该公司人工智能团队基于人工智能云平台自主研发的智能投顾产品，目前，7 个系列、23 款智能投顾组合产品覆盖了市场主流策略类型。智能投顾的整个投资过程由机器独立完成，这样的投资策略具有稳定性高、成本低的特点，能够给客户带来符合其需求的收益。

③ 智能算法交易策略可独立完成下单决策。该证券公司自主研发的智能算法交易策略旨在运用深度学习理论，通过学习股市的历史 tick 行情（逐笔行情）数据，训练机器学习算法交易策略（交易的时机、数量，以及价格类型的选择）。所有下单决策均由机器独立完成，并且机器会根据当前市场环境每日调整策略，以适应新的市场环境。

④ 智能资讯应用助力风险识别和业务发掘。智能资讯项目通过监控业务部门关注的监控标的，极大地扩大了业务部门对市场舆情覆盖的范围和提高了实时性，助力业务人员提高风险识别和业务机会发现能力。目前，智能资讯应用覆盖公开资讯网站 200 多家，覆盖主流资讯频道 2000 多个，日平均采集并处理资讯 5 万多条。

⑤ 智能风险识别应用辅助风控和投资决策。智能风险识别应用通过实时抓取新闻事件，利用自然语言处理技术将相关的上市主体和风险事件提取出来，并分析它们对上市公司的影响，从而帮助业务人员进行风控和投资决策。

⑥ 智能文档抽取应用可提高运营效率。例如，托管业务涉及几千份合同，每份合同含有 200 多个业务要素需要关注。通过人工文档抽取，每份合同耗时 30 分钟左右，现在使用机器进行智能文档抽取，每份合同可在 2 分钟之内处理完。人工智能云平台提供的基金托管合同要素抽取和 OCR（光学字符识别）服务，大大提高了相关部门处理基金托管合同的效率。

⑦ 智能客户外呼应用可减少人工客服的工作量。在智能客服方面，智能外呼系统通过拟人化的机器人外呼，可大量减少人工客服的回访次数。智能外呼机器人在

服务过程中需要对姓名、机构名称、合约信息、业务信息变量进行准实时语音合成，采用人工智能云平台的 GPU 服务资源，确保个性化语音合成的准确性和固定播报话术的连贯性，经实际上线验证，合成效果良好。

⑧ 智能投研与自动报告可提供研究便利。基于人工智能等技术自主开发的智能投研系统提供的各类报告可以提醒研究员进行研究报告覆盖，特别是关于盈利或亏损的事件，系统会提供类似事件的相关数据，供研究员分析和比对。对于上市公司的公告中涉及的各类事件，该系统每日自动生成公告摘要，及时推送给各个行业研究组，大大节省了研究员获取资讯和个股事件的时间，使研究员能专注于深度报告撰写和公司深度研究。

4．数智化成熟度评价

该证券公司的数智化转型集中在投资和风险控制等方面，各种能力都有较大提升，如表 5-8 所示。

表 5-8　某证券公司的数智化成熟度

能力	核心要素	得分	均分
管控力	企业文化	3	3.4
	流程管理	4	
	制度管理	3	
	组织管理	3	
	计划管理	4	
决策力	诊断问题的能力	4	3.6
	收集资料的能力	3	
	对发展趋势、市场变化做出预测的能力	4	
	提供可行性方案的能力	3	
	评析问题的能力	4	
组织力	组织形态、结构和运作机制的合力	3	3
	组织的内外沟通和宣传能力	3	
营销力	以消费者为本的销售策略	4	3.4
	持续合作的能力	3	
	营销策略的执行能力	3	
	营销渠道的多元化程度	4	
	市场占有能力	3	

能力	核心要素	得分	均分
产品力	提供使用价值的能力	3	3
	提供品牌价值的能力	3	
	用户对产品的接受能力	3	
	知识产权和技术标准	2	
	产品迭代能力	4	
供应力	提供服务的总成本	4	4
	资产管理效率	4	
	产品或服务的响应办法	4	
	库存策略	4	
生态力	对企业生态活动实施反馈调节的能力	4	3.33（保留两位小数）
	对企业生态圈整体影响的能力	3	
	处理企业协同竞争的能力	3	

5.3.3　某零售企业的数智化转型

某零售企业的农产品和食品项目以"信创云"为平台支撑，区块链技术为应用基础，相关的电子商务平台为建设入口，前置仓（智能零售服务终端）为载体，完善数字冷链，并通过"线上＋线下"结合的模式，实现产品的生产、物流、检验、销售、溯源等全方位管理，发挥其纵向汇聚供应链上下游资源，以及横向连接仓储、物流、金融等服务商的枢纽作用，帮助农户拓宽农产品销售渠道，促进城乡生鲜产品供需高效、精准对接。

1. 需求痛点

农产品的推广过程中存在下列两种问题。

① 农产品的运输和保存问题。农产品，尤其是生鲜产品，普遍存在难以运输和保鲜问题。在农产品的运输过程中，由于运输时间过长、冷链设备损坏等原因，经常出现农产品腐烂等问题。

② 信息不对称导致的信任问题。消费者往往需要依靠产品的部分特点或产品来源来判断产品的品质。农产品的销售流程包含许多环节，各环节之间的信息壁垒会导致农户和消费者的信任问题被放大，消费者通常无法验证农产品的实际品种和出产地。

因此，如何通过新一代信息技术助力农产品推广，加快工业互联网与消费互联网融合，线下与线上融合，助力建设创新的可信分布式商业模式体系，以及帮助广大农民开辟增收新途径，是全面推进乡村振兴所需解决的一系列问题。

2．方案概况

该零售企业的农产品和食品项目主要包括电子商务基础服务平台（由供应商管理服务、数字零售业务、工业支付宝、大数据应用、区块链应用、供应链金融等构成）、冷链＋前置仓网络运营平台、社区团购、线上商城前端系统等，如图 5-12 所示。

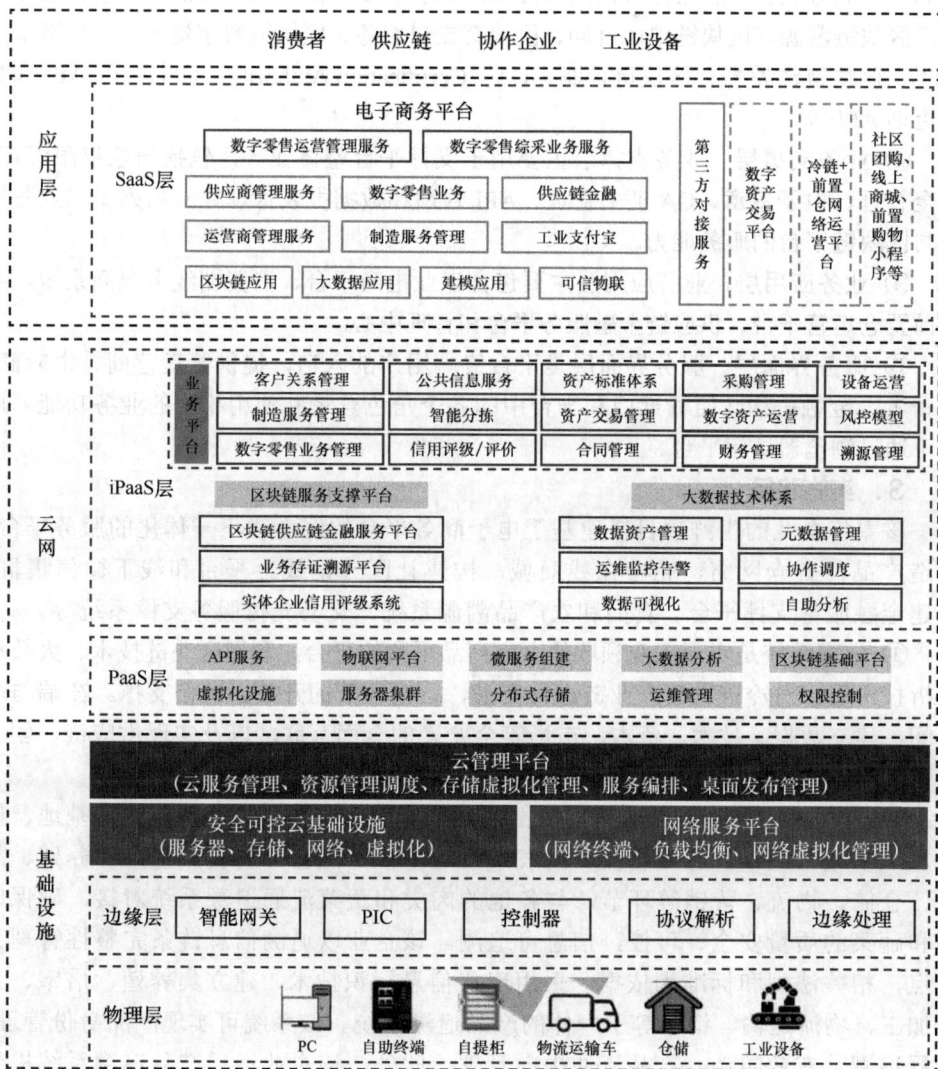

图 5-12　某零售企业的农产品和食品项目总体架构图

该零售企业的农产品和食品项目架构分为下列 5 层。

① 区块链底层协议层。区块链底层协议层为区块链联盟网络，由数字零售各角色部署相应的节点并组成 P2P 网络。此层提供区块链底层服务，主要包括分布式账本服务、P2P 网络、加密服务、数据同步与验证、隐私策略（含身份认证和权限控制）、数据存储等功能逻辑。

② 区块链支撑服务层。区块链支撑服务层介于业务支撑层与区块链底层协议层之间，是业务服务和底层区块链的连接器。该层主要提供一些 API 服务，包括数据存证、区块链溯源、区块链电子合同、区块链支付服务、区块链数字资产、区块链节点部署、区块链浏览器、区块链控制、CA（Certification Authority）证书管理 API 和数据查询 API 等。

③ 业务支撑层。业务支撑层主要用于支撑平台整体业务，包括角色权限管理、安全管理、电子签章、CA 证书管理、API 管理和数据报表管理等一系列支撑业务平台与区块链平台的服务能力。

④ 业务应用层。业务应用层主要包含工业电商平台、消费端线上电商系统、线下前置仓运营平台、供应链金融服务平台和管理中心。

⑤ 服务界面层。服务界面层是平台终端用户的入口，提供给运营商、供应商、消费者、金融机构、监管部门和平台中的各个角色登录并使用相应的业务功能。用户可通过浏览器访问平台。

3．实施路径

该零售企业的生鲜项目搭建基于电子商务平台的线上线下一体化的服务平台，打造产品前置仓网络，完善在线商城，构建社区分销线上平台和线下微信集群，搭建金融服务支撑平台、食品和农产品溯源系统、交易支付服务支撑系统等。

① 电商系统是实现工业领域的大宗商品采购的平台，利用区块链技术、大数据分析技术等，对冷链物流产业链进行交易、运输环节的开放、可信支撑。在端与端之间，建立数据、技术、资本、市场等全要素的全面互联，以及实现供应链、创新链、服务链、金融链上下游的高度协同。

② 食品和农产品溯源系统可以衔接生产企业、养殖基地、蔬菜生产基地、屠宰加工基地、超市、仓储物流、批发市场等节点，涵盖原材料、生产、养殖、加工、仓储、物流、营销等环节，与各地的肉类和蔬菜流通追溯系统对接，确保肉类和蔬菜的质量安全、可控，信息可追溯。该企业以追溯信息链条完整性管理为重点，相关法规和标准为依据，采用现代信息标识技术，建立集养殖、屠宰、食品加工、物流运输、销售等于一体的产品追溯系统。该系统可实现产品身份管理、全程追溯、有效防伪、产品流通去向管理。此外，该企业运用产品追溯系统提供的大数据，全面提升产品质量安全管理和应急处理突发产品质量安全事件的能力，

增强了消费者的安全感。

③ 社区生鲜前置仓零售网络是线上电商和线下实体的纽带，能精准地预测销量，调拨库存。该企业依托此网络，为消费者提供线下自取、自助售卖、"闪电送"和"当日达"等服务。

④ 基于区块链打造下列管理系统，能给运营商和供应商提供诸多帮助：零售运营商管理系统可提供运营商审核注册、身份认证、权限授信等功能；零售供应商管理系统可提供供应商审核注册、身份认证、权限授信等功能；零售业务管理系统可实现区块链数字零售业务上链管理。

⑤ 数字零售产业链制造服务管理系统可实现针对制造商的 CRM 集成、ERP 集成、零部件集采、产品的集售管理业务需求的对接管理。

⑥ 基于数字零售的供应链金融服务平台可实现自助设备的融资租赁管理服务，并实现自动分账。

⑦ CA 电子签章和无纸化办公系统针对数字零售行业，提供 CA 身份认证、电子合同签署、电子审校签名等一系列服务。

⑧ 快速部署平台将业务流程核心技术流程引擎、表单引擎和业务规则引擎封装为中间件，建立个性化的企业业务流程，实现流程、表单、业务规则的在线设计。

⑨ 智能数据分析和可视化系统运用大数据技术对经营数据进行多维度分析并实现可视化，为公司管理层提供决策参考。

4．现实效果

该企业的农产品和食品项目实现了线上与线下的融合。通过数字零售社区农产品和食品前置仓零售网络和线上电商前端入口，该企业利用冷链产业链管理平台对接线上电商和线下实体。在消费者线上下单后，农产品或生鲜产品销售方可通过冷链物流提前将产品配送至前置仓存储，满足消费者对食品安全和食品新鲜度的要求，解决了生鲜冷链物流"最后一公里"配送问题，为消费者建立了获取商品的便利渠道。

5．数智化成熟度评价

该零售企业不生产产品，只提供服务，因此，在进行企业数智化转型后，产品力提升不明显，其他能力有较大提升，如表 5-9 所示。

表 5-9 某零售企业的数智化成熟度

能力	核心要素	得分	均分
管控力	企业文化	3	3.6
	流程管理	4	
	制度管理	4	
	组织管理	3	
	计划管理	4	
决策力	诊断问题的能力	3	3.6
	收集资料的能力	4	
	对发展趋势、市场变化做出预测的能力	4	
	提供可行性方案的能力	3	
	评析问题的能力	4	
组织力	组织形态、结构和运作机制的合力	3	3.5
	组织的内外沟通和宣传能力	4	
营销力	以消费者为本的销售策略	4	3.6
	持续合作的能力	4	
	营销策略的执行能力	3	
	营销渠道的多元化程度	4	
	市场占有能力	3	
产品力	提供使用价值的能力	3	2.6
	提供品牌价值的能力	3	
	用户对产品的接受能力	4	
	知识产权和技术标准	2	
	产品迭代能力	1	
供应力	提供服务的总成本	4	4
	资产管理效率	4	
	产品或服务的相应办法	4	
	库存策略	4	
生态力	对企业生态活动实施反馈调节的能力	4	3.67（保留两位小数）
	对企业生态圈整体影响的能力	4	
	处理企业协同竞争的能力	3	

第 **6** 章

风险与展望

企业转型本身存在一定的风险。一些企业在转型后，其实只有部分业务完成转型，其他部分并未完成转型，这些企业的经营管理并未得到有效改善。还有一些企业并未完成转型，这些企业的经营管理仍然采用陈旧的方法。上述情况都会导致企业浪费大量资金，可能会造成财务风险。数智化转型的一个特点是基于数据的智能化，但是数据有时会涉及隐私问题，因此，数智化转型还存在安全风险和合规风险。此外，智能化转型涉及技术的选择，因此，技术风险也是数智化转型中一个不可忽视的风险。

除了风险，本章还会从企业组织的全虚拟化和企业经营的全智能化两个方面对数智化企业的未来作出展望。

6.1　数智化转型的风险

企业数智化转型需要管理者和普通员工都树立数智化的观念，并在企业经营管理中实践与改进。企业的转型大多是从上往下推行的，因此，管理者首先需要深刻理解数智化，然后，在推行前，让各个部门理解数智化。而相关调查结果显示，多数管理者都未能深刻理解数智化的概念，尤其是对数智化转型存在的风险，更是知之甚少。

部分管理者抱着以往的管理经验，对数智化转型不以为然。另外，管理者对数智化风险不够重视的原因在于数智化专业人员不足，如职能部门人员依赖经验，不用数智化治理方法来管控风险。并且，风险的管控者没有明确界定，管理者、IT部门人员、战略营销部门人员都有可能成为首席风险管控官。因此，本节将梳理企业数智化转型面临的一些风险，并介绍有针对性的风险处理措施。

6.1.1　财务风险

企业进行数智化转型时，需要投入大量资源，转型效果却很难判断。大部分受访企业的管理者表示，他们对数字化技术投资的收效甚微。究其原因，是数字化创新技术仅用于早期试点项目，并未在企业范围内全面推广。以某运动品牌为例，这家公司将转型重点放在为客户提供定制化产品和快速取货服务上。为此，该公司斥巨资在新建的制造工厂中部署机器人，并使用机器学习和3D打印等尖端技术。该公司管理者希望此举可以带动其他制造基地实现技术转型。然而，新技术并未有机融入运营流程之中，该公司快速生产的愿景破灭，三年后，新工厂黯然关闭。

对于布局数智化转型的企业，首先要做的是成本控制，其次是合理的投资。

1．成本控制

控制成本可以从预算和制订成本控制表这两个主要层面展开。

① 预算是指企业以财务数字表现的营业计划。企业可对某一时间要做的事情及其费用进行预算。预算中至少要包含以下 3 个方面的内容。

- 以财务数字来表现企业在未来某一预期计划的结果。
- 调整此前账目中的各项假设值。
- 以计划的假设值与实际结果做比较，及时总结。

预算是为了帮助企业通过计划具体的行为来确定可行的目标，同时能够使管理者考虑各种可能的情形。管理者可以将实际结果与预算的预期结果进行比较，在未来的预算中及时做出调整。

② 制订成本控制表。企业可以制订一张详细的成本控制表，其中的项目应该包括管理记录、产品成本、员工工资、机械费用、广告费用、采购费用、奖金费用、顾问人员费用和企业应缴纳税费、其他费用（如电话费等）。

上述项目最好每月开列一次，并与销售成果的收入额相互比较，以确定费用的支出是否超出预算。

2．合理的投资

对于企业来说，计算机、人工智能的迅猛发展是一次机遇，但转型总是需要慎重地进行投资。这就需要在长期能力建设和短期回报之间寻找平衡点，明确资金来源，以及确保用于衡量转型程度的指标在整个组织体系下都有意义。

企业需要建立一个投资组合，以平衡愿景目标与所需的短期和长期回报。当前，已有大量研究涵盖了 IT 投资组合管理原则和对技术投资的分类。根据相关研究，数字投资分为下列 4 类。

① 基础投资是转型战略是否成功的关键，没有它的话，企业可能很难取得任何实质性进展。基础投资是推动数字化客户体验水平提高或运营进步的核心系统、平台或工具。通常，基础投资的投资产出比不符合预期，或者收益分散，无法由一个单位的损益单独概括。例如，一家大型跨国公司投资了一个全球内容管理平台，以统一其不同业务部门之间的内容流。没有一个业务部门可以单独证明这些收益是合理的；收益的体现是在公司层面的，是每项业务的小回报组合而成的总回报。

② 维护性投资无助于提升企业的数智能力，但对保持业务运行或最大限度地降低风险至关重要。升级网站功能、向监管机构提供合规分析和为安全应用提供资金等都属于这一类投资。维护性投资可能受到外部因素的影响，如监管和合规要求。

③ 投资回报率（ROI）驱动的投资与企业的转型路线紧密相关。这种投资通常以项目为基础，对 KPI 改进和 ROI 目标有清晰的认识。投资回报率驱动的投资通常在企业的正常财务规划周期内进行管理，但可能来自单独的数字基金或账户。

④ 早期创新投资更具投机性，其回报变化很大。其可以资助孵化器、数字实验室、研究合作伙伴或特定实验。企业应当像风险投资家一样对早期创新投资进行管理：选择最有前途的项目，尽早放弃失败的项目，并最大化盈利项目的商业价值。

企业需要管理与平衡长期能力建设和短期投资回报率的投资组合。首先，企业需要确定当前每个投资类别的分配百分比。然后，企业应当寻找加快数智化转型所需的平衡点。通常，当数智化转型的投资与预算无关（投资小于预算），或者产生的价值至少与消耗的一样多时，投资才更容易变现。企业可以考虑利用 IT 工业化节省下的成本来资助投资组合中的其他数字计划，如专注于构建新功能或开发创新产品的计划。换句话说，就是挤压旧的以资助新的。

如果企业对数智化转型的融资需求超过可用资金，那么企业此时需要使用的诀窍是使资金来源多样化。尽管有很多可用的资金机制，但大多数资金机制都属于以下 3 种基本模型之一：中心投资、本地投资和合作伙伴支持的投资。

① 中心投资。当所提供的服务由中心职能部门拥有时，或者当企业需要在实体之间进行协调需利用投资时，企业可能需要进行中心投资。企业的基础数字投资通常就属于这种情况。中心投资也可用于资助企业的创新，如"种子"基金或孵化器。

② 本地投资。当企业的路线图中的项目直接使业务的特定部分受益时，本地投资效果最好。以电子商务应用程序研发企业为例，企业需要确保在可能的情况下，在更广泛的业务中利用本地投资。如果企业范围内的杠杆潜力很大，那么可以为本地研发人员努力提供中心补贴，或者，在应用程序被其他人使用时，其他人可以应用"商店"的模式向应用程序使用的设备支付版税。

③ 合作伙伴支持的投资有多种形式，企业既可以让合作伙伴支持初始投资，以换取最低服务量和持续时间承诺，也可以要求合作伙伴进行基于绩效的投资，还可以将资产（实物或知识产权）出售或出租给合作伙伴，以资助新的投资。如果合作伙伴正在推出新技术，那么企业可以充当合作伙伴营销的示范试点，以换取更多的投资。

6.1.2 安全风险

无论是大型成熟企业还是初创企业，网络攻击和数据泄露都会对日常运营造成巨大破坏。如果没有适当的安全措施和防范程序，企业就会完全暴露在网络攻击中，或者造成数据泄露，最终将造成极大，甚至是无法弥补的不良后果。

随着企业的不断发展，创建、管理和存储的数据越来越多，需要保护的数据自然也越来越多。数据保护措施已成为企业 IT 结构中越来越重要的部分，因此，企业必须从一开始就将它考虑在内。

数据泄露是一件严重的事情，因为它不仅会造成企业成本的损失，还会损害企业的声誉。事实上，没有任何一家企业能幸免于难。更重要的是，数据量越大，安全系统面临的挑战就越大，不能等到数据量变大后才开始担心数据安全问题。

企业数据特征如下。

- 安全：数据必须通过控制和授权访问的方式予以保护。
- 集成：确保只有一个数据一致的版本，方便在整个企业内共享。
- 质量：想要确保质量，企业的数据必须采用各种内外部数据组件对应的公认标准。
- 最大程度减少冗余、错误和差异：如果数据需要在所有用户之间共享，那么企业必须控制数据的冗余、错误和差异。因此，企业必须使用数据建模和管理战略。
- 策略可扩展：企业的数据策略必须可扩展、强大和灵活，可满足不同的企业需求。

尽管数据泄露可能会对企业造成破坏，但如果企业有适当的保护措施，那么可以很容易避免。如果企业想要确保业务的连续性，那么投资正确的数据保护方法至关重要。为了让企业向着正确的方向前进，企业可以使用下列 10 个实用技巧，以确保其数据的安全。

（1）制订策略

各种规模的企业都不应有一个粗略且非正式的数据保护策略和程序，而应该有一个尽可能详细和正式的数据保护策略和程序。企业的数据保护策略和程序不仅要说明如何保护数据，还要说明出现问题时的对应措施。事件响应策略可确保企业领先一步，而不是做出任何可能使事情变得更糟的轻率举动。

（2）防范恶意软件

防范恶意软件是为了保护企业的 PC 和网络免受恶意软件的侵害，抵御数据威胁。恶意软件可能导致大量数据损坏，甚至可以在企业不知道的情况下，在未受保护的机器上进行肆意破坏。企业可以通过以下 3 种方式保护自己免受恶意软件的侵害。

① 应用防火墙。企业可以通过防火墙软件或设备为数据提供第一道"防线"。

② 使用安全软件。先进的安全软件可以在不影响企业的计算机或网络性能的情况下对数据提供保护，也就是提供一种针对身份盗用、可疑网站和"黑客"攻击的保护措施。

③ 保持电子邮件"清洁"。反垃圾邮件软件可以阻止不重要或危险的电子邮件，

这些邮件可能会给员工带来风险和工作干扰。因此，企业可采用反垃圾邮件软件来阻止它们。

（3）确保无线网络安全

如果企业有无线网络，那么企业需要防范"黑客"可能发动的"袭击"。加密密钥可能会让那些不是特别精通技术的人望而却步，但对于黑客来说，绕过它可能是轻而易举的事情。企业可以通过使用最强的加密设置来加强企业的路由器，以保护企业业务，也可通过关闭路由器的广播功能以使企业的网络不可见。就"黑客"而言，他们无法破解他们实际上看不到的东西。

（4）保护密码

即使像密码这样简单的技术，也可以进行优化，以强化企业的数据保护。密码越复杂，其可以提供的保护力度就越大。在设置密码时，企业至少需要设置一定的长度，并且使用字母、数字和特殊字符的组合。另外，企业还可以使用密码管理器经常更改密码，可以防止员工手写密码导致的密码泄露。

（5）为个人设备制订计划

为个人设备制订计划在中小型企业中更为常见，这样可确保企业及时了解与员工携带或使用自己的设备相关的安全风险。在制订计划时，企业需要提供一些措施来防止出现法律问题和减小移动系统开销。计划中涵盖相关数据删除、位置跟踪和互联网监控问题的明确且全面的企业政策，可能对企业来说非常有价值。此外，企业应为远程工作或使用自己设备的一部分员工提供适当的安全准入方式。虽然这些做法可以提高生产力并减少开销，但如果管理不当，它们也会引入新的安全问题。

（6）设置自动软件更新

"黑客"喜欢扫描网络或站点以查看设备运行软件的版本，以便他们更容易地利用旧版本的漏洞。企业可以将设备安全设置、操作系统和其他软件更新到最新版本，以防止上述情况发生。企业还可以将任何补丁和改进设置为在后台自动更新，以进一步防范潜在威胁。

（7）进行背景调查

防范内部威胁在网络安全中发挥着关键作用，因此，企业在招聘时要注意进行应聘者工作背景调查，了解应聘者的性格等。此外，企业还要注意在职员工的性格变化情况，因为这可能预示着出现其他问题。

（8）妥善处理数据

采取适当的措施来处理不再需要的数据是降低数据安全风险的重要做法。企业还需要确保已淘汰和重复使用的设备与存储介质已正确删除内容，这将确保机密数据无法被进一步检索，也不会落入他人之手。

注意，重新安装操作系统、格式化硬盘或删除特定文件和文件夹并不能确保数据完全消失。事实上，在很多情况下，这些数据仍然可以通过免费的数据恢复工具被完全访问。因此，企业需要确保多次覆盖这些数据，从而确保被删数据不可恢复。

对于计算机、电话、外部硬盘驱动器和闪存等设备，无论这些设备是在企业内部重新分配还是在其生命周期结束时被丢弃，企业都应对它们实施完整的数据销毁策略。

（9）使用云

如果企业没有时间或专业知识来掌握所有需要关注的安全问题更新，那么可以考虑寻找云服务提供商。信誉良好的云服务提供商能够存储数据、维护软件补丁并保证安全。虽然这不太适合大企业，但对于希望为自己提供一定程度保护的小企业来说，可能是一个好方法。

（10）进行员工安全意识教育

企业需要确保企业员工都了解企业的安全政策。无论企业是选择在员工入职时执行此操作，还是对员工提供半年一次的进修课程，都是值得的。

6.1.3 合规风险

2021 年 9 月 1 日，《中华人民共和国数据安全法》正式施行。该部法律聚焦数据安全领域的突出问题，建立了数据安全风险评估、监测预警、应急处置和数据安全审查等基本制度，并明确了相关主体的数据安全保护义务。这是我国首部数据安全领域的基础性立法。

《中华人民共和国数据安全法》等法律法规的颁布实施，对企业的合规性提出了更高的要求。在企业数智化转型的过程中，企业管理者尤其要注意避免因非法获取用户数据、侵犯隐私等触犯法律法规，以免给企业带来不可预料的后果。

在《中华人民共和国数据安全法》中，关于数据处理者的合规义务有明确规定。数据合规是指数据处理者及其工作人员的数据处理行为符合法律法规、监管规定、行业准则和数据安全管理规章制度，以及国际条约、规则等的要求。《中华人民共和国数据安全法》第二十七条至第三十条明确了数据处理者履行数据安全的 4 项重要合规义务。

1. 开展数据处理活动应当依法合规

《中华人民共和国数据安全法》第二十七条规定："开展数据处理活动应当依照法律、法规的规定，建立健全全流程数据安全管理制度，组织开展数据安全教育培训，采取相应的技术措施和其他必要措施，保障数据安全。利用互联网等信息网络开展数据处理活动，应当在网络安全等级保护制度的基础上，履行上述数据安全保护义务。重要数据的处理者应当明确数据安全负责人和管理机构，落实数据安全保护责任。"

该条规定可以解读出下列要求：一是开展数据处理活动应当依照法律、法规的规定；二是开展数据处理活动应当建立健全的全流程数据安全管理制度，并组织开展数据安全教育培训；三是开展数据处理活动应当采取相应的技术措施和其他必要措施，保障数据安全；四是利用互联网等信息网络开展数据处理活动，应当在网络安全等级保护制度的基础上，履行上述数据安全保护义务。

2．数据处理应当为民造福并符合社会伦理道德

当前，数据处理者在数据处理活动中大量使用智能技术和算法技术，特别是数据处理者开发的智能技术与算法的融合，其本质是建立在大数据基础上的自我学习、判断和决策的算法。算法的核心是基于网络的编程技术，目前，基于智能技术的算法决策具有典型的"黑箱"特点，违背社会公德和伦理，典型的就是大数据"杀熟"机制。

针对数据处理者违背法律和社会公德滥用大数据新技术的情形，《中华人民共和国数据安全法》第二十八条提出了开展数据处理活动以及研究开发数据新技术，应当有利于促进经济社会发展，增进人民福祉，符合社会公德和伦理。

3．开展数据处理活动应当加强风险监测

数据安全风险监测是参照数据安全风险评估标准和管理规范，对数据资产价值、潜在威胁、薄弱环节、已采取的防护措施等进行监测，分析和判断数据安全事件发生的概率，以及可能造成的损失，并采取有针对性的处置措施和提出数据安全风险管控措施。

《中华人民共和国数据安全法》第二十九条规定："开展数据处理活动应当加强风险监测，发现数据安全缺陷、漏洞等风险时，应当立即采取补救措施；发生数据安全事件时，应当立即采取处置措施，按照规定及时告知用户并向有关主管部门报告。"

4．重要数据处理者应当定期开展数据风险评估

《中华人民共和国数据安全法》第三十条规定："重要数据的处理者应当按照规定对其数据处理活动定期开展风险评估，并向有关主管部门报送风险评估报告。风险评估报告应当包括处理的重要数据的种类、数量，开展数据处理活动的情况，面临的数据安全风险及其应对措施等。"

此外，对于重要数据的出境管理，《中华人民共和国数据安全法》第三十一条规定："关键信息基础设施的运营者在中华人民共和国境内运营中收集和产生的重要数据的出境安全管理，适用《中华人民共和国网络安全法》的规定；其他数据处理者在中华人民共和国境内运营中收集和产生的重要数据的出境安全管理办法，由国家网信部门会同国务院有关部门制定。"

6.1.4 技术风险

数智化技术是企业数智化转型的基础,而企业在进行组织架构、业务等方面的数智化转型过程中,需要面临的一个问题就是技术选择。这里的技术选择实际上可以分为两个层面叙述:外部采购的软件或服务和自研技术选型。初始阶段的技术选择决定了后续整个数智化转型的效率和投入。

企业在购买现成的软件或服务时,需要考虑哪些因素?因素可能有很多,但归根结底是盈利能力。如果购买的软件或服务满足以下 7 个因素条件,那么企业购买软件或服务可能是一项有利可图的投资。如果没有,那么企业需要慎重考虑。

1. 技术需要

投入资金实施更多技术时比较明智的做法是保持慎重,因为除购买产品的标准成本以外,还有许多其他成本,包括集成和实施的时间与其他费用。如果预期结果可观,而且技术方面确实需要改进,那么值得投入。

2. 时间、金钱和生产力

采用新软件的一大成本可能是工作流程的暂时减少,但最终节省的时间和金钱,以及生产力的提高,足以证明采用新软件的前期不便是合理的。想要弄清楚这一点,可能需要计算数据支撑,没有企业愿意在数据未知的情况下就盲目行动。

3. 可信度

由于在早期采用新技术通常会有风险,因此市场调查很重要。市场调查内容包括其他重要公司是否在使用类似的解决方案,以及它们对服务和成果的看法是否正确等。企业可以根据市场调查结果判断新技术的稳定性和安全性。然后,企业就可以使用相同的软件或服务了,这样也不会落后于竞争对手。

4. 可定制性、适应性和可扩展性

在当今这个业务快速发展的时代,企业需要敏捷创新。若企业采用外采方案,那么需要考虑下列问题:软件公司是否使用最新技术并定期发布更新?该软件能否与企业的其他系统无缝集成?该软件可否定制和扩展?它能否与企业的业务一起成长并适应企业不断变化的需求?

5. 员工支持

每当进行变革时,企业总会在员工方面遇到一些阻力。如果企业的决定得到大多数员工的支持,那么阻力就会减小不少。虽然选择权可能不于员工手里,但是企业可以广泛征求意见,听取建议,让员工参与到这个过程中。员工的参与不但会使变革的实施变得更加顺畅,而且企业还会对员工有进一步的了解,否则员工的情绪和看法就可能会被忽视。

6. 培训的成本

即使有员工的支持，培训员工使用新技术的成本也可能是巨大的。因此，企业必须考虑到这种隐藏成本，以便企业可以准备好预算和备用计划。想要达到使用新技术的最佳效率需要时间，因此，企业可能需要持续组织培训。只有这样，企业才能让新技术充分发挥效力。

7. 过渡和技术支持

在新技术过渡期间和实施之后，供应商的支持至关重要。这些支持包括安装、升级、故障排除和安全方面的帮助。

相比直接购买软件或服务，企业需要谨慎对待自研技术选型。自研充满不确定性，无论是其中的人力和资金投入，还是最终的成果，都有较大的变数。以数智化技术中的人工智能为例，它主要涉及使用的工具和算法。

当前，基于人工智能的深度学习算法主要依托计算机技术体系架构实现，并通过封装至软件框架的方式供开发者使用。软件框架是整个人工智能技术体系的核心，实现对人工智能算法的封装、数据的调用和计算资源的使用，起到承上启下的重要作用。

随着人工智能基础性算法理论的深入研究，各大厂商纷纷建设算法模型工具库，并将它们封装为软件框架供开发者使用。软件框架是算法的工程实现。企业的软件框架的实现有闭源和开源两种形式：少数企业选择闭源方式开发软件框架，目的是形成技术壁垒；目前，业内主流软件框架基本都是开源化运营。

但是，企业在开源训练框架的使用上主要存在下列 3 个问题。

① 开源框架及工具无法直接满足实际生产需求。

② 企业自定义实现的算法在多平台间切换时需要重复开发。

③ 训练框架与硬件平台耦合度相对较高。

针对上述 3 个问题，我们结合学术界在深度学习训练框架选型对比方面所做的工作，提出了相应的指标体系以供参考。整个指标体系分为 5 个大类：生态建设、易用性、性能、架构支持和安全性。

① 生态建设是项目技术及人员的重要保障。这主要体现在下列 3 个方面：一是训练框架是否支持多种高级语言；二是教程、文档和培训材料的质量与数量；三是核心开发者和贡献者情况。

② 易用性是企业高效开展业务时需要重点考虑的因素。这主要体现在下列 5 个方面。

* 模型复用的难易程度。相同模型在不同框架上的无缝开发和部署能够极大提升业务开展效率，节约开发成本。
* 框架对高级语言程序编写的支持情况。
* 框架对用户自定义扩展的支持。
* 跨平台支持情况。根据上文的需求分析（即企业在开源的训练框架的使用

上主要存在的 3 个问题）可以看出，训练框架与底层硬件架构仍未能完全解耦，不同训练框架跨平台部署和使用情况不尽相同，使用不同框架在不同平台上完成相同算法开发需要大量适配和调优工作，因此，训练框架对跨平台的支持能够对业务开展成本产生重要影响。

- 对模型的支持情况。这里主要考虑对深度学习模型，以及在产业（尤其工业）场景中实际使用模型的支持情况，成熟的生态能够吸引来自各行业专家的使用和回馈，在支持更多模型的基础上，也能够对框架底层优化提供指导案例。

③ 训练框架在实际工程中的性能表现是最为主要的选型标准。训练框架开发主要来自学术机构和企业，其中学术结构开发的训练框架一般结构相对简单，应用方向相对较窄，在特定的领域有较高的性能，其设计的出发点是满足算法开发的便捷性；企业开发的训练框架（如 PaddlePaddle、TensorFlow、MXNet）的结构更为复杂，应用领域广，实际功能更为齐全，其设计的出发点是结合企业商业活动考虑和实际工程目的的算法开发。

④ 训练框架对多种底层硬件架构的支持对于实际生产具有重要意义。例如云端训练场景对单机单卡、单机多卡，计算集群，FPGA（现场可编程逻辑门阵列）等场景的支持不仅能够显著提高训练速度，降低开发成本而且在大量的计算任务面前，更高的计算效率，更低的设备互连延迟，能够有效降低设备投入成本，高效利用 CPU 和 GPU 多个核心的分布式训练能力，从而提升整体处理效率。

⑤ 训练框架的安全性是业务稳定开展的重要保障。对于安全性，尽管一般是从系统层级进行统筹考虑，但训练框架本身作为系统的核心组件，本身也存在特定的安全问题。当前的深度学习框架和系统均面临着输入数据是否可控、监测程序是否正常执行等问题。深度学习对框架的依赖性极强，任何在深度学习框架及其所依赖的组件中的安全问题都会威胁框架之上的应用系统。同时，训练框架模块往往来自不同开发者，对模块间的接口理解和实现存在差异，这种不一致性也带来了很大的安全隐患。

以上是以人工智能中的深度学习框架为例阐述的技术选型，更多方面的技术选型可依此类推。

6.2 数智化企业的未来

随着企业数智化转型的广泛开展，未来数智化企业的画像引起了人们无限遐想。本节从企业组织的全虚拟化和企业经营的全智能化两方面进行介绍。

6.2.1　企业组织的全虚拟化

尽管我们现在已经习惯于线上会议、远程办公，但这些办公场景相比在公司的面对面交流、协作办公，体验方面还是相去甚远，因为缺乏了临场感和沉浸感。

2021 年 12 月，比尔·盖茨预测："在未来两三年内，大多数虚拟会议将从 2D 摄像机图像网格转移到虚拟世界——一个带有数字的世界。"这个实际上与我们现在经常谈论的元宇宙在概念上是不谋而合的。比尔·盖茨预测我们将通过自己的数字"化身"来完成工作，而不是在物理的办公空间中进行实际会面。在高度数智化时代，通过整合区块链、人工智能、增强现实、机器视觉等技术，我们将打造出一个完全虚拟化的企业，整个企业的组织活动都是在一个线上的 3D 虚拟环境中完成。例如，Meta 的 Horizon Workrooms 和微软的 Mesh 都是致力于打造一个 3D 的虚拟办公平台。

在全虚拟化的企业中，人们可以在同一个虚拟房间中一起工作，而不受物理距离的影响。通过数智化技术的力量，即使是远程办公，依然可以提高团队协作和沟通的能力。无论是在一起进行头脑风暴，分享你的观点，还是在黑板上演算公式，你都可以获得沉浸式体验。传统的线上会议都是以一种异步聊天的方式进行的，实际上，这样会让参与者找不到存在感。而虚拟办公室提升了每个人的存在感，你能够看到所有的同事都在你身边，并可以随时呼叫其中一位并与他对话。

而虚拟化带来的更好的体验是，你再也不用受实际空间的影响。例如，你现在可以与同事共同观看一个更大的"屏幕"（理论上可以是无限大），而不是物理空间中的那块小屏幕。又如，你可以在一块无限大的"黑板"上任意书写，并同时与"站"在你一旁的同事的"化身"交流想法。

很多人都有在公司里"抢"会议室的经历，有限的资源甚至使得大家被迫需要先预约下个月的会议室。而在虚拟化企业中，你可以定制各式各样的办公间、会议室，并且可以随你的心情和实际参会人数来动态调整工作环境与会议环境。

全虚拟化的企业还将促进社会公平。残障人士由于行动不便，或者视力、听力受损，可能在现实工作环境中很难胜任某些工作。但虚拟化的企业可以让残障人士远程上班，同时，借助外部设备，可以增强视障或听障人士的互动体验。例如，Meta 的 Reality Labs 开发的 AR 眼镜可以帮助听力受损的人在嘈杂的环境中听得更清楚——这款 AR 眼镜可以识别用户想听到的声音和不想听到的声音，并自动进行调节。

6.2.2　企业经营的全智能化

未来属于数智化，企业的经营方式将会无限趋近于全智能化。但发展过程中伴随着一系列挑战。

例如，人们对人工智能最常见的误会之一便是它对工作构成威胁，其实这与事实相去甚远。人工智能可用于执行通常需要人类智能的特定任务，这可以帮助员工专注于更有价值的任务，同时减少人为错误并提高整体生产力。此外，人工智能还可以改进流程、提高运营效率并节省大量成本。

现在，一个组织是否会在其数智化转型中取得成功取决于几个因素，最关键的因素是企业领导者如何准确地定义他们试图数智化的用例。

人工智能可以帮助企业实现企业范围内的转型。麦肯锡的一份报告显示，85%的受调查企业在近几年加快了数字化进程，67%的受调查企业专门加强了人工智能自动化。企业正在采用不同的人工智能自动化技术来改善其业务成果，有些企业正在进行增量更改以优化现有系统和流程，而有些企业正在引入新功能和提高客户体验水平。

人工智能实施的领域广泛，下面列出其中3种。

① 自动化流程。使用机器人流程自动化（流程自动化的"最后一公里"）来自动化常见的数字任务和物理任务（特别是后台运营和财务活动）。

② 对话系统。使用机器学习和自然语言处理技术实现的能够与客户和员工互动的聊天机器人、智能代理。

③ 图像处理：包括自动目标检测、识别，以及图像的生成和优化。

当下，数智化企业正在改变我们思考日常事务的方式，让解决日常事务变得更简单、更有效。数智化企业融合的领域更加多元化，包括金融服务、保险、制造、医疗保健、教育、零售等。这里以数智化推动银行业和保险业的转型为例进行说明。

1. 银行业中的数智化

数智化正在成为银行业"游戏"规则的改变者。在贷款、客户服务、客户的欺诈保护，以及员工的管理、培训和招聘等阶段，数智化都起着至关重要的作用。数智化可以帮助银行更有效地接触潜在客户、开发更多创新产品、建立更好的客户关系、提升客户体验水平并改善服务交付能力。下面是银行数智化的具体体现。

① 人工智能自动化可以帮助银行员工摆脱重复性的任务，他们可以专注于提供个性化的需要人机界面的服务。光学字符识别（OCR）等工具可以捕获数据，机器学习可以利用这些数据进行解析，从而减少后台处理工作。

② 金融机构可以分析理解客户数据并为客户开发量身定制的产品和服务。此外，银行员工可以利用人工智能工具来检查可疑的电子邮件，以防止安全漏洞。

③ 聊天机器人或虚拟助手等人工智能工具可以提高银行员工的生产力和效率。聊天机器人可用于客户支持。

通过使用技术分析历史数据，了解客户的风险偏好和收入状况，银行可以向客户提供定制化产品。银行可以通过人工智能软件智能地管理客户的个性化投资组合，同时确保比人类更高的交易量。

2．保险业中的数智化

数智化可以通过重塑理赔、承保、定价、客户体验等来深刻改变保险业。人工智能自动化可以通过以下方式帮助保险公司。

① 赋予保险公司详细而准确的精算建模能力。

② 保险公司通过分析客户的偏好和过去的互动情况，可以为客户提供更优质的服务。

③ 为员工提供更快的数据驱动的决策。

④ 检测索赔欺诈行为。

⑤ 自动化和个性化通信。

保险公司数智化既可以提高生产力，也可以提升客户的服务体验和员工的工作体验水平还将帮助员工解决现有流程无法应对的问题与挑战。

参考文献

[1] 陈雪频.一本书读懂数字化转型 [M].北京：机械工业出版社，2020.

[2] 祝守宇.数据治理：工业企业数字化转型之道 [M].北京：电子工业出版社，2020.

[3] 谢仁杰，邓斌.数字化路径：从蓝图到实施图 [M].北京：人民邮电出版社，2021.

[4] 何伟，孙克，胡燕妮，等.中国数字经济政策全景图 [M].北京：人民邮电出版社，2022.

[5] 中国信息通信研究院.数字经济概论：理论、实践与战略 [M].北京：人民邮电出版社，2022.

[6] 赵立斌，张莉莉.数字经济概论 [M].北京：科学出版社，2020.

[7] 宋爽.数字经济概论 [M].天津：天津大学出版社，2021.

[8] 杨成延."数智化"助力精益供应链构建与运营 [J].物流技术与应用，2019.

[9] 付建华.财务数智化基础研究 [J].会计之友，2021.

[10] 易扬君.基于数智化转型赋能的云会计应用及风险应对 [J].时代经贸，2020.

[11] 杨丰来.金融科技加速社区服务数智化 [J].金融电子化，2020.

[12] 李欣.企业级数字孪生推动产业数智化升级 [J].软件和集成电路，2021.

[13] 元坤.企业数智化，驱动商业创新 [J].公司理财，2020.

[14] 陈杰.数据云是企业"数智化"转型的基础 [J].中国科技财富，2021.

[15] 杨剑英.数智化，让专业服务更简单 [J].中国药店，2021.

[16] 张玉.数智化助推"三能"目标落地 [J].企业管理，2021.

[17] 加里·阿姆斯特朗，菲利普·科特勒.市场营销学（原书第 13 版）[M].赵占波，孙鲁平，赵江波，等译.北京：机械工业出版社，2019.

[18] 华为公司数据管理部.华为数据之道 [M].北京：机械工业出版社，2020.

[19] 斯蒂芬·罗宾斯，玛丽·库尔特.管理学 [M].13 版.刘刚，程熙镕，梁晗，等译.北京：中国人民大学出版社，2017.

[20] 王关义，刘益，刘彤，李治堂.现代企业管理 [M].5 版.北京：清华大学出版社，2019.